D0547328

Grund- und Aufbauwortschatz Englisch

bearbeitet von Erich Weis

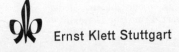 Ernst Klett Stuttgart

1. Auflage 1^{12} | 1985   84   83

Die letzte Zahl bezeichnet das Jahr dieses Druckes.
© Ernst Klett, Stuttgart 1977.
Nach dem Urheberrechtsgesetz vom 9. Sept. 1965 i. d. F. vom
10. Nov. 1972 ist die Vervielfältigung oder Übertragung urheber-
rechtlich geschützter Werke, also auch der Texte, Illustrationen und
Graphiken dieses Buches, nicht gestattet. Dieses Verbot erstreckt
sich auch auf die Vervielfältigung für Zwecke der Unterrichts-
gestaltung — mit Ausnahme der in den §§ 53, 54 URG ausdrücklich
genannten Sonderfälle —, wenn nicht die Einwilligung des Verlages
vorher eingeholt wurde. Im Einzelfall muß über die Zahlung einer
Gebühr für die Nutzung fremden geistigen Eigentums entschieden
werden. Als Vervielfältigung gelten alle Verfahren einschließlich
der Fotokopie, der Übertragung auf Matrizen, der Speicherung auf
Bändern, Platten, Transparenten oder anderen Medien.
Druck: Ernst Klett, Stuttgart. Printed in Germany.
ISBN 3-12-519510-1

Inhalt

Vorwort

Die weite Verbreitung der englischen Sprache, ihr umfangreicher Wortschatz — rund eine halbe Million Wörter — und die Verwendung des Englischen als zweite Sprache führten bereits vor mehr als vier Jahrzehnten zu der Forderung, den englischen Sprachunterricht im Interesse der vielen Lernenden rationeller zu gestalten und durch objektive Maßstäbe die individuellen Zufälligkeiten des Unterrichts auszugleichen. Ein Weg zur Verwirklichung dieses Zieles schien in der Verwendung von Frequenzlisten zu liegen. Im Jahre 1921 brachte F. L. Thorndike in seinem *Teacher's Word Book* eine aus 4 Millionen Wörtern ausgewählte Zusammenstellung der 10 000 häufigsten Wörter der englischen Sprache heraus. Die Mängel einer nur auf Häufigkeit abgestellten Liste stellten sich rasch heraus: subjektive Auswahl der verwendeten Texte, Vernachlässigung der Sprechsprache, begrenzte Zählung. Immerhin war der erste Schritt zur Sichtung des englischen Wortschatzes nach linguistischen und pädagogischen Gesichtspunkten getan.

Einen erheblichen Fortschritt brachte die Carnegie-Konferenz 1934/35, die die Aufgabe hatte, die wesentlichen Wortlisten — etwa ein Dutzend — zu überprüfen. Das geschah nicht nur unter dem Gesichtspunkt der Worthäufigkeit, sondern unter Berücksichtigung einer Anzahl weiterer, aus der praktischen Erfahrung gewonnener Kriterien: Struktur- und Stilwert, allgemeine Brauchbarkeit, Sachbereich, Definitionswert, Möglichkeit der Wortbildung. Das Ergebnis war der 2060 Wörter umfassende, 1936 veröffentlichte *Interim Report on Vocabulary Selection.*

Auf dieser Grundlage und unter Einbeziehung der semantischen Zählungen von Lorge-Thorndike schuf Michael West 1953 die für alle weiteren Untersuchungen grundlegende *General Service List of English Words.* Sie umfaßt 2000 Wörter, zu denen in einem Anhang noch 425 Wörter aus dem wissenschaftlichen und technischen Bereich kommen. Die Auswahl erfolgte aus 5 Millionen Wörtern. Im Hinblick auf die Funktion des Wortes im Satz unterscheidet West Strukturwörter, die er in *essential words* (z. B. Artikel, Pronomina, *to be, to get* etc.) und *general words* (z. B. *to say*) unterteilt und Milieuwörter *(Content Words)* mit der Unterteilung in *common environmental words* (z. B. *house*) und *specific words* (z. B. *forge*).

Die Bemühungen um eine sinnvolle Begrenzung des Wortschatzes zeitigten einige allgemein anerkannte Grundsätze: Worthäufigkeit muß ergänzt werden durch Brauchbarkeit und Streuung, Sprech- und Schreibsprache sind gleichermaßen zu berücksichtigen, typische

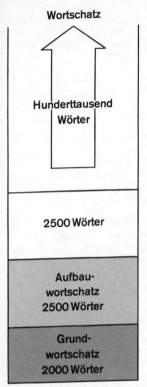

Wortschatz

Hunderttausend
Wörter

2500 Wörter

Aufbau-
wortschatz
2500 Wörter

Grund-
wortschatz
2000 Wörter

Erfaßter Normaltext

5%

10%

85%

Mit dem Grundwortschatz (2000 Wörter) erfaßt man 85% eines Normaltextes, mit dem Aufbauwortschatz (plus 2500 Wörter) weitere 10%, zusammen also 95% eines Normaltextes.

Milieuwörter werden nicht aufgenommen, eine mittlere Sprachebene ist anzustreben.

Der vorliegende Grund- und Aufbauwortschatz folgt diesen Richtlinien. Bei dem Grundwortschatz wurde ferner berücksichtigt, daß bestimmte Milieuwörter wie *potato, bear* u. a. aus psychologischen Gründen in den ersten Unterrichtsjahren gelernt werden und bereits einen festen Bestand im Wortschatz des Lernenden bilden. Beim Aufbauwortschatz gaben gelegentlich Aktualität oder leichte Erlernbarkeit — Fremdwörter — für die Aufnahme eines Wortes den Ausschlag.

Der nach diesen Gesichtspunkten ausgewählte Wortschatz umfaßt im *Grundwortschatz* 2000 Wörter und Redewendungen, die gestatten, ein Alltagsgespräch zu führen und einen Text ohne typische Milieuwörter zu etwa 85% zu erfassen.

Der *Aufbauwortschatz* umfaßt weitere 2500 Wörter und Redewendungen, die nach denselben Grundsätzen ausgewählt wurden. Damit vermag der Lernende zusätzlich 10% und damit insgesamt rund 95% eines Normaltextes zu erfassen.

Die Wortkenntnis des Lernenden ist demnach nicht länger dem Zufall überlassen. Es ist nunmehr möglich, auf einer festen Grundlage aufzubauen; die wesentlichen Wörter und Wendungen treten deutlich heraus und werden ins Bewußtsein gehoben. Die weitere Entwicklung des Wortschatzes kann sich differenziert nach Interessengebieten vollziehen. Jede Tageszeitung bietet ausreichend Stoff.

Der gebotene Wortschatz ist ein Kernwortschatz, der sowohl dem passiven wie dem aktiven Wortschatz angehört. Durch intensive Beschäftigung sollte der gesamte Wortschatz im Laufe der Zeit aktiviert werden. Die Festigung des Wortschatzes wird gefördert, wenn sich Lehrer und Lernender beim mündlichen und schriftlichen Gebrauch der Sprache an die gebotene Wortauswahl halten. Dadurch wird vermieden, daß sich durch die Verwendung von seltenen oder poetischen oder einer anderen Sprachebene angehörenden Wörtern ein Durcheinander ergibt. Es ist besser, von einer schmalen, aber sicheren Basis auszugehen, als eine Fülle von Ausdrucksmöglichkeiten zu bieten, die nicht verarbeitet und richtig geordnet werden können. Konzentration auf das Wesentliche unterstützt die praktische Beherrschung und die geistige Durchdringung der Sprache.

Gebrauchsanweisung

Der *Grundwortschatz* ist alphabetisch geordnet. Seine Aneignung ist vordringlich. Das geschieht am besten folgendermaßen:

1. Lesen beider Spalten
2. Einprägen
3. Wiederholen (jeweils eine Spalte zuhalten!)
4. Niederschreiben
5. Nachschlagen und Vergleichen

Es empfiehlt sich, Wörter, die sich auch bei aller Bemühung nicht dem Gedächtnis einprägen, mit einem Rotstift anzustreichen und dann die rot markierten Wörter in der angegebenen Weise nochmals zu erarbeiten.

Der *Aufbauwortschatz* kann in Angriff genommen werden, sobald der Grundwortschatz fest eingeprägt ist. Er ist nach Sachgruppen geordnet, und zwar innerhalb dieser Gruppen in der Reihenfolge: Substantiv — Verb — Adjektiv — Adverb. An die Einzelwörter schließen sich Sätze und Redewendungen sowie Aktionsreihen an.

Vor jeder Sachgruppe sind einsprachig und in alphabetischer Reihenfolge die zu dem Themenkreis gehörenden Wörter des Grundwortschatzes zusammengestellt. Der Lernende kann damit überprüfen, ob er den Grundwortschatz auch wirklich beherrscht. Tauchen Wörter auf, deren Sinn nicht klar ist, so empfiehlt es sich, diese im Grundwortschatz nachzuschlagen und besonders zu lernen.

Anschließend folgt die Erarbeitung des Aufbauwortschatzes nach den angegebenen Grundsätzen. Drei Wege sind möglich:

1. man kann ihn systematisch von Anfang an erarbeiten,
2. man kann, je nach Interesse, einzelne Sachgruppen herausgreifen,
3. man kann, wenn ein bestimmter Text gelesen werden soll, vor der Lektüre die entsprechenden Sachgruppen systematisch durchnehmen.

Eine wesentliche Bereicherung des Sprachschatzes bringen die jeder Sachgruppe beigegebenen Sätze und Redewendungen sowie die Aktionsreihen. Sie steigern die Ausdrucksfähigkeit und tragen zur Sprachrichtigkeit bei.

Die Aussprache ist dann angegeben, wenn eine Abweichung von den Grundregeln der englischen Aussprache vorliegt oder ein Wort erfahrungsgemäß häufig falsch ausgesprochen wird. Ergeben sich Zweifel, so empfiehlt es sich in jedem Falle, die Aussprache in einem geeigneten Wörterbuch nachzuprüfen.

Für Englischsprechende, die sich in den deutschen Wortschatz einarbeiten wollen, ist bei jedem Wort der Artikel angegeben.

Zur festen Einprägung des Grund- und Aufbauwortschatzes empfiehlt sich zusätzlich die Arbeit mit den Übungsbüchern *Grundwortschatz Englisch — Vocabulary Exercises* (Klettbuch 51952) und *Aufbauwortschatz Englisch — Vocabulary Exercises* (Klettbuch 51954). Beide Bücher sind genau auf den Grund- und Aufbauwortschatz Englisch abgestimmt. Sie führen hin zur passiven wie aktiven Beherrschung der 4500 Wörter und Wendungen. Ein Lösungsschlüssel und eine Auswertungstabelle zur Selbstkontrolle stehen am Ende eines jeden Kapitels.

Liste der Abkürzungen

a.	auch	*also*
adj	Adjektiv	*adjective*
adv	Adverb	*adverb*
Akk.	Akkusativ	*accusative*
allg	allgemein	*generally*
Am	amerikanisch	*American*
art	Artikel	*article*
bes.	besonders	*especially*
bot	Botanik	*botany*
Br	britisch	*British*
cf.	vergleiche	*confer*
conj	Konjunktion	*conjunction*
Dat.	Dativ	*dative*
el	Elektrizität	*electricity*
etc.	usw., und so weiter	*etcetera*
etw	etwas	*something*
f	weiblich	*feminine*
fam	familiär	*colloquial*
fig	bildlich	*figuratively*
Gen.	Genitiv	*genitive*
imp	unpersönlich	*impersonal*
inf	Infinitiv	*infinitive*
interj	Interjektion	*interjection*
itr	intransitiv	*intransitive*
jdm	jemandem	*to someone*
jdn	jemanden	*someone*
jur	juristisch	*jurisprudence*
lit	literarisch	*literary*
m	männlich	*masculine*
math	Mathematik	*mathematics*
med	Medizin	*medicine*

mil	Militär	*military terminology*
mus	Musik	*music*
n	sächlich	*neuter*
Nom.	Nominativ	*nominative*
pl	Plural, Mehrzahl	*plural*
pred	Prädikat	*predicate*
prn	Pronomen	*pronoun*
prp	Präposition	*preposition*
s	Substantiv	*substantive*
Scot	schottisch	*Scottish*
sing	Singular	*singular*
sl	Slang	*slang*
s.o.	jemand	*someone*
s.o.'s	jemandes	*someone's*
s.th.	etwas	*something*
tech	Technik	*technology*
tele	Telegraph, Telephon	*telegraph, telephone*
theat	Theater	*theatre*
tr	transitiv	*transitive*
u.	und	*and*
usw.	etc., und so weiter	*etcetera*
v	Zeitwort, Verb	*verb*
Zssg.	Zusammensetzung	*compound*

Die Strukturwörter der englischen Sprache

Diese 106 Wörter machen rund 50 % jedes Normaltextes mittleren Schwierigkeitsgrades aus.

1. **a, an**	eine (r, s)
2. **about**	*prp* etwa, ungefähr, gegen; um ... herum; *adv* umher, herum
3. **above**	*adv* oben; darüber; *prp* über; oberhalb; *adj* obig
4. **across**	*prp* quer durch/über; *adv* hin-/herüber
5. **after**	*prp* nach, hinter; gemäß; *conj* nachdem; *adv* nachher, darauf; hinterher
6. **again**	wieder, abermals; ferner
7. **against**	gegen, wider
8. **all**	all; ganz; jede(r, s)
9. **and**	und
10. **any**	(irgend)eine(r, s); irgendein
11. **as**	als, wie; so; da, weil; während; obgleich
12. **at**	an; auf; in; über; um; zu
13. **before**	bevor, ehe; vor
14. **but**	aber; sondern
15. **by**	durch; von; an; bei
16. **can**	kann, können
17. **to come** (came; come)	kommen
18. **to do** (did; done)	tun
19. **each**	jede(r, s)
20. **to find** (found; found)	finden
21. **first**	*adj* erste(r, s); *adv* zuerst
22. **for**	für; nach; als; zu
23. **from**	von; aus; vor
24. **to go** (went; gone)	gehen; fahren; werden
25. **to get** (got; got)	bekommen; erreichen; geraten
26. **to have** (had; had)	haben, besitzen; bekommen
27. **he - him - his**	er; ihn, ihm; sein(e, es)
28. **her**	sie *Akk.*; ihr *Dat.*; ihr(e)
29. **here**	hier; hierher
30. **how**	wie
31. **I**	ich
32. **if**	wenn, falls
33. **in**	*prp* in; an; auf; unter; nach; gemäß; zu; von; *adv* hinein; drinnen; dabei
34. **into**	in ... hinein
35. **it - its**	es; sein(e, es); ihr(e); ihrer; dessen, deren

36. **to know** (knew; known)	wissen; kennen; können
37. **like**	*adj* gleich; ähnlich; *prp* wie
38. **little**	*adj* klein; wenig; *adv* kaum; schwerlich
39. **many**	viele
40. **may**	mag, kann, darf; mögen, können, dürfen
41. **me**	mich; mir
42. **more**	mehr
43. **most**	meist
44. **much**	*adj* viel; *adv* sehr
45. **my**	mein(e)
46. **new**	neu
47. **no - not**	nein; keine(r, s); nicht
48. **now**	jetzt, nun
49. **of**	von; über; aus; vor
50. **old**	alt
51. **on**	auf; in; an; über; bei; nach
52. **one**	eine(r, s); man
53. **only**	*adv* nur; *adj* einzig
54. **or**	oder
55. **other**	andere(r, s)
56. **our**	unser(e, es)
57. **out**	aus; hinaus; auswärts
58. **over**	*adv* über; hinüber; zu sehr; *prp* über
59. **part**	Teil *m*
60. **people**	Volk *n*; Leute *pl*; man
61. **place**	Platz *m*, Ort *m*
62. **present**	gegenwärtig, anwesend
63. **same**	der-/die-/dasselbe
64. **to see** (saw; seen)	sehen; zusehen
65. **shall**	soll(en); werde(n)
66. **she**	sie
67. **sir**	Herr *m*
68. **so**	*adv* so, also; *conj* so, daher
69. **some**	irgendein, irgend etwas; einige
70. **state**	Zustand *m*; Staat *m*
71. **still**	*adj* still, ruhig; *adv* (immer) noch; *conj* doch, dennoch
72. **such**	solche(r, s)
73. **to take** (took; taken)	(weg-, ein)nehmen, ergreifen
74. **to tell** (told; told)	sagen; erzählen, berichten
75. **than**	als *(nach Komparativ)*
76. **that**	*conj* daß; *prn* der-/die-/dasselbe
77. **the**	der, die, das
78. **their**	ihr(e)

79. **them**	sie *Akk. pl*
80. **then**	*adv* dann; da; damals; *conj* also, folglich; denn; *adj* damalig
81. **there**	da; dort; dorthin
82. **these**	diese
83. **they**	sie *pl*; man
84. **thing**	Ding *n*, Sache *f*
85. **to think** (thought; thought)	denken; meinen, glauben
86. **this**	diese(r, s); dies
87. **though, although**	obgleich
88. **through**	durch
89. **time**	Zeit *f*; Mal *n*; Takt *m*; Tempo *n*
90. **to**	*prp* zu; an; auf; *adv* zu
91. **under**	*prp* unter; *adv* unten; darunter
92. **up**	auf; hinauf; aufwärts; oben
93. **upon**	(oben)auf
94. **us**	uns
95. **use** [ju:s];[ju:z]	*s* Gebrauch *m*; *v* gebrauchen
96. **very**	*adv* sehr; *adj* wirklich
97. **we**	wir
98. **what**	was? was für ein(e)? welche(r, s)? was; das, was; welche(r, s)
99. **when**	*adv* wann; *conj* wenn, als; während
100. **where**	wo?
101. **which**	welche(r, s); der, die, das
102. **who**	wer? welche(r, s); der, die, das
103. **will**	will; wollen; wird; wirst; werden
104. **with**	mit
105. **work**	*s* Arbeit *f*; *v* arbeiten
106. **you**	ihr; du; Sie; *Akk.:* euch, dich, Sie; *Dat.:* euch, dir, Ihnen; man; dein, Ihr, euer(e, es)

Monatsnamen: January, February, March, April, May, June, July, August, September, October, November, December.

Wochentage: Monday, Tuesday, Wednesday, Thursday, Friday, Saturday, Sunday.

Der Grundwortschatz

A

ability	Fähigkeit *f*; Begabung *f*
able	fähig; tüchtig; klug
to be able	*können, imstande sein*
aboard	an Bord; *Am* im Zug, im Bus
all aboard!	*Am alles einsteigen!*
about	*prp* etwa, ungefähr, gegen; um... herum; *adv* umher, herum
to be about to	*im Begriff sein zu*
what about breakfast?	*wie wär's mit dem Frühstück?*
he had no money about him	*er hatte kein Geld bei sich*
above	*adv* oben; *prp* über; *adj* obig
see page six, above	*siehe oben S. 6*
above all	*vor allem*
abroad	im/ins Ausland
at home and abroad	*im In- und Ausland*
to go abroad	*ins Ausland gehen* [(an)
absence (of)	Abwesenheit *f*; Fehlen *n*; Mangel *m*
absent	abwesend; fehlend
to be absent	*fehlen*
absolute ['æbsəlu:t]	völlig; unumschränkt; absolut
that's the absolute truth	*das ist die reine Wahrheit*
to accept	an-/hinnehmen; auf sich nehmen
accident	Unfall *m*; Zufall *m*
by accident	*zufällig; aus/durch Zufall*
accidentally	*zufällig, aus Versehen*
to accompany [ə'kʌmpəni]	begleiten
according to	entsprechend, gemäß, nach
accordingly	*demgemäß, dementsprechend, danach*
account	Bericht *m*; *com* Konto *n*, Rechnung *f*; Ursache *f*
to account for	*itr* Rechenschaft ablegen über; *(sich)* erklären; *tr* ansehen als
on account of	*wegen*
on no account	*unter keinen Umständen*
to give an account of	*Rechenschaft ablegen über*
to take into account	*berücksichtigen*
to accustom (to)	gewöhnen (an)
to get accustomed to	*sich gewöhnen an*
to acquaint	bekannt machen
to be acquainted with	*bekannt sein mit*

acquaintance   Bekanntschaft *f*; Bekannte(r) *m*

to acquire   erwerben, erlangen, in den Besitz kommen(e-r Sache)

across   *prp* quer durch/über; *adv* hin-/herüber

   to swim across a river   *durch einen Fluß schwimmen*

act   *s* Tat *f*; *theat* Akt *m*; *pol* Gesetz *n*; *v* handeln; *theat* aufführen

   to act on/as   *einwirken auf/tätig sein als*

   I'll act on your advice   *ich werde Ihren Rat befolgen*

   in the (very) act   *auf frischer Tat*

action   Tat *f*; Wirkung *f*; *jur* Prozeß *m*

   killed in action   *mil gefallen*

active   rege, tätig; wirksam

activity   Tätigkeit *f*; Betätigung *f*

actual   tatsächlich; wirklich

to add (to)   hinzufügen; beitragen (zu)

   to add up figures   *Zahlen zusammenzählen/addieren*

to address (to) [ə'dres]   *v* adressieren (an); *s* Anschrift *f*; Ansprache *f*; Anrede *f*; Gewandtheit *f*

   to address as   *anreden als*

admiration   Bewunderung *f*

to admire   bewundern

admission   Zu-/Eintritt *m*

   admission free!   *Eintritt frei!*

to admit   zugeben, eingestehen   [*in*

   to admit into/to   *zulassen zu/hereinlassen, aufnehmen*

to advance   *itr* vorrücken; *tr* (be)fördern; *s* Fortschritt *m*; *mil* Vormarsch *m*

   in advance   *im voraus*

advantage   Vorteil *m*

   to take advantage of s.o./s.th.   *jdn/etw ausnutzen*

adventure   Abenteuer *n*

to advertise ['ædvətaiz]   annoncieren, anzeigen

advertisement [əd'və:tismənt]   Anzeige *f*; Reklame *f*

advice [əd'vais]   Rat *m*

   to ask s.o.'s advice   *sich bei jdm Rat holen*

to advise [əd'vaiz]   raten

   he advised against it   *er riet davon ab*

affair   Angelegenheit *f*; Geschäft *n*

   that's my affair   *das ist meine Sache*

to afford s.th.   sich etw leisten

   I can't afford it   *ich kann es mir nicht leisten*

afraid	ängstlich, bange, besorgt
to be afraid of	*Angst haben vor*
after	*prp* nach; gemäß; *conj* nachdem; *adv* nachher
after all	*nach allem; schließlich*
afternoon	Nachmittag *m*
in the afternoon	*am Nachmittag*
this afternoon	*heute nachmittag*
afterward(s)	danach, darauf, nachher
again	wieder, abermals; ferner
time and again	*immer wieder*
never|once again	*nie wieder|noch einmal*
against	gegen, wider
to lean against the wall	*an die Wand lehnen*
age	Lebensalter *n*
at the age of	*im Alter von*
what's his age?	*wie alt ist er?*
to be under age|of age	*minderjährig|volljährig sein*
ago	vor(her)
a long|some time ago	*vor langer|einiger Zeit*
to agree (with)	übereinstimmen (mit) [*mit*
to agree on|to	*sich einigen über|einverstanden sein*
we don't always agree	*wir sind nicht immer derselben Meinung*
agreement	Übereinkunft *f*; Übereinstimmung *f*
to make an agreement	*ein Abkommen treffen*
ahead	voraus, vorwärts, voran
who's ahead?	*wer ist an der Spitze?*
to aim (at)	*v* zielen (auf); *s* Ziel *n*; Zweck *m*
air	*s* Luft *f*; Aussehen *n*; Lied *n*; *v* lüften
change of air	*Luftveränderung* f
to travel by air	*mit dem Flugzeug reisen*
alike	*adj* gleich; ähnlich; *adv* ebenso, ohne
alive	lebend, lebendig [Unterschied
to be alive with	*wimmeln von*
to keep alive	*am Leben bleiben*
all	all; ganz; jede(r, s)
not at all	*überhaupt nicht*
for all I know	*soviel ich weiß*
all at once	*ganz plötzlich*
all right	*ganz recht; in Ordnung*
all day long	*den ganzen Tag*
to allow	erlauben; gewähren
almost	beinahe; fast

alone allein, einsam
  to let/leave alone *in Ruhe lassen*
along *prp* längs; *adv* der Länge nach; weiter, fort
  go along with him *geh mit ihm*
  along the road *die Straße entlang*
already [ɔ:l'redi] schon, bereits
also auch; ferner, außerdem
although obgleich
altogether ganz und gar; zusammen
always immer, stets
American *adj* amerikanisch; *s* Amerikaner(in *f*)
among unter, zwischen   [*m*
  among other things *unter anderem*
  he spent the day among *er verbrachte den Tag mit Freunden*
  friends

amount *s* Betrag *m*; *v* betragen
  to amount to *sich belaufen auf*
  what's the whole amount? *wie hoch ist der Betrag?*
to amuse unterhalten, belustigen
ancient ['einʃənt] alt; ehemalig
angry zornig, böse
  to be angry with s.o./at s.th. *auf jdn/etw böse sein*
animal Tier *n*   [noch ein
another ein anderer/anderes, eine andere;
  another piece of meat *noch ein Stück Fleisch*
  to walk one after another *hintereinander (drein)gehen*
  they love one another *sie lieben sich*
answer *s* Antwort *f*; *v* (be)antworten;
  (e-m Zweck) entsprechen
  to answer for *bürgen für*
  the answer to this problem *die Lösung des Rätsels*
anxiety [æŋ'zaiəti] Angst *f*, Besorgnis *f*; Bemühen *n*
anxious (about, for) ängstlich; besorgt (um)
  ['æŋkʃəs]
  to be anxious to *gespannt darauf sein zu*
any (irgend)eine(r), jede(r); irgend etwas
  I don't care any more *es liegt mir nichts mehr daran*
  do you have any money *haben Sie Geld bei sich?*
  with you?
  at any rate/price *auf jeden Fall/um jeden Preis*
anybody/one (irgend) jemand, jeder (beliebige)
anyhow trotzdem; dennoch; irgendwie
  what's the use anyhow! *was nützt das schon!*

anything
  would you like anything else?
  anything else, madam?
  not for anything
  I don't know anything about it

anywhere
  he'll never get anywhere
apart (from)
to appear
  he appears to be very sick
appearance

  to keep up appearances
  appearances are deceiving
apple
application
to apply (to)
  this does not apply to you
  he applied for the job
to appoint
  he was appointed manager
appointment

to approach

to approve of s.th.
to argue [ˈɑːgjuː]

  I won't argue that point
to arise (arose, arisen)
  the opportunity arises
arm   [arms
  to welcome s.o. with open
arms *pl*
  to be under arms
army
around

  is there anybody around?
to arrange

  to arrange a meeting

(irgend) etwas; jedes (beliebige)
  wünschen Sie noch etwas?

  noch etwas, bitte?
  um keinen Preis
  ich weiß nichts davon

irgendwohin; überall
  er wird es nie zu etwas bringen
abseits; abgesondert; abgesehen (von)
scheinen; erscheinen
  er scheint sehr krank zu sein
Anschein *m*; Äußere(s) *n*; Erscheinung *f*
  den Schein wahren
  der Schein trügt
Apfel *m*
Anwendung *f*; Fleiß *m*; Bewerbung *f*
anwenden (auf); auf-/anlegen
  das gilt nicht für dich
  er bewarb sich um die Stelle
festsetzen, bestimmen; ernennen
  er wurde zum Direktor ernannt
Ernennung *f*; Anordnung *f*; Verabredung *f*
v sich nähern; herantreten an; *s* Zutritt *m*, Zugang *m*
etw billigen
tr behaupten; bestreiten; *itr* Einwendungen machen
  das will ich nicht bestreiten
aufstehen, aufsteigen; entstehen
  die Gelegenheit bietet sich
Arm *m*; Abzweigung *f*; Armlehne *f*
  jdn mit offenen Armen empfangen
Waffen *f pl*
  in Waffen stehen
Heer *n*, Armee *f*
adv ringsherum; *Am* ungefähr; *prp* um ... herum
  ist jemand in der Nähe?
(an)ordnen; einrichten; übereinkommen, abmachen
  ein Treffen veranstalten

I arranged it in advance	*ich habe es im voraus ausgemacht*
arrangement	Anordnung *f*; Abmachung *f*
to make arrangements	*Vorkehrungen treffen*
to arrest	verhaften; auf-/anhalten
to arrest attention	*Aufmerksamkeit erregen*
arrival	Ankunft *f*
to arrive	ankommen
to arrive at a decision	*zu einer Entscheidung gelangen*
art	Kunst *f*; List *f*
work of art	*Kunstwerk n*
article	Artikel *m*; Gegenstand *m*; Abschnitt *m*
as	als, wie; so; da, weil; während; ob-
as far as	*so weit wie* [gleich
we have to go as well	*wir müssen auch/ebenfalls gehen*
as for me	*was mich betrifft*
so as to	*um ... zu*
ashamed	beschämt
to be/feel ashamed of s.th.	*sich e-r Sache schämen*
ashes *pl*	Asche *f*
aside	beiseite
aside from	*Am außerdem*
to put aside	*beiseite-/zurücklegen*
step aside	*geh zur Seite*
to ask (for)	bitten (um); fragen (nach); fordern
to ask a favour	*um einen Gefallen bitten*
to ask a question	*eine Frage stellen*
I asked his advice	*ich habe ihn um Rat gefragt*
ask him in	*bitten Sie ihn hereinzukommen*
to ask about	*sich erkundigen nach*
asleep	schlafend
he fell asleep	*er schlief ein* [band *m*
association	Vereinigung *f*; Gesellschaft *f*; Ver-
to astonish	erstaunen, in Erstaunen setzen
at	an; auf; in; über; um; zu
at my cost/at all costs	*auf meine Kosten/um jeden Preis*
at all events	*auf alle Fälle/jeden Fall*
at hand	*bei der Hand*
at last/least	*zuletzt/wenigstens*
at night	*nachts*
at school/table	*in der Schule/bei Tisch*
at will	*nach Belieben*
to attach (to)	befestigen (an)
to be attached to	*hängen an, sich anschließen an*
to attach importance	*Bedeutung beilegen*

to attack	v angreifen; s Angriff m; med Anfall m
attempt	s Versuch; v versuchen
to attend	besuchen; beiwohnen; behandeln
to attend on s.o./to	jdm aufwarten/sich kümmern um
they attend the meeting	sie besuchen die Versammlung
which doctor attended you?	welcher Arzt hat Sie behandelt?
attention	Aufmerksamkeit f
to call/pay attention to	aufmerksam machen/achten auf
to attract	anziehen, fesseln
without attracting attention	unauffällig
attraction	Anziehungskraft f; Attraktion f
aunt [ɑ:nt]	Tante f
autumn ['ɔːtəm]	Herbst m
available	verfügbar
to be available	erhältlich/zugänglich sein
average	Durchschnitt m
above/below average	über/unter dem Durchschnitt
on an/on the average	durchschnittlich
to avoid	(ver)meiden
awake	pred wach
aware	bewußt, gewahr
away	weg, fort; entfernt; abwesend
to put/to throw away	weglegen/wegwerfen
it's far away	es ist weit entfernt
he slept away the day	er verschlief den Tag
right away	auf der Stelle
awful	schrecklich, furchtbar
I'm awfully sorry	es tut mir furchtbar leid

B

baby	Säugling m, Baby n
back	s Rücken m, Rückseite f; adv zurück; v unterstützen
at the back of the house	hinter dem Haus
back and forth	auf und ab; hin und her
back up a little	fahren Sie etwas nach rückwärts
backward(s)	rückwärts, nach hinten
you've got that sweater on backwards	du hast den Sweater verkehrt an
bad (worse, worst)	schlecht; schlimm; übel
I'm badly off	ich bin schlecht dran
that's not bad	das ist nicht übel/ganz gut
he feels very bad about it	es tut ihm sehr leid

bag	Tasche *f*; Tüte *f*; Sack *m*
baggage *(Am)*, **luggage**	Reisegepäck *n*
to bake	backen; *(Ziegel)* brennen
balance	*s* Waage *f*; Gleichgewicht *n*; Bilanz *f*; *v* sich ausgleichen; (ab)wägen
to keep o.'s balance	*seine Ruhe bewahren*
ball	Ball *m*; Knäuel *m*; Kugel *f*
to play ball	*Ball spielen*
band	Band *n*; Schar *f*; Musikkapelle *f*
bank	Bank *f*; Ufer *n*; Böschung *f*
to bank on	*bauen/sich verlassen auf*
to keep money in the bank	*Geld auf der Bank haben*
bar	Stange *f*; Riegel *m*; Theke *f*; Bar *f*
bare	nackt, bloß
bare-footed/-headed	*barfuß/-häuptig*
bargain ['bɑ:gin]	*s* (Gelegenheits-)Kauf *m*; Abmachung *f*; *v* handeln, feilschen
it's a bargain!	*abgemacht!*
to make a good bargain	*billig einkaufen*
into the bargain	*noch dazu, obendrein*
barrel	Faß *n*
base [beis]	*s* Sockel *m*; Basis *f*; *adj* gemein
basin	Becken *n*; Schale *f*
basket	Korb *m*
bath [bɑ:θ, *pl* -ðz]	Bad *n*
to take a bath	*ein (Wannen-)Bad nehmen*
to bathe [beið]	baden, schwimmen
battle	Schlacht *f*
bay	Bucht *f*
to be	sein
I am to go tomorrow	*ich soll morgen gehen*
how are you?	*wie geht's? Guten Tag!*
there you are!	*da sind Sie ja! da haben Sie es!*
it's all right with me	*mir ist's recht*
is there such a thing?	*gibt es so etwas?*
what's it about?	*worum handelt es sich?*
bean [bi:n]	Bohne *f*
to bear [bɛə] (bore, borne)	(er)tragen, aushalten; hervorbringen
to bear company	*Gesellschaft leisten*
to bear in mind	*im Gedächtnis behalten*
I cannot bear him	*ich kann ihn nicht ausstehen/leiden*
bear [bɛə]	Bär *m*
beard [biəd]	Bart *m*
beast	Tier *n*

to beat (beat, beaten) — schlagen; (aus)klopfen; besiegen
  my heart beats fast — *mein Herz schlägt schnell*
  that beats everything! — *da hört sich alles auf!*
beautiful — schön
beauty — Schönheit *f*
  what a beauty! — *was für ein Prachtexemplar!*
because (of) — *conj* weil; *prp* wegen
  because of him — *seinetwegen*
to become (became, become) — werden; stehen, kleiden
  what has become of it? — *was ist daraus geworden?*
  Am it's very becoming to you — *es steht Ihnen sehr gut*
bed — Bett *n*
  to go|to put to bed — *zu Bett gehen/bringen*
  to stay in bed — *das Bett hüten*
bee — Biene *f*
beef — Rindfleisch *n*
beer — Bier *n*
beetle — Käfer *m*
before — bevor, ehe; vor
  before long — *in kurzem*
  long before the war — *lange vor dem Krieg*
  the day before — *tags zuvor*
to beg (for) — bitten (um); betteln
  I beg your pardon! — *entschuldigen Sie, bitte!*
  I beg your pardon? — *wie bitte?*
beggar — Bettler *m*
to begin (began, begun) — anfangen, beginnen
  to begin with he's too old — *erstens ist er zu alt*
  begin reading! — *fang an zu lesen!*
beginning — Anfang *m*, Beginn *m*
  in|at the beginning — *am Anfang*
to behave — sich benehmen
  behave yourself! — *benimm dich! sei anständig!*
behaviour — Benehmen *n*, Betragen *n*, Verhalten *n*
behind — *prp* hinter; *adv* hinten, dahinter
  to fall|leave|stay behind — *zurückbleiben/-lassen/-bleiben*
being — Wesen *n*; Dasein *n*; Sein *n*
  to come into being — *entstehen*
belief (in) — Glaube *m* (an); Überzeugung *f*
to believe (in) — glauben (an)
  I don't believe a word of it — *ich glaube kein Wort davon*
bell — Glocke *f*, Klingel *f*
to belong (to) — gehören *Dat.*

below · *adv* unten; *prp* unter(halb)

belt · Gürtel *m*; Treibriemen *m*

bench · (Sitz-)Bank *f*

to bend (bent, bent) · *v* (sich) biegen; verbiegen; *s* Kurve *f*
  to bend down · *sich bücken*
  to be bent on · *erpicht sein auf*

beneath · *adv* unten; *prp* unter
  that's beneath him · *das ist unter seiner Würde*

berry · Beere *f*

beside · neben; außer
  he's beside himself with rage · *er ist außer sich vor Wut*
  that's beside the point · *das gehört nicht zur Sache*

besides · *adv* außerdem; *prp* außer; neben

best · *adj* best; *adv* am besten
  he did his best · *er tat sein möglichstes/bestes*
  at best · *im günstigsten Fall*
  to make the best of s.th. · *sich mit etw abfinden*   [werden

better · *adj* besser; *v* (ver)bessern; besser
  so much the better · *um so besser*
  you had better go now · *es wäre besser, wenn du jetzt gingest*
  they are better off than we · *es geht ihnen besser als uns* [hauen
  to get the better of s.o. · *jdn überwinden;* Am *jdn übers Ohr*

between · *adv* dazwischen; *prp* unter, zwischen
  between you and me · *unter uns gesagt*

beyond · *prp* jenseits; über; *adv* darüber hinaus
  beyond doubt · *zweifellos*
  he's beyond help · *ihm ist nicht mehr zu helfen*

bicycle ['baisikl] · Fahrrad *n*

big · groß
  he talks big *fam* · *er redet große Töne*

bill · Rechnung *f*; *Am* (Geld-)Schein *m*; Gesetzentwurf *m*; Schnabel *m*
  post no bills! · *Ankleben verboten!*

to bind (bound, bound) · binden; verpflichten
  I'm bound to say · *ich muß sagen*

bird · Vogel *m*

birth · Geburt *f*; Ursprung *m*
  by birth · *von Geburt*

bit · Gebiß *n*; Bissen *m*; Bißchen *n*
  bit by bit · *nach und nach*
  a bit · *ein bißchen*
  to smash to bits · *kurz und klein schlagen*

to bite (bit, bitten) · *v* beißen; *s* Biß *m*; Bissen *m*
  biting cold · *beißend kalt*

bitter	bitter [wichsen
black	*adj* schwarz; *v* schwärzen; *(Schuhe)*
he has a black eye	*er hat ein blaues Auge*
blame	*s* Tadel *m*; Schuld *f*; *v* tadeln; vor-werfen
to be to blame for	*schuld sein an*
don't put the blame on me	*schieb die Schuld nicht auf mich*
blast	Explosion *f*; Windstoß *m*
to bless	segnen
blind	blind
to go blind	*erblinden*
blind man|woman	*Blinde(r) m|Blinde f* [ren
block	*s* Block *m*; Klotz *m*; *v* (ab-, ver)sper-
blood [blʌd]	Blut *n*
to shed blood	*Blut vergießen*
in cold blood	*kaltblütig*
bloom, blossom [blu:m]	Blüte *f*
to blow (blew, blown)	*v* blasen, wehen; *s* Schlag *m*, Hieb *m*
to blow out	*ausblasen|-löschen*
to blow o.'s nose	*sich die Nase putzen*
to blow a whistle	*pfeifen*
at a single blow	*auf einmal*
blue	blau
to arrive out of the blue	*plötzlich hereingeschneit kommen*
a bolt from the blue	*ein Blitz aus heiterem Himmel*
board	Brett *n*; Tafel *f*; Tisch *m*
board and lodging	*Unterkunft und Verpflegung*
to boast (of, about)	prahlen (mit)
boat	Boot *n*
body	Körper *m*; Leiche *f*; *mot* Karosserie *f*
in a body	*alle zusammen*
to boil	kochen; sieden
to boil with rage	*vor Wut kochen*
bold	kühn, keck, dreist
bone	Knochen *m*; Gräte *f*
book	Buch *n*; Heft *n*
to keep books	*Bücher führen*
border	*s* Grenze *f*; Rand *m*; Saum *m*; *v* ein-grenzen an [fassen
to border on	
born	geboren
where were you born?	*wo sind Sie geboren?*
to borrow (from, of)	borgen, entleihen (von)
both	beide
both of us	*wir beide*

both ... and	*sowohl ... als auch*
bottle	Flasche *f*
bottom	Boden *m*; Grund *m*
at the bottom of (a page)	*unten an/auf (e-r Seite)*
bow [bou]	Bogen *m*; Schleife *f*; Masche *f*
bow (to) [bau]	*s* Verbeugung *f* (vor); *v* sich bücken
bowl [boul]	Schüssel *f*, Schale *f*; Kugel *f*
box	*s* Schachtel *f*; (Brief-)Kasten *m*; *v* boxen
boy	Junge *m*, Knabe *m*
brain	Gehirn *n*; *pl* Verstand *m*
he has brains	*er hat Köpfchen*
to rack o.'s brains	*sich den Kopf zerbrechen*
branch	Zweig *m*, Ast *m*; Zweigstelle *f*, -geschäft *n*
to branch off	*abzweigen*
brave	tapfer; tüchtig
bread	Brot *n*
(slice of) bread and butter	*Butterbrot* n
loaf of bread	*Laib* m *Brot*
to break [breik] (broke, broken)	brechen; zerbrechen, zerschlagen; hervorbrechen; ausschalten
to break o.'s word	*sein Wort brechen*
to break an engagement	*eine Verlobung lösen*
to break the news to s.o.	*jdm die Nachricht beibringen*
to break away from	*sich losreißen von*
to break down	*zusammenbrechen; versagen*
to break in on s.o.	*jdn überraschen/unterbrechen*
to break off	*abbrechen; aufhören*
to break up	tr *beenden;* (Versammlung) *auflösen;* itr *zerbrechen*
to be broken	*ganz erledigt/kaputt sein*
breakfast ['brekfəst]	Frühstück *n*
at breakfast	*beim Frühstück*
breath [breθ]	Atem *m*; Hauch *m*
out of breath	*außer Atem, atemlos*
to catch o.'s breath	*Luft holen*
to breathe [bri:ð]	atmen
to breathe again	*aufatmen*
brick	Ziegelstein *m*
bridge	*s* Brücke *f*; *v* überbrücken
bright	hell, klar; heiter; aufgeweckt
to bring (brought, brought) [brɔ:t]	(mit-, her)bringen

to bring about	*zustande bringen*
to bring down	*herunterbringen; abschießen*
to bring in/out	*ein-/herausbringen*
to bring to	*veranlassen zu*
to bring up	*aufziehen; vorbringen; heraufbringen*
British	britisch
broad	breit; weit
to take a broad view	*eine großzügige Auffassung vertreten*
in broad daylight	*mitten am Tage* [*verbreiten*
broadcast ['brɔːdkɑːst]	*s* Rundfunk *m*; *v* durch Rundfunk
brother	Bruder *m*
brothers and sisters	*Geschwister* pl
brown	braun
brown bread	*Schwarzbrot n*
brush [brʌʃ]	*s* Bürste *f*; *v* (aus)bürsten
to brush aside/off	*beiseite schieben/abbürsten*
to brush up on s.th.	*etw wieder auffrischen*
to brush o.'s teeth	*seine Zähne putzen*
to build (built, built)	bauen
to build up	*aufbauen*
building	Gebäude *n*, Bauwerk *n*
bunch	Bündel *n*, Bund *m*; Strauß *m*
to burn (burnt, burnt)	(ver)brennen
to burn down	*abbrennen*
I've burnt my fingers	*ich habe mir die Finger verbrannt* fig
to burst (burst, burst)	platzen, bersten; brechen;
to burst in	*hereinplatzen*
to burst into tears/out laughing	*in Tränen/in Gelächter ausbrechen*
I'm bursting with curiosity	*ich platze vor Neugierde*
to bury ['beri]	be-/vergraben
bus [bʌs]	Omnibus *m*
to go by bus	*mit dem Bus fahren*
there's a bus every 10 minutes	*der Bus kommt alle 10 Minuten*
bush [buʃ]	Busch *m* [*Brei gehen*
to beat about the bush	*wie die Katze um den heißen*
business ['biznis]	Geschäft *n*; Angelegenheit *f*
on business	*geschäftlich, in Geschäften*
to come to business	*zur Sache kommen*
to go into business for o.s.	*sich selbständig machen*
she means business	*sie meint es ernst*
that's none of your business!	*das geht dich nichts an!*

busy ['bizi]
geschäftig, fleißig; beschäftigt; belebt
it's a busy street
es ist eine verkehrsreiche Straße
the line is busy
die Leitung ist besetzt
but
aber; sondern
but for all that
aber; trotz alledem
nothing but lies
nichts als (lauter) Lügen
nobody was there but me
außer mir war niemand da
butcher ['butʃə]
Fleischer *m*, Metzger *m*, Schlächter *m*
butter ['bʌtə]
Butter *f*
button ['bʌtn]
Knopf *m*
to press the button
auf den Knopf drücken
to buy (from) (bought, bought) [bai; bɔ:t]
kaufen (von)
to buy a ticket
eine (Fahr-)Karte lösen/kaufen
by
durch; von; an; bei
by and by
nach und nach; mit der Zeit
by and large
im großen ganzen
to travel by car/air
mit dem Auto fahren/fliegen
he came by himself
er kam allein
by the dozen/pound
dutzend-/pfundweise
by sight
vom Sehen

C

cake
Kuchen *m*
cake of soap
Stück n Seife
calf (*pl* **calves**)
Kalb *n*; Wade *f*
call
s Anruf *m*; *v* rufen; holen
to be called for
postlagernd
to call attention to
aufmerksam machen auf
to call for help
um Hilfe rufen
to call in
hereinrufen; (Arzt) zuziehen
to call off
absagen
to call on s.o.
bei jdm vorsprechen, jdn besuchen
give me a call
rufen Sie mich an
calm [kɑ:m]
adj ruhig, still; *v* beruhigen
to keep calm
die Ruhe bewahren
camp
s Lager *n*; *v* zelten, lagern
can: *he can speak English*
er kann Englisch
can it be true?
kann es wahr sein?
can
s Kanne *f*; *Am* Konservenbüchse *f*;
v in Büchsen einlegen, konservieren
cap
Mütze *f*, Kappe *f*; Deckel *m*
capital
Hauptstadt *f*; Kapital *n*

captain	Kapitän m; Hauptmann m
ćar	Auto n, Wagen m; Am Eisenbahn-
card	Karte f [wagen m]
to put o.'s cards on the table	seine Karten aufdecken
care	Sorgfalt f; Behandlung f; Pflege f
to take care	sich hüten; vorsichtig umgehen
to take care of	sorgen für; achtgeben auf; erledigen
glass — with care!	Vorsicht! Glas!
to care (for, about)	sorgen (für), sich kümmern (um)
would you care for a cup of coffee?	möchten Sie gerne eine Tasse Kaffee?
careful/careless	vorsichtig; besorgt/leichtsinnig; nachlässig, sorglos
carpet	Teppich m
carriage	Transport m, Beförderung f; Wagen m
to carry	tragen; befördern
to carry away/on	mitreißen/weiterführen
to carry interest	Zins tragen
to carry out a plan	einen Plan ausführen
to carry a motion	einen Antrag annehmen
do you carry gloves?	führen Sie Handschuhe?
case	Fall m; Sache f; Prozeß m
in case it should rain	falls es regnen sollte
in any/no case	auf jeden/keinen Fall
in case of need	notfalls
to cast (cast, cast)	v werfen; gießen; s Wurf m; Guß m
to cast a ballot	eine Stimme abgeben
castle [kɑ:sl]	Schloß n
cat [[kɔ:t]	Katze f
to catch (caught, caught)	(auf)fangen; fassen; erwischen
to catch (a) cold	sich erkälten
to catch fire	in Brand geraten
to catch sight of s.th.	etw zu Gesicht bekommen
he'll catch up with you	er holt Sie ein
I didn't catch the word	ich habe das Wort nicht verstanden
cattle	(Rind-)Vieh n
cause	s Ursache f, Grund m; Sache f; v verursachen, hervorrufen
to cause surprise	Staunen erregen
cellar	Keller m
centre	Mittelpunkt m; Mitte f
century ['sentʃəri]	Jahrhundert n
certain	sicher; gewiß
he's certain to come	er kommt sicherlich

why certainly!	aber selbstverständlich!
chain	s Kette f; v anketten
chair	Stuhl m
to take the chair	den Vorsitz übernehmen
chalk	Kreide f
chance	s Gelegenheit f; Möglichkeit f; Zufall m; v zufällig geschehen
by chance	zufällig
he'll take the chance	er läßt es darauf ankommen
I chanced to hear it	ich hörte es zufällig
change	s (Ver-)Änderung f; Abwechslung f; v wechseln; (sich) ändern; umstei- [gen
for a change	zur Abwechslung
to change clothes	sich umziehen
to change o.'s mind	seine Meinung ändern
have you any change?	haben Sie Kleingeld? [heit f
character ['kæriktə]	Charakter m; Person f; Beschaffen-
charge	s Ladung f; Amt n; Anklage f; Angriff m; v berechnen; belasten;
free of charge	kostenlos
to be in charge of s.th.	etw leiten/in Obhut haben
to charge with a crime	eines Verbrechens beschuldigen
charm	s Anmut f; Zauber m; v bezaubern
charming	reizend, entzückend
to chat(ter)	schwatzen, plaudern
cheap	billig; minderwertig
a cheap trick	ein übler Streich
to cheat	betrügen
check	s Schach n; Hindernis n; Am Scheck m; v nachprüfen; hemmen; Am zur Aufbewahrung geben
to keep in check	in Schach halten
to check off	abhaken
please check the oil	bitte, sehen Sie das Öl nach
cheek	Wange f, Backe f
to cheer	v jubeln, jauchzen; aufmuntern; s Hochruf m
cheerful	fröhlich, aufgeräumt, heiter
cheese [tʃi:z]	Käse m
cherry	Kirsche f
chest	Kasten m, Kiste f; Brust(korb m) f
chicken	Huhn n
chief	s Chef m; Anführer m; adj hauptsächlich

child (*pl* **children**)   Kind *n*
[tʃaild; 'tʃildrən]
that's mere child's play   *das ist ein reines Kinderspiel*
chimney   Kamin *m*
chin   Kinn *n*
choice   *s* Wahl *f*, Auswahl *f*; *adj* auserlesen
to take o.'s choice   *seine Wahl treffen*
to choose (chose, chosen)   (aus)wählen; vorziehen
Christmas ['krisməs]   Weihnachten
church   Kirche *f*
to go to church   *in die Kirche gehen*
cigarette [sigə'ret]   Zigarette *f*
cinema ['sinimə]   Kino *n*, Lichtspielhaus *n*
circle   Kreis *m*
citizen ['sitizn]   Bürger *m*
city   (große) Stadt *f*; Stadtzentrum *n*
civil   bürgerlich; zivil
civilization [sivilai'zeiʃən]   Kultur *f*, Zivilisation *f*   [dern
claim   *s* Anspruch *m*; *v* beanspruchen, for-
to lay claim to s.th.   *etw beanspruchen*
he claims to know you   *er behauptet, Sie zu kennen*
class   *s* Klasse *f*; Stand *m*; *v* einordnen
first-class   *erstklassig*
clean   *adj* sauber; rein; *v* putzen, rein-
   machen, säubern; *adv* rein, völlig
to clean up   *aufräumen; Am sich zurechtmachen*
to have o.'s clothes cleaned   *seine Kleider reinigen lassen*
clear   *adj* klar; hell; heiter; frei; *v* klären;
   aufräumen; aufhellen
to clear away/off   *weg-/abräumen*
clerk [klɑːk, *Am* kləːk]   (Büro-)Angestellte(r *m*) *f*,
   Sekretär(in *f*) *m*
clever   klug; geschickt
to climb [klaim]   klettern; (be)steigen
to climb a ladder   *auf eine Leiter steigen*
clock   Uhr *f*
close (to, by) [klous]   *adj* nahe, dicht (an); geschlossen;
   s [klouz] Schluß *m*; *v* zumachen,
   (ab)schließen
pay close attention!   *passen Sie gut auf!*
the weather is very close   *das Wetter ist sehr drückend*
he won by a close vote   *er gewann mit knapper Mehrheit*
road closed!   *Straße gesperrt!*
cloth   Stoff *m*; Tuch *n*; Tischtuch *n*

clothes pl [klouðz] — Kleider pl, Kleidung f; Wäsche f
  he takes his clothes off — er zieht sich aus
cloud — s Wolke f; v sich bewölken
club — Verein m; Knüppel m, Keule f
coal — (Stein-)Kohle f
coarse [kɔ:s] — grob, rauh; roh, ungeschliffen
coast — Küste f
coat — Mantel m
cock — Hahn m
coffee — Kaffee m
coin — s Münze f; v münzen, prägen [fen m
cold — adj kalt, frostig; s Kälte f; Schnup-
  to have a bad cold — eine schlimme Erkältung haben
  I'm cold — ich friere
collar — Kragen m; Halsband n
to collect — (ein)sammeln; abholen
collection — Sammlung f
colony ['kɔləni] — Kolonie f
colour ['kʌlə] — s Farbe f; v färben; fig beschönigen
  what colour is it? [colours — welche Farbe hat es?
  you have to show your — Sie müssen Farbe bekennen
comb [koum] — s Kamm m; v kämmen
to combine [-'-] — verbinden; vereinen
to come (came, come) — kommen
  to come about — sich ereignen, geschehen
  to come for s.o. — jdn abholen
  to come home/true — heimkommen/sich bewahrheiten
  come to see me some time — besuche mich einmal
  come in! — herein!
  come on, let's go — los, wir wollen gehen
  where do you come from? — wo kommen Sie her?
  this button came off — dieser Knopf ist abgegangen
  the question came up — die Frage erhob sich
comfort ['kʌmfət] — s Bequemlichkeit f; Trost m; v trö-
  sten; ermutigen
  that's no comfort to me — das ist kein Trost für mich
comfortable — bequem, behaglich; tröstlich
  make yourself comfortable — machen Sie es sich bequem
to command — v befehlen, kommandieren; s Befehl m,
  Gebot n; Kommando n
commerce ['kɔmə(:)s] — Handel m; Umgang m, Verkehr m
commercial [kə'mə:ʃəl] — kaufmännisch
committee [kə'miti] — Ausschuß m
  to be on a committee — in einem Ausschuß sein

common ['kɔmən]
  in common
  to make common cause with s.o.
  common sense
companion [kəm'pænjən]
company ['kʌmpəni]
  to keep company with s.o.
to compare (with, to)
  he cannot compare with you
comparison
  in comparison with
  without/past comparison
to complain (of, about)
complaint
  to make a complaint
complete

to compose
  to compose o.s.
  to be composed of
composition

to conceal (from)
to conceive [kən'si:v]
concern [kən'sə:n]

  to be concerned about/with
  this concerns you
  that's no concern of mine
  concerning
concert ['kɔnsət]
condition
  on one/that condition
  to be in good/bad condition
  to keep in good/bad condition
to confess
confidence
  to have confidence in s.o.
  to be confident of
to confuse
confusion [kən'fju:ʒən]
to connect (to)
  to be connected with

allgemein
  gemeinsam
  mit jdm gemeinsame Sache machen

  gesunde(r) Menschenverstand m
Gefährte m, Begleiter m, Genosse m
Gesellschaft f; Kompanie f
  jdm Gesellschaft leisten
(sich) vergleichen (mit)   *[gleichen*
  er kann sich mit Ihnen nicht ver-
Vergleich m
  im Vergleich zu
  unvergleichlich
(sich be)klagen (über)
Beschwerde f, Klage f; Krankheit f
  eine Beschwerde vorbringen
adj vollständig, völlig; *v* vollenden;
vervollständigen, ergänzen
zusammensetzen; komponieren; be-
  sich fassen   *[ruhigen*
  bestehen aus
Zusammensetzung f; Aufsatz m;
Komposition f
verbergen (vor)
begreifen; ausdenken, ersinnen
s Sache f; Unruhe f; Sorge f; Wichtigkeit f; Firma f; *v* betreffen
  besorgt sein um/ zu tun haben mit
  das geht Sie an
  das geht mich nichts an
  wegen; in bezug auf
Konzert n
Bedingung f; Zustand m; Stellung f
  unter einer/dieser Bedingung
  gut/schlecht erhalten sein
  gut/schlecht instand halten
bekennen; gestehen; beichten
Vertrauen n
  zu jdm Vertrauen haben
  zuversichtlich sein
verwirren; verwechseln   *[stürzung f*
Verwirrung f, Durcheinander n; Be-
verbinden (mit)
  in Verbindung stehen mit

connection	Zusammenhang *m*; Verbindung *f*; Anschluß *m*
in what connection?	*in welchem Zusammenhang?*
to conquer ['kɔŋkə]	erobern; besiegen
conscience ['kɔnʃəns]	Gewissen *n*
do it with a clear conscience	*tun Sie es mit reinem Gewissen*
conscious (of) ['kɔnʃəs]	bewußt *(Gen.)*; bei Bewußtsein
to consider	erwägen, überlegen; berücksichtigen
consideration	Überlegung *f*; Rücksicht *f*
in consideration of	*in Anbetracht* (Gen.)
to be under consideration	*zur Diskussion stehen*
to take into consideration	*in Erwägung ziehen*
considerable	beträchtlich, ansehnlich
to consist (of)	bestehen (aus)
to contain	enthalten, umfassen
container	Behälter *m*; Gefäß *n*
content [kən'tent]	*adj* zufrieden; *v* zufriedenstellen;
contents *pl* ['kɔntents]	Inhalt *m* [dauern
to continue [kən'tinju:]	*tr* fortfahren, fortsetzen; *itr* fort-
to be continued	*Fortsetzung folgt*
contrary to	(ent)gegen, zuwider
on the contrary	*im Gegenteil*
control [kən'troul]	*s* Kontrolle *f*; Beherrschung *f*; *v* kontrollieren, beherrschen
to control o.s./o.'s feelings	*sich beherrschen*
he lost control over	*er verlor die Herrschaft über*
convenient [kən'vi:njənt]	bequem, passend
conversation	Unterhaltung *f*, Gespräch *n*
to convince (of)	überzeugen (von)
cook	*s* Koch *m*, Köchin *f*; *v* kochen
cool	kühl; frisch
to keep cool	*Ruhe/kaltes Blut bewahren*
copy	*s* Abschrift *f*; Exemplar *n*; *v* abschreiben; nachahmen
rough/fair copy	*Rohentwurf* m/*Reinschrift* f
make three copies	*machen Sie drei Durchschläge*
corn	Korn *n*; Getreide *n*; *Am* Mais *m*
corner	Ecke *f*, Winkel *m*
round the corner	*um die Ecke*
correct	*adj* richtig; *v* verbessern, berichtigen
to cost (cost, cost) [kɔst]	*v* kosten; *s* (Einkaufs-)Preis *m*; Kosten *pl*
at all costs/at any cost	*um jeden Preis*
cost of living	*Lebenshaltungskosten* pl

cottage	Häuschen n; Hütte f
cotton	Baumwolle f
cough [kɔf]	s Husten m; v husten
to count (on)	zählen; rechnen (mit)
country ['kʌntri]	Land n; Gegend f; Heimat f
in the country	auf dem Land
courage ['kʌridʒ]	Mut m
don't lose courage	verlieren Sie den Mut nicht [bahn f
course [kɔ:s]	Lauf m; Kurs m; Richtung f; Renn-
as a matter of course	selbstverständlich
of course	natürlich, gewiß
court [kɔ:t]	s Hof m; Gericht n; Spielplatz m;
	v den Hof machen
cousin ['kʌzn]	Vetter m; Base f
to cover ['kʌvə]	v (be)decken; umfassen; s Decke f;
	Deckel m; Überzug m
that covers everything	das schließt alles ein
to cover a distance	eine Entfernung zurücklegen
cow	Kuh f
coward	Feigling m
crack	s Riß m, Sprung m; Knall m; v zer-
	brechen; platzen; knallen
to crack nuts/jokes	Nüsse knacken/Witze reißen
crash	s Krach m; Absturz m; itr krachen;
	tr zerschmettern
cream	Rahm m, Sahne f; Creme f
the cream of the crop	das Beste vom Besten
creature ['kri:tʃə]	Geschöpf n, Kreatur f
to creep (crept, crept)	kriechen; schleichen
crime [kraim]	Verbrechen n
criminal ['kriminl]	s Verbrecher m; adj verbrecherisch
critic ['--]	Kritiker m
critical	kritisch
crop	Ernte f; Getreide n; (Haar-)Schnitt m
cross	s Kreuz n; v kreuzen; durchqueren;
	adj quer, schief; ärgerlich, zuwider
to cross the road	die Straße überqueren
I'll keep my fingers crossed	ich werde für Sie den Daumen halten
crossing	Kreuzung f; Überfahrt f
crowd	s (Menschen-)Menge f; Gedränge n;
	v sich drängen
crown	s Krone f; v krönen
cruel (to)	grausam (gegen)
cruelty	Grausamkeit f

to crush	zerquetschen, aus-/zerdrücken; vernichten
to cry (for)	v rufen, schreien (nach); weinen; s Schrei m, Ruf m
to cultivate	anbauen, kultivieren; ausbilden
cup	Tasse f; Becher m; Pokal m
cupboard ['kʌbəd]	Schrank m [Kur f
to cure	v heilen; s Heilung f; Heilmittel n;
curiosity	Neugier(de) f; Merkwürdigkeit f
curious ['kjuəriəs]	neugierig; sonderbar, merkwürdig
I'm curious about it	*ich bin darauf gespannt*
curl	s Locke f; v sich locken/kräuseln
current	s Strömung f; Strom m; Lauf m; adj laufend; geläufig
curse	s Fluch m; v (ver)fluchen
curtain	Vorhang m, Gardine f
the iron curtain	*der eiserne Vorhang* [biegen
curve	s Kurve f; Krümmung f; v krümmen,
cushion ['kuʃən]	s Kissen n, Polster n; v polstern
custom	Sitte f, Gewohnheit f, Brauch m
to pay customs	*Zoll bezahlen*
customs inspection	*Zollkontrolle f*
to cut (cut, cut)	v schneiden; kürzen; mähen; s Schnitt m, Schnittwunde f
to cut down	(Baum) *fällen;* (Ausgaben) *einschränken;* (Preis) *herabsetzen*
to cut off/short	*abschneiden/abkürzen*
he had his hair cut	*er ließ sich die Haare schneiden*
he cut his finger	*er hat sich in den Finger geschnitten*
his salary was cut	*sein Gehalt wurde gekürzt*

D

daily	adj täglich; s Tageszeitung f
damage	s Schaden m; v beschädigen
to pay damages	*Schadenersatz zahlen*
dance	s Tanz m; v tanzen [ten?
may I have the next dance?	*darf ich um den nächsten Tanz bit-*
danger	Gefahr f
dangerous	gefährlich
to dare [dɛə]	wagen; dürfen
I dare say	*ich darf wohl sagen*
dark	adj dunkel; finster; s Dunkelheit f
he's in the dark	*er tappt im Dunkeln*

date	s Datum n; v datieren; sich ver-abreden mit
up-to-date	modern; auf dem laufenden
daughter ['dɔːtə]	Tochter f
day	Tag m
the other day	neulich
he has a day off	er hat dienstfrei
dead	adj tot; öde; s Tote(r m) f
he's dead tired	er ist todmüde
at dead of night	mitten in der Nacht
to deal (dealt, dealt) [diːl; delt]	v austeilen, geben; (Schlag) ver-setzen; s Handel m, Geschäft n; Teil m
to deal with	zu tun haben mit
a good/great deal	ziemlich viel/sehr viel
to give a square deal	anständig behandeln
deal with him kindly	geh mit ihm freundlich um
dear	teuer; lieb
dear me!	ach, du liebe Zeit!
death	Tod m; pl Todesfälle m pl
to work o.s. to death	sich zu Tode arbeiten
debt [det]	Schuld f; fig Verpflichtung f
to run into debt	in Schulden geraten
to deceive [di'siːv]	täuschen, betrügen
to decide (on)	(sich) entscheiden (über); sich ent-schließen
decision	Entschluß m; Entscheidung f
to come to a decision	eine Entscheidung treffen
declaration	Erklärung f
to declare	erklären, verkündigen
deed	Tat f; Urkunde f
deep	tief; unergründlich, dunkel
that's too deep for me	das geht über meinen Horizont
defeat	s Niederlage f; v besiegen; vereiteln; (Antrag) ablehnen
to defend against/from	verteidigen gegen/schützen vor
defence, Am **defense**	Verteidigung f
to come to s.o.'s defence	jdn in Schutz nehmen
degree	Grad m; Stufe f; Rang m
by degrees	nach und nach, allmählich
in some degree	in gewissem Maß
to a certain degree	bis zu einem gewissen Grad
delay	s Aufschub m; v verzögern, auf-schieben; hinhalten

do it without delay	*tu es sofort*
he was delayed	*er wurde aufgehalten*
delicate ['delikit]	zart; *(Frage)* heikel; feinfühlig; wählerisch
delight	Vergnügen *n*; Entzücken *n*
to take delight in	*Vergnügen finden an*
delightful	entzückend; sehr angenehm
to deliver (from)	befreien (von); liefern; übergeben; *(Schlag)* versetzen
to deliver letters	*Briefe austragen*
to deliver a speech	*eine Rede halten*
demand	*s* Nachfrage *f*; Bedarf *m*; Anspruch *m*; *v* verlangen, fordern
on demand	*auf Verlangen*
to be in demand	*gesucht sein*
to depend (on)	abhängen (von); sich verlassen (auf)
that depends!	*das kommt darauf an!*
depth	Tiefe *f*
to describe	beschreiben
description [dis'kripʃən]	Beschreibung *f*; Art *f*
desert ['dezət]	*s* Wüste *f*; *adj* öde, wüst; *v* [di'zə:t] im Stich lassen
to deserve [di'zə:v]	verdienen
desire (for)	*s* Wunsch *m*; Verlangen *n* (nach); *v* wünschen; begehren
despair (of) [dis'pɛə]	*s* Verzweiflung *f*; *v* verzweifeln (an)
to destroy	zerstören, vernichten
destruction [dis'trʌkʃən]	Zerstörung *f*; Verwüstung *f*; Vernichtung *f*
detail ['di:teil]	Einzelheit *f*
in detail; detailed	*ausführlich, in allen Einzelheiten*
to go into details	*ins einzelne gehen*
to determine [di'tə:min]	bestimmen; beschließen
determination	Entschlossenheit *f*; Entschluß *m*
to develop [di'veləp]	(sich) entwickeln, (sich) entfalten
development	Entwicklung *f*, Entfaltung *f*
devil	Teufel *m*
to die (died, died) **(of, from)**	sterben (an)
to die of laughter	*sich totlachen*
difference	Unterschied *m*; Verschiedenheit *f*
what's the difference!	*was macht das schon aus!*
different (from)	verschieden (von)
difficult	schwer, schwierig
difficulty	Schwierigkeit *f*

to dig (dug, dug)	graben
dinner	Mittag-, Abendessen *n*
dinner is served	*bitte, zu Tisch; es ist angerichtet*
direct (to, towards, at)	*adj* gerade, direkt; *v* richten (nach, auf); regeln, anweisen; adressieren
to direct a business	*ein Geschäft leiten*
direction	Richtung *f*; Anweisung *f*; Leitung *f*
follow the directions	*befolgen Sie die Gebrauchsanweisung*
dirty	schmutzig
disadvantage	Nachteil *m*, Schaden *m*
to disagree	nicht übereinstimmen
to disappear	verschwinden
to disappoint	enttäuschen
to discourage	entmutigen
to discover	entdecken
discovery	Entdeckung *f*
to discuss	erörtern, besprechen
disease [di'zi:z]	Krankheit *f*
dish [*dishes*	Schüssel *f*; Gericht *n*
to wash, (fam) *to do the*	*das Geschirr spülen*
to dismiss	entlassen; aufgeben
display	(Schaufenster-)Auslage *f*; Aufwand *m*
to be on display	*ausgestellt sein*
to dispose of	verfügen über
distance	Entfernung *f*
at a distance of	*in einer Entfernung von*
from a distance	*von weitem*
in the distance	*in der Ferne*
distant	fern, entfernt
distinct (from)	verschieden (von); deutlich
to distinguish (from)	unterscheiden (von)
to distinguish o.s.	*sich auszeichnen*
to distribute (among) [dis'tribju:t]	verteilen (unter); verbreiten
district	Bezirk *m*, Kreis *m*; Landstrich *m*
to disturb	stören; durcheinanderbringen
to divide (into)	*tr* (ein-/auf)teilen (in); dividieren; *itr* sich trennen
division	Abteilung *f*; Trennung *f*, Spaltung *f*
to do (did, done) [dʌn]	tun
to do without	*entbehren (können)*
she is doing well	*es geht ihr gut*
it will do	*es genügt*
what can I do for you?	*womit kann ich Ihnen dienen?*

do come!	*komm doch!*
what's to be done with it?	*was soll damit geschehen?*
doctor	Arzt *m*, Doktor *m*
dog	Hund *m*
doll	Puppe *f*
door	Tür *f*; Tor *n*
next door (to)	*nebenan*
to knock at the door	*an die Tür klopfen* [gänger *m*
double ['dʌbl]	*adj* doppelt; *v* verdoppeln; *s* Doppel-
I'm double your age	*ich bin zweimal so alt wie Sie*
doubt (of, about) [daut]	*s* Zweifel *m*; *v* zweifeln (an)
without doubt	*zweifelsohne, ohne Zweifel*
I'm in doubt about it	*ich zweifle daran*
there's no doubt about it	*darüber besteht kein Zweifel*
down	*adv* nieder; her-, hinunter; unten;
	prp herab, hinab; abwärts
up and down	*auf und ab*
to go|to write down	*hinuntergehen/niederschreiben*
down with influenza	*an Grippe erkrankt*
down to the present day	*bis zum heutigen Tag*
to draw (drew, drawn)	ziehen; zeichnen; anlocken; *(Geld)*
	abheben
to draw up	*entwerfen*
to draw conclusions	*Schlüsse ziehen*
draw a deep breath [draw	*holen Sie tief Atem!*
the game was a|ended in a	*das Spiel ging unentschieden aus*
dream	*s* Traum *m*; *v* träumen
dress	*s* Kleid *n*; *v* anziehen; *(Speisen)* zu-
	richten; *(Wunden)* verbinden
to drink (drank, drunk)	*v* trinken; *s* Getränk *n*, Trank *m*
to drive (drove, driven)	*v* treiben; lenken; fahren; *(Nagel)*
	einschlagen; *s* Fahrt *f*; Fahrweg *m*
he took lessons in driving	*er nahm Fahrstunden*
what are you driving at?	*worauf wollen Sie hinaus?*
to drive away	*wegjagen*
to drive s.o. crazy	*jdn zum Wahnsinn treiben*
drop	*s* Tropfen *m*; *v* tropfen; fallen (las-
	sen); zusammenbrechen
drop me at the corner	*laß mich an der Ecke aussteigen*
let's drop the subject	*lassen wir das Thema fallen*
drop me a line	*schreib mir ein paar Zeilen*
he dropped in	*er kam auf einen Sprung herein*
dry	*adj* trocken; *v* (ab)trocknen; dörren
duck	Ente *f*

due	fällig; schuldig, gebührend
due to	*infolge*
in due time	*zur rechten Zeit*
the train is already due	*der Zug müßte schon da sein*
he's due to arrive at ten	*er soll um 10 Uhr ankommen*
dull	stumpf; dumpf; schwerfällig; matt
during	*prp* während
dust	*s* Staub *m*; *v* abstauben
duty (to, towards)	Pflicht *f* (gegen)
to be off/on duty	*dienstfrei sein/Dienst haben*

E

each	jede(r, s)
each other	*einander, sich*
eager (after, for)	begierig (auf, nach); eifrig
ear	Ohr *n*; Gehör *n*; Ähre *f*
early	früh; baldig
at an early hour	*zu früher Stunde*
to earn	verdienen
to earn o.'s living	*seinen Lebensunterhalt verdienen*
earth	Erde *f*; Welt *f*
nothing on earth	*keine Macht der Welt*
ease [i:z]	*s* Leichtigkeit *f*; Ruhe *f*, Behaglichkeit *f*; *v* lindern; erleichtern
at ease	*ungezwungen*
to ease up	*nachlassen*
east	*s* Osten *m*; *adj* östlich
Easter	Ostern *pl*
easy	leicht; bequem; ungezwungen
on easy terms	*zu günstigen Bedingungen*
take it easy!	*immer mit der Ruhe!*
eat (ate, eaten) [i:t, et]	essen; fressen
echo ['ekou]	*s* Echo *n*; *v* widerhallen
economical [i:kə'nɔmikəl]	sparsam; wirtschaftlich
edge	Kante *f*; Schneide *f*; Rand *m*
to edge (o.'s way) through	*sich durchzwängen*
to educate ['edju:keit]	erziehen, ausbilden
education [edju'keiʃən]	Erziehung *f*, Bildung *f*
effect	*s* Wirkung *f*; Eindruck *m*; Ergebnis *n*; *v* durch-, ausführen; bewirken
to go/to put into effect	*in Kraft treten/setzen*
to take effect	*wirken*
without effect	*wirkungslos*

efficiency [i'fiʃənsi]	Tüchtigkeit *f*
effort ['efət]	Anstrengung *f*, Mühe *f*
to make an effort	*sich anstrengen*
egg	Ei *n*
either ['aiðə, *Am* 'i:ðə]	eine(r, s) von beiden; beides
take either road	*nimm eine der beiden Straßen*
either ... or	*entweder ... oder*
not ... either	*auch nicht*
elbow	Ell(en)bogen *m*; *tech* Knie *n*, Winkel *m*
to elect	(aus-/er)wählen zu
election	Wahl *f*
electric(al)	elektrisch
electricity	Elektrizität *f*
else	sonst (noch); anders
everything else	*alles andere*
or else	*andernfalls, sonst*
elsewhere	anderswo
to employ	beschäftigen; verwenden
empty	*adj* leer; *v* leeren
to enclose	einschließen; beilegen
to encourage [in'kʌridʒ]	ermutigen; fördern
end	*s* Ende *n*; Zweck *m*, Ziel *n*; *v* beendigen
at the/an end	*am/zu Ende*
to put an end to	*ein Ende machen*
odds and ends	*Kleinigkeiten*
enemy ['enimi]	Feind(in *f*) *m*
energy	Energie *f*; Tatkraft *f*
to engage	*itr* sich verpflichten; sich befassen; *tr* verpflichten, anstellen; mieten
to be engaged	*verlobt sein*
engine ['endʒin]	Maschine *f*; Motor *m*
English	englisch
to enjoy	genießen; Gefallen finden an
to enjoy o.s.	*sich gut unterhalten*
enough [i'nʌf]	genug
sure enough	*freilich, gewiß*
would you be kind enough to	*wären Sie so freundlich und*
to enter	be-/eintreten; einschreiben; buchen
to enter names on a list	*Namen in eine Liste eintragen*
to entertain	unterhalten; bewirten
entire [in'taiə]	ganz, vollständig
entirely	*völlig, gänzlich*
entrance	Eingang *m*; Eintritt *m*
equal ['i:kwəl]	*adj* gleich; *v* gleichkommen

to be equal to s.th.	*einer Sache gewachsen sein*
equality [i'kwɔliti]	Gleichheit *f*; Gleichförmigkeit *f*
to escape	*v* entfliehen; entgehen; *s* Flucht *f*
to have a narrow escape	*mit knapper Not davonkommen*
especially [is'peʃəli]	besonders; namentlich
essential [i'senʃəl]	*adj* wesentlich, notwendig; *s* Hauptsache *f*
to establish	gründen; einrichten; festsetzen
to establish a record	*einen Rekord aufstellen*
to estimate	(ab)schätzen; veranschlagen
even	*adj* eben, gerade; gleichmäßig; *adv* sogar, selbst
not even	*nicht einmal*
even now	*selbst jetzt*
even so	*trotzdem*
to be even with s.o.	*mit jdm quitt sein*
even if/though	*selbst wenn; wenn auch*
evening	Abend *m*
event	Ereignis *n*; Veranstaltung *f*
in any event	*auf jeden Fall*
in the event	*im Falle*
at all events	*auf alle Fälle*
ever	jemals, je
for ever	*für immer*
hardly ever	*fast nie*
ever since	*seit*
ever so much	*recht viel*
every	jede(r, s)
every now and then	*ab und zu*
every once in a while	*hin und wieder*
every time	*jedesmal*
everybody	jede(r, s)
everything	alles
everywhere	überall
evil ['i:vl]	*s* Übel *n*; *adj* schlimm, böse
exact	genau, pünktlich
examination	Prüfung *f*; Untersuchung *f*
to examine [ig'zæmin]	prüfen; untersuchen; verhören
example [ig'zɑ:mpl]	Beispiel *n*
for example	*zum Beispiel*
to set a good example	*mit gutem Beispiel vorangehen*
excellent	ausgezeichnet, vorzüglich
except (for)	außer; abgesehen von
exception [ik'sepʃən]	Ausnahme *f*

to exchange (for)	*v* austauschen (gegen); *s* Austausch *m*; Fernsprechamt *n*
to excite	erregen; anregen; hervorrufen
to get excited	*sich aufregen*
to excuse [iks'kju:z]	*v* entschuldigen; *s* [iks'kju:s] Entschuldigung *f* [*breche*
excuse me for interrupting	*entschuldigen Sie, wenn ich unter-*
exercise ['eksəsaiz]	*s* Aufgabe *f*; Bewegung *f*; Ausübung *f*; *v* (aus)üben
to exist [ig'zist]	vorhanden sein, bestehen, existieren
such a thing doesn't exist	*so etwas gibt es nicht*
existence	Dasein *n*; Vorhandensein *n*; Leben *n*
to come into existence	*entstehen*
to expect (of, from)	erwarten (von)
expense	Ausgabe *f*; Kosten *pl*
at great expense	*mit großen Kosten*
at the expense of	*auf Kosten von*
to go to expense	*sich in Unkosten stürzen*
travelling expenses	*Reisekosten, -spesen pl*
expensive	kostspielig, teuer
experience [iks'piəriəns]	Erfahrung *f*; Erlebnis *n*
experiment	Versuch *m*, Experiment *n*
to explain	erklären, erläutern, auseinandersetzen
explanation	Erklärung *f*
to explore	erforschen; untersuchen
to express	*v* ausdrücken, äußern; *adv* durch Eilboten; *s* Schnell-, Eilzug *m*
expression	Ausdruck *m*, Redensart *f*
to extend	ausdehnen, verlängern, erweitern
to extend to	*sich erstrecken bis*
to extend an invitation to s.o.	*jdn einladen*
extension	Erweiterung *f*, Ausdehnung *f*; (Frist-)Verlängerung *f*
extent	Ausmaß *n*, Umfang *m*, Größe *f*
to a certain extent	*bis zu einem gewissen Grad*
to some extent	*gewissermaßen*
extraordinary [iks'trɔ:dnri]	außergewöhnlich
extreme [iks'tri:m]	äußerst; höchst
to carry to an extreme	*zum Äußersten treiben*
eye	*s* Auge *n*; (Nadel-)Öhr *n*; Knospe *f*; *v* betrachten
to keep an eye on s.o.	*auf jdn aufpassen*
with the naked eye	*mit bloßem Auge*

F

face	s Gesicht n; Oberfläche f; Zifferblatt n; v gegenüberliegen; Trotz bieten
at face value	für bare Münze
in the face of	angesichts [sehen
let's face the facts	wir wollen den Tatsachen ins Auge
fact	Tatsache f
as a matter of fact	tatsächlich
in fact	in der Tat
stick to facts	seien Sie sachlich
factory	Fabrik f
to fade	verblassen; verwelken; verklingen
to fail	mißlingen; fehlschlagen; versagen
without fail	ganz bestimmt, unbedingt
don't fail to go there	versäumen Sie nicht hinzugehen
he failed to turn up	er erschien nicht
failure ['feiljə]	Versagen n; Mißerfolg m; Versager m
faint	adj schwach; v ohnmächtig werden; s Ohnmacht f
I haven't the faintest idea	ich habe keine blasse Ahnung
fair	adj angemessen; mittelmäßig; blond, hell; s Messe f, Jahrmarkt m
that's only fair	das ist nur recht und billig
fair play	ehrliche(s) Spiel n
faith (in)	Glaube (an), Vertrauen (auf)
to act in good faith	in gutem Glauben handeln
faithful/faithless	treu; gewissenhaft/treulos; unzuverlässig
to fall (fell, fallen)	v fallen; s Fall m, Sturz m
to fall in love	sich verlieben
to fall to pieces	auseinanderfallen
false	falsch, unrichtig; unaufrichtig
familiar (with)	vertraut (mit)
family	Familie f
famous (for)	berühmt (wegen)
fancy	s Einbildungskraft f; Laune f; v sich einbilden; meinen, glauben
far	weit, fern
far away	weit weg
as far as	bis zu; so weit wie
by far	bei weitem
that's going too far	das geht zu weit
farm	s Bauernhof m; v bebauen

farmer	Landwirt m, Bauer m
farther	ferner, weiter
fashion	s Mode f; Art und Weise f; v gestalten
out of fashion	*unmodern*
to come into fashion	*Mode werden*
fast [fɑːst]	fest; schnell; tüchtig
to be fast asleep	*fest eingeschlafen sein*
to make fast	*festmachen*
these colours are fast	*die Farben sind waschecht*
to fasten (to) ['fɑːsn]	festmachen, befestigen (an)
fat	adj fett; dick; s Fett n
fate	Schicksal n, Geschick n
father	Vater m
fault [fɔːlt]	Fehler m; Schuld f; Versehen n
to find fault with s.o.	*an jdm etw auszusetzen haben*
favour	s Gefälligkeit f; v bevorzugen, begünstigen
do me a favour	*tun Sie mir einen Gefallen*
I'm in favour of going	*ich bin dafür, daß wir gehen*
that speaks in his favour	*das spricht für ihn*
favourable (to)	günstig (für)
favourite ['feivərit]	adj Lieblings-; s Liebling m
fear (of)	s Furcht f, Schreck m (vor); Befürchtung f; v (be)fürchten; Angst haben
for fear of	*aus Angst*
fearful	ängstlich, furchtsam
feather ['feðə]	(Vogel-)Feder f
to feed (fed, fed)	füttern; verpflegen, verköstigen
to feed on	*sich ernähren von*
I'm fed up with it	*ich habe es satt*
to feel (felt, felt)	fühlen; spüren; empfinden
to feel o.'s way	*sich tasten*
how do you feel about this?	*was halten Sie davon?*
feeling	Gefühl n
fellow	Kerl m; Gefährte m, Kamerad m
female ['fiːmeil]	weiblich
fence	s Zaun m; Hindernis n; itr fechten; tr einzäunen
to fetch	holen; einbringen
fever ['fiːvə]	Fieber n
few	wenig
a few	*ein paar*
a few times	*ein paarmal*
quite a few	*ziemlich viele*

every few hours	*alle paar Stunden*
field	Feld *n*; *fig* Gebiet *n*
to fight (fought, fought) [fɔ:t]	*v* kämpfen; sich streiten; *s* Kampf *m*; Streit *m*
it was a fight to the finish	*es war ein Kampf bis aufs Messer*
we have to fight it out	*wir müssen es ausfechten*
figure ['figə]	*s* Zahl *f*; Gestalt *f*, Figur *f*; *v* sich vorstellen; eine Rolle spielen; *Am* glauben, denken
to figure out	*ausrechnen* [ren
to fill	füllen, vollstopfen; *(Zahn)* plombie-
to fill up	*vollfüllen*
fill out this form	*füllen Sie das Formular aus*
film	Film *m*; Schicht *f*, Belag *m*
final ['fainl]	*adj* endgültig; *s* Abschlußprüfung *f*; Schlußrunde *f*
finally	schließlich
to find (found, found)	finden
to find out	*ausfindig machen*
to find a ready market	*guten Absatz finden*
fine	*adj* schön, fein; dünn; *s* Geldstrafe *f*
finger	Finger *m*
he won't stir a finger	*er rührt keinen Finger* [ledigen
finish	*s* Ende *n*; Lack *m*; *v* beendigen, er-
he finished up the bread	*er aß das Brot auf* [werfen
fire	*s* Feuer *n*; *v* schießen; *fam* hinaus-
to be on/to catch fire	*brennen/Feuer fangen*
to light a/to set on fire	*ein Feuer anzünden/in Brand setzen*
firm	*s* Firma *f*; *adj* fest, hart; standhaft
first	*adj* erste(r, s); *adv* zuerst
at first/at first sight	*zuerst/auf den ersten Blick*
first of all	*vor allem, zunächst*
in the first place	*erstens*
fish	*s* Fisch *m*; *v* fischen, angeln
that's a pretty kettle of fish	*das ist eine schöne Bescherung*
she's fishing for compliments	*sie möchte gern ein Kompliment hören*
to go fishing	*angeln gehen*
fist	Faust *f*
fit	*s* Anfall *m*; *v* passen; anprobieren; *adj* passend, geeignet
to be fit	*geeignet sein*
to feel fit	*auf der Höhe sein*
he fits in very well	*er fügt sich gut ein*

to fix   befestigen; festlegen; fixieren
  Am to fix (up)   *in Ordnung bringen*
flag   Fahne *f*, Flagge *f*
flake   Flocke *f*
flame   Flamme *f*
to flash   *v* funkeln, leuchten; *s* Aufflammen *n*
flat   *adj* flach; geschmacklos; *s* (Miet-)wohnung *f*; Reifenpanne *f*
  he flatly denied   *er leugnete rundweg*
flavour ['fleivə]   Geschmack *m*, Aroma *n*
flesh   (lebendes) Fleisch *n*
flight   Flucht *f*; Flug *m*
  a flight of stairs   *eine Treppe*
  to put to flight   *in die Flucht schlagen*
to float   *v* schwimmen; flößen; *s* Floß *n*
flock   Herde *f*; Schar *f*   [schwemmen
flood [flʌd]   *s* Flut *f*; Überschwemmung *f*; *v* über-
floor [flɔ:]   (Fuß-)Boden *m*; Etage *f*, Stock *m*
  may I have the floor?   *ich bitte ums Wort!*
flour ['flauə]   Mehl *n*
to flow [flou]   *v* fließen, strömen; *s* Flut *f*
flower ['flauə]   Blume *f*; Blüte *f*
  say it with flowers!   *laßt Blumen sprechen!*
to fly (flew, flown)   *v* fliegen; *s* Fliege *f*
  to fly into a passion   *in Wut geraten*
fog   (dicker) Nebel *m*
to fold   *v* falten; einwickeln; *s* Falte *f*
  to fold a blanket   *eine Decke zusammenlegen*
to follow   folgen; verfolgen; beachten
  as follows   *folgendermaßen*
  from this it follows that   *daraus folgt, daß*
fond   zärtlich; verliebt
  to be fond of   *gern/liebhaben*
  to become fond of   *liebgewinnen*
food   Lebensmittel *pl;* Nahrung *f*
fool   *s* Dummkopf *m*, Narr *m*; *v* zum Narren halten
  to make a fool of o.s.   *sich lächerlich machen*
  you can't fool me   *du kannst mir nichts vormachen*
foolish   töricht, albern
foot (*pl* **feet**)   Fuß *m*
  on foot   *zu Fuß*
  to put o.'s foot down   *energisch auftreten*
  to stand on o.'s own feet   *auf eigenen Füßen stehen*

for — für; nach; als; zu
  as for ... — *was ... betrifft*
  for a long time — *seit langem*
  for years — *jahrelang*
  for heaven's/goodness sake — *um Himmels willen*
  just for fun — *nur zum Spaß*
to forbid (forbade, forbidden) [fə'bid, fə'beid] — verbieten
  smoking is forbidden — *Rauchen verboten!* [gen
force — *s* Gewalt *f*, Stärke *f*; Macht *f*; *v* zwin-
  to be in/to come into force — *in Kraft sein/treten*
  to use force — *Gewalt anwenden*
forehead ['fɔrid] — Stirn *f*
foreign ['fɔrin] — ausländisch; fremd
forest — Wald *m*, Forst *m*
to forget (forgot, forgotten) — vergessen
  I forgot about it — *ich habe es vergessen*
to forgive (forgave, forgiven) — verzeihen, vergeben
fork — *s* Gabel *f*; *v* sich gabeln
form — *s* Form *f*; Formular *n*; Schulklasse *f*
  /-bank *f*; *v* bilden, gestalten
  it's merely a matter of form — *es ist nur Formsache*
  to form an opinion — *sich eine Meinung bilden*
former — früher, ehemalig
forth — hervor, heraus
fortunate ['fɔ:tʃnit] — glücklich
  to be fortunate — *Glück haben*
fortune ['fɔ:tʃən] — Glück *n*; Vermögen *n*; Schicksal *n*
  to tell s.o.'s fortune — *jdm wahrsagen*
forward — *adv* vorwärts, voran; *v* nachsenden;
  fördern
  to come forward [you again — *vortreten*
  I'm looking forward to seeing — *ich freue mich, Sie wiederzusehen*
fox — Fuchs *m*
frame — *s* Rahmen *m*; Gestell *n*; *v* einrahmen;
  gestalten; zusammensetzen
free (from) — *adj* frei; offenherzig; umsonst; *v* be-
  freien (von)
  free and easy — *zwanglos*
  entrance free — *Eintritt frei!*
  you are free to go — *es steht Ihnen frei zu gehen*
freedom — Freiheit *f*; Ungezwungenheit *f*
to freeze (froze, frozen) — (ge)frieren

to freeze to death	*erfrieren*
frozen meat	*Gefrierfleisch* n
frequently	häufig
fresh	frisch
friend [frend]	Freund(in f) m
to be/to make friends	*befreundet sein/sich anfreunden*
boy/girl friend	*Freund* m/*Freundin* f
friendly	freundlich
fright [frait]	Schrecken m
to frighten	tr erschrecken, einschüchtern
to be/get frightened	itr *erschrecken*
frog	Frosch m
from	von; aus; vor
from now on	*von jetzt an*
where do you come from?	*woher kommen Sie?*
from no fault of my own	*nicht durch meine Schuld*
I'm tired from work	*ich bin von der Arbeit müde*
front [frʌnt]	Vorderseite f; Front f
in front of/in the front	*vor/vorne*
front door	*Haustür* f
to frown [fraun]	die Stirne runzeln
to frown on s.th.	*etw mißbilligen*
fruit [fru:t]	Obst n, Früchte pl
full	voll; vollständig
to work full time	*ganztägig arbeiten*
write the word out in full	*schreibe das Wort aus*
fun	Spaß m, Scherz m
for the fun of it	*zum Spaß*
to make fun of	*sich lustig machen über*
I only said it in fun	*ich habe es nur zum Spaß gesagt*
funny	spaßig, komisch, drollig
fur	Pelz m; Fell n
to furnish	ausstatten; möblieren; liefern
furniture ['fə:nitʃə]	Möbel pl, Hausrat m
further	adj/adv ferner, weiter; v fördern
until further notice	*bis auf weiteres*
future ['fju:tʃə]	Zukunft f
for the/in future	*künftig, in Zukunft*

G

to gain	v gewinnen, erlangen, erwerben; s Gewinn m
he is gaining on us	*er holt auf*

game	Spiel *n*; Wild *n*
a game of chess	*eine Partie Schach*
the game is up	*das Spiel ist aus*
garage ['gæra:ʒ, 'gæridʒ]	Garage *f*
garden	Garten *m*
gas	Gas *n*; *Am* Benzin *n*
gate	Tor *n*; (Bahn-)Schranke *f*; Sperre *f*
to gather	sammeln; sich ansammeln; pflücken
to gather from	*entnehmen/schließen aus*
gay	lustig, vergnügt
general	allgemein
in general	*im allgemeinen*
generally (speaking)	*gewöhnlich*
generous ['dʒenərəs]	freigebig, großzügig
gentle	sanft; *(Pferd)* zahm; leise; mild
gentleman	Herr *m*
ladies and gentlemen!	*meine Damen und Herrn!*
German	*adj* deutsch; *s* Deutsche(r *m*) *f*
to get (got, got)	bekommen; erreichen; geraten
to get along with	*sich vertragen mit*
to get away	*wegkommen*
to get off	*aussteigen; davonkommen*
to get on	*einsteigen; vorwärtskommen*
to get out	*aussteigen; herausbekommen*
to get ready	*sich fertigmachen*
to get rid of	*loswerden*
to get together	*sich treffen*
to get up	*aufstehen*
how do I get there?	*wie komme ich dahin?*
I get it!	*ich verstehe schon!*
I can't get at it	*ich kann es nicht erreichen*
gift	Geschenk *n*, Gabe *f*
girl	Mädchen *n*
to give (gave, given)	geben; schenken; verursachen
to give away	*verschenken; preisgeben*
to give back/in/out	*zurückgeben/nachgeben/austeilen*
to give up/way	*aufgeben/nachgeben*
he gives me a lot of trouble	*er macht mir viel Ärger/Mühe*
glad (of, at, about)	froh (über)
glass [glɑ:s]	Glas *n*; Spiegel *m*; *pl* Brille *f*
glorious	glorreich; prächtig
glory	Ruhm *m*; Pracht *f*, Herrlichkeit *f*
glove [glʌv]	Handschuh *m*
to go (went, gone) [gɔn]	gehen; fahren; werden

to go ahead|back|off|on	*vor-/zurück-/los-/weitergehen*
to go out|over|up	*hinaus-/hinüber-/hinaufgehen*
to be going to do	*im Begriff sein zu tun*
that goes without saying	*das versteht sich von selbst*
God	Gott *m*
gold	Gold *n*
good	gut
a good deal	*ziemlich viel*
for good	*endgültig*
to make good the damage	*den Schaden ersetzen*
it isn't much good	*es taugt nicht viel*
he arrived in good time	*er kam rechtzeitig an*
have a good time!	*viel Vergnügen!*
good-by(e)!	*lebe wohl!*
goose (*pl* **geese**)	Gans *f*
to govern ['gʌvən]	regieren
government	Regierung *f*
gradually ['grædjuəli]	allmählich
grain	Getreide *n*; (Samen-)Korn *n*
grain of sand	*Sandkorn* n
grand	groß(artig); stattlich
grass [grɑːs]	Gras *n*
keep off the grass!	*Betreten des Rasens verboten!*
grave	Grab *n*
great [greit]	groß; bedeutend
it's a great pity	*es ist sehr schade*
a great many|deal	*sehr viele*
green	grün
greeting	Gruß *m*; Begrüßung *f*
grocer	Kolonialwarenhändler *m*
ground	Boden *m*
to gain ground	*an Boden gewinnen*
group [gruːp]	Gruppe *f*
to grow (grew, grown)	wachsen; züchten; werden
to grow up	*heran-/aufwachsen*
it grew cold	*es wurde kalt*
grown-up	*erwachsen*
growth [grouθ]	Wachstum *n*; Wuchs *m*
to guard (against, from)	*v* bewachen (vor); *s* Wache *f*; Wächter *m*; (Bahn-)Schaffner *m*
to be on o.'s guard	*auf der Hut sein*
to guess	*v* (er)raten; vermuten; *Am* meinen; *s* Vermutung *f*, Mutmaßung *f*
guest	Gast *m*

guide	*s* Führer *m*; *v* führen, leiten, lenken
guilty ['gilti]	schuldig
gun	Gewehr *n*; Geschütz *n*; Revolver *m*

H

habit	Gewohnheit *f*
to be in the habit of	*die Gewohnheit haben zu*
to form a habit of	*sich angewöhnen*
hair [hɛə]	Haar *n*
by a hair	*um ein Haar*
that's splitting hairs	*das ist Haarspalterei*
haircut and shave	*Haarschneiden und Rasieren*
half (*pl* **halves**)	Hälfte *f*
at half the price	*zum halben Preis*
that isn't half bad (fam)	*das ist gar nicht übel*
to cut into halves	*halbieren*
hall	Halle *f*; Diele *f*; Flur *m*
town-/Am city-hall	*Rathaus* n
ham	Schinken *m*
hammer	*s* Hammer *m*; *v* hämmern
hand	*s* Hand *f*; Zeiger *m*; Handschrift *f*; *v* (herüber)reichen, einhändigen
at hand	*bei der/zur Hand*
at first hand	*aus erster Hand*
by hand	*mit der Hand*
to hand down	*herunterreichen; weitergeben*
to hand out/over	*austeilen/herüberreichen; aushändigen*
to be on hand	*da sein; vorrätig sein*
to give a hand to s.o.	*jdm behilflich sein*
I wash my hands of it	*ich wasche meine Hände in Unschuld*
to handle	*v* anfassen; handhaben; behandeln; *s* Griff *m*, Henkel *m*
Glass! Handle with care!	*Vorsicht! Glas!*
handsome	hübsch
to hang (hung, hung)	(auf)hängen
to hang about	*sich herumtreiben, herumlungern*
to hang on to	*festhalten an*
to hang out/up	*hinaus-/aufhängen*
to happen	sich ereignen, geschehen
I happened to meet him	*ich habe ihn zufällig getroffen*
happy (at, about)	glücklich (über)
I don't feel happy about it	*ich bin darüber nicht erfreut*

happy birthday! many happy returns of the day! — herzlichen Glückwunsch zum Geburtstag!

harbour ['ha:bə] — Hafen *m*; Zufluchtsort *m*

hard — *adj* hart; schwer; *adv* heftig
to be hard up for — knapp sein an
it's hard for me — es fällt mir schwer
he tried hard — er gab sich große Mühe

hardly — kaum, schwerlich
hardly ever — fast gar nicht/nie(mals)

harm — Schaden *m*; Unglück *n*
to do harm — Schaden anrichten
I meant no harm by it — ich dachte mir nichts dabei
there's no harm if — es macht nichts, wenn

harvest — *s* Ernte *f*; *v* ernten

haste — Eile *f*, Hast *f*
make haste! — beeile dich!

hat — Hut *m*

hate — *s* Haß *m*; *v* hassen

to have (had, had) — haben, besitzen; bekommen
to have to — müssen
you had better go — Sie sollten lieber gehen
have a seat, please — bitte, nehmen Sie Platz

head — *s* Kopf *m*; Chef *m*; Stück *n*; *v* an der Spitze stehen
at the head — am oberen Ende, oben
to keep o.'s head — die Ruhe bewahren
to lose o.'s head — den Kopf verlieren
I cannot make head or tail of it — ich kann nicht klug daraus werden
that's over my head — das geht über meinen Verstand

health [helθ] — Gesundheit *f*

healthy — gesund

heap [hi:p] — Haufe(n) *m*

to hear (heard, heard) — hören; Bescheid bekommen, erfahren
I won't hear of it — ich will nichts davon hören

heart [ha:t] — Herz *n*
at heart — im Grunde genommen; im Innersten
by heart — auswendig
he's taking it to heart — er nimmt es sich zu Herzen
don't lose heart — laß dich nicht entmutigen

heat [hi:t] — *s* Hitze *f*; *v* heizen

heaven ['hevn] [sake!] — Himmel *m*
good heavens! for heaven's — um Himmels willen!

heavy — schwer; (Regen) stark

heel	Ferse *f*; Absatz *m*
height [hait]	Höhe *f*; Gipfel *m*; Höhepunkt *m*
what's your height?	*wie groß sind Sie?*
heir [ɛə]	Erbe *m*
hell	Hölle *f*
help	*s* Hilfe *f*; *v* helfen
to help out	*aushelfen*
I can't help it	*ich kann nichts dafür*
please help yourself!	*bitte, bedienen Sie sich!*
it can't be helped	*es läßt sich nicht ändern*
helpful/helpless	hilfsbereit; nützlich/hilflos
hen	Henne *f*
here	hier; da
here and there	*hier und dort*
here's to you!	*auf Ihr Wohl!*
here you are!	*da hast du es!*
to hesitate	zögern, zaudern
to hide (hid, hidden)	(sich) verbergen, verstecken
high [hai]	*adj* hoch; *s* Höchststand *m*; Hoch *n*
to be highly pleased	*höchst zufrieden sein*
it's high time	*es ist höchste Zeit*
hill	Hügel *m*
to go uphill/downhill	*hinauf-/hinuntergehen*
to hire	mieten; anstellen
history	Geschichte *f*
to hit (hit, hit)	*v* treffen; (an)schlagen; *s* Treffer *m*; Stoß *m*, Hieb *m*
how did you hit on that?	*wie sind Sie darauf gekommen?*
to hold (held, held)	halten; festhalten; enthalten; (*Versammlung*) abhalten
to hold back/out	*zurück-/aushalten*
to hold up	*aufhalten; überfallen;* (Wetter) *andauern*
to get hold of	*erwischen*
to take/to catch hold of	*anfassen, ergreifen*
hole	Loch *n*
holiday ['hɔlədi]	Feiertag *m*; *pl* Ferien *pl*
to be on holiday	*im Urlaub sein*
hollow	hohl
holy	heilig
home	*s* Heim *n*; *adv* nach Hause
at home	*zu Hause, daheim*
to go home	*nach Hause gehen*
make yourself at home	*machen Sie es sich bequem*

honest ['ɔnist]	ehrlich, aufrichtig, redlich
honey ['hʌni]	Honig *m*
honour ['ɔnə]	*s* Ehre *f*; *v* ehren
hope (for)	*s* Hoffnung *f* (auf); *v* hoffen
hopeful/-less	hoffnungsvoll/-los
horse	Pferd *n*
on horseback	*zu Pferde*
hospital	Krankenhaus *n*
hot	heiß; warm; *(Senf)* scharf
a hot temper	*ein hitziges Temperament*
hotel [hou'tel]	Hotel *n*, Gasthof *m*
hour [auə]	Stunde *f*
at all hours	*jederzeit*
for hours	*stundenlang*
house	*s* Haus *n*; *v* unterbringen
to keep house	*den Haushalt führen*
how	wie
how many/much	*wie viele/wieviel*
how do you do?	*Guten Tag!*
to learn how to swim	*schwimmen lernen*
however	aber, jedoch; dennoch
human ['hju:mən]	menschlich
humble ['hʌmbl]	bescheiden
hundred	hundert
hunger	Hunger *m*
to die of hunger	*verhungern*
hungry	hungrig
to hunt	jagen
to go hunting	*auf die Jagd gehen*
hurry ['hʌri]	*s* Eile *f*, Hast *f*; *v* sich beeilen
to be in a hurry	*in Eile sein*
to hurry up	*sich beeilen*
there's no hurry	*es eilt nicht*
to hurt (hurt, hurt) [hə:t]	verletzen; schmerzen; schaden
to hurt s.o.'s feelings	*jdn kränken*
husband ['hʌzbənd]	(Ehe-)Mann *m*

I

ice	Eis *n*
a dish of ice-cream	*eine Portion Eis*
idea [ai'diə]	Gedanke *m*, Idee *f*; Begriff *m*
to give an idea of	*eine Vorstellung geben von*
ideal	*adj* vorbildlich; *s* Ideal *n*

idle ['aidl] — untätig, müßig; nicht in Betrieb
  to stand idle — *stillstehen*
if — wenn, falls; ob
  as if/even if — *als ob/auch wenn*
ill — *pred* krank; *adj* schlimm, schlecht
  to be ill at ease — *sich unbehaglich fühlen*
  to fall/to be taken ill — *krank werden*
to imagine [i'mædʒin] — sich einbilden, sich vorstellen
  just imagine! — *denken Sie sich nur!*
immediate [i'mi:djət] — unmittelbar
  immediately — *sofort, sogleich, unverzüglich*
immense — ungeheuer, unermeßlich
importance — Wichtigkeit f; Bedeutung f; Einfluß m
  that's of no importance — *das ist unwichtig*
important — wichtig; bedeutend
impossible — unmöglich
impression — Eindruck m
  to give the impression — *den Eindruck machen*
to improve [im'pru:v] — verbessern; sich bessern
improvement — (Ver-)Besserung f; Fortschritt m
in — *prp* in; an; auf; *adv* hinein
  in English — *auf Englisch*
  in a loud voice — *mit lauter Stimme*
  come in! — *herein!*
  in my opinion — *meiner Ansicht nach*
  to be in love with — *verliebt sein in*
  he spent his time in reading — *er verbrachte seine Zeit mit Lesen*
  he's not in — *er ist nicht da*
to include — enthalten; einschließen
to increase (in) [in'kri:s] — *v* zunehmen (an); vergrößern; vermehren; *s* ['--] Zunahme f; Wachstum n
  to be on the increase — *zunehmen, steigen*
indeed — in der Tat; gewiß; allerdings
  thank you very much indeed — *ich danke Ihnen vielmals*
independent (of) — unabhängig (von)
industry ['indəstri] — Industrie f; Gewerbe n
inferior — untergeordnet; minderwertig
influence (on) — *s* Einfluß m (auf); *v* beeinflussen
to inform (of; about, on) — benachrichtigen; unterrichten (von; über)
  to be well informed — *gut unterrichtet sein*
information — Auskunft f; Benachrichtigung f
  to get information — *sich erkundigen*
  information desk — *Auskunft(sschalter m) f*
  for your information — *zu Ihrer Unterrichtung*

ink	Tinte *f*; Druckerschwärze *f*
inn	Gasthof *m*, Wirtshaus *n*
to inquire (about, after)	sich erkundigen (nach)
inquiry	Nachfrage *f*, Nachforschung *f*, Erkundigung *f*
to make inquiries into/about	*Erkundigungen einziehen über/wegen*
insect	Insekt *n*
inside	*adj* inner; inwendig; *adv* im Innern; *prp* innerhalb; *s* Inneres *n*
to come/to go inside	*hereinkommen/hineingehen*
to know inside out	*in- und auswendig kennen*
to turn inside out	*das Oberste zuunterst kehren*
to insist (on)	bestehen (auf)
instead [in'sted]	statt dessen, dafür
instead of	*anstatt* [richt *m*]
instruction	Anweisung *f*, Anordnung *f*; Unter-
instrument	Instrument *n*, Werkzeug *n*
to intend	beabsichtigen
to be intended for	*bestimmt sein für*
intention	Absicht *f*; Zweck *m*
interest	*s* Anteil *m*; Zins *m*
	v interessieren
to be interested/to interest o.s. in	*sich interessieren für*
it's to his interest	*es liegt in seinem Interesse*
to interrupt [intə'rʌpt]	unterbrechen; stören
into	in (... hinein)
come into the garden	*komm in den Garten*
to get into difficulty	*in Schwierigkeiten geraten*
to introduce [intrə'dju:s]	einführen
may I introduce Mr Brown to you?	*darf ich Ihnen Herrn B. vorstellen?*
to invent	erfinden
invention	Erfindung *f*
invitation	Einladung *f*
to invite	einladen; auffordern
iron ['aiən]	*s* Eisen *n*; *v* plätten, bügeln; *adj* eisern
to iron out	*ins reine bringen, ausbügeln*
irregular [i'regjulə]	unregelmäßig; ungleich; ungeregelt
island ['ailənd]	Insel *f*
issue ['isju:]	*s* Streitfrage *f (Zeitschrift)* Nummer *f*; *v* ausgeben; ausstellen

that's not the issue	*darum handelt es sich nicht*
the point at issue	*der strittige Punkt*

it
es
I can't do it — *ich kann es nicht machen*
I can't do anything with it — *ich kann nichts damit anfangen*

J

jam [dʒæm] — Marmelade *f*
jealousy (of) [ˈdʒeləsi] — Eifersucht *f*; Neid *m* (auf)
jewel [ˈdʒuːəl] — Edelstein *m*; *pl* Juwelen *n pl*
job — Arbeit *f*; Stellung *f*
it isn't my job — *es ist nicht meine Aufgabe*
to join — sich anschließen an; zusammenfügen
to join a party — *einer Partei beitreten*
may I join you? — *darf ich mich Ihnen anschließen?*
joint — *adj* gemeinsam; verbunden; *s* Gelenk *n*; Fuge *f*; Keule *f (Braten)*
joke — *s* Scherz *m*; Witz *m*; *v* Spaß machen, scherzen
he did it in joke — *er tat es im Spaß*
he can't take a joke — *er versteht keinen Spaß*
all joking aside! — *Spaß beiseite!*
journey [ˈdʒəːni] — Reise *f*; Fahrt *f*
to go on a journey — *eine Reise machen*
joy (at) — Freude *f* (über)
to beam with joy — *vor Freude strahlen* [(nach)]
judge (by) [dʒʌdʒ] — *s* Richter *m*; *v* richten; beurteilen
judging from what you say — *nach dem zu urteilen, was du sagst*
judg(e)ment — Urteil *n*
in my judgement — *meiner Auffassung nach*
to sit in judgement on s.o. — *über jdn zu Gericht sitzen*
juice [dʒuːs] — Saft *m*
to jump — *v* springen; *s* Sprung *m*
to jump at — *sich stürzen auf*
to jump the rails — *entgleisen*
just — *adj* gerecht; *adv* genau; gerade
just as — *gerade, ebenso*
just now — *eben jetzt, soeben*
he just arrived — *er ist eben angekommen*
justice — Gerechtigkeit *f*
to justify — rechtfertigen
to be justified — *recht haben*

K

to keep (kept, kept)	(be)halten; aufbewahren
to keep from/out of	*abhalten von/sich fernhalten von*
to keep up	*weitermachen, fortfahren*
to keep up with	*Schritt halten mit*
to keep s.o. company	*jdm Gesellschaft leisten*
to keep s.th. in mind	*sich etw merken, an etw denken*
to keep to the right	*sich rechts halten*
to keep on talking	*weitersprechen*
he kept his word	*er hielt sein Wort*
keep your hands off!	*laß deine Finger davon!*
keep out!	*Eintritt verboten!*
keep quiet!	*sei still!*
keep your temper!	*beherrschen Sie sich!*
key [ki:]	Schlüssel *m*; Taste *f*
kick	*s* Tritt *m*; *v* treten; *(Pferd)* aus- schlagen
to kill	töten
to kill time	*die Zeit totschlagen/vertreiben*
kind	*s* Art *f*, Sorte *f*; *adj* freundlich, gütig
would you be so kind as	*würden Sie so freundlich sein und*
all kinds of	*alle möglichen*
something of the kind	*so etwas*
kindness	Freundlichkeit *f*, Liebenswürdigkeit *f*
king	König *m*
kingdom	Königreich *n*
kiss	*s* Kuß *m*; *v* küssen
kitchen	Küche *f*
knee [ni:]	Knie *n*
to bend the knee	*das Knie beugen*
knife (*pl* **knives**) [naif, *pl* naivz]	Messer *n*
knock (at)	*s* Klopfen *n*; Schlag *m*, Stoß *m*; *v* klopfen (an); schlagen, stoßen
to knock down	*niederschlagen*
to knock over	*umstoßen, umwerfen*
to be all knocked out	*ganz erledigt sein*
knot [nɔt]	*s* Knoten *m*; *v* einen Knoten machen
to know (knew, known)	wissen; kennen; können
to be known	*bekannt sein*
to let s.o. know	*jdm Bescheid geben* [*nach*
I know him by sight/by name	*ich kenne ihn vom Sehen/dem Namen*
I know about it	*ich weiß davon*

knowledge [ˈnɔlidʒ] — Kenntnisse *f pl;* Wissen *n*
  to my knowledge — soviel ich weiß, meines Wissens
  to the best of o.'s knowledge — nach bestem Wissen und Gewissen

L

labour [ˈleibə] — Arbeit *f;* Mühe *f;* Arbeitskräfte *f pl*
lack — *s* Mangel *m; v* ermangeln
  for lack of — aus Mangel an
ladder — Leiter *f; (Strumpf)* Laufmasche *f*
lady — Dame *f*
lake — (Binnen-)See *m*
lame — lahm
lamp — Lampe *f*
land — *s* (Fest-)Land *n;* Boden *m; v* landen
language [ˈlæŋgwidʒ] — Sprache *f*
large [lɑːdʒ] — groß; weit; umfangreich; reichlich
  at large — auf freiem Fuß; in der Gesamtheit
  it depends largely upon you — es hängt in hohem Maß von Ihnen ab
last — *adj* letzte(r, s); vorig; *adv* zuletzt;
  v dauern
  at last — endlich; zuletzt
  the last but one — der vorletzte
  he came last — er kam zuletzt
  the money won't last — das Geld wird nicht reichen
late — spät; verspätet; verstorben
  sooner or later — früher oder später
  to be late — sich verspäten, zu spät kommen
  of late — letzthin, kürzlich
  later on — später, nachher
  the latest news — die letzten Nachrichten
to laugh (at) [lɑːf] [about — lachen (über); auslachen
  it's not a matter to laugh — es ist nicht zum Lachen
laughter — Gelächter *n*
law — Gesetz *n*
  by law — gesetzlich
  to practise law — Anwalt sein
lawful/lawless — gesetzlich/gesetzlos
to lay (laid, laid) — legen, stellen, setzen
  to lay aside/down — beiseite legen/hinlegen; aufzeichnen
  to lay out — auslegen
  to lay claim to — Anspruch erheben auf
  don't lay the blame on me — schieben Sie die Schuld nicht auf mich
  she laid the table — sie deckte den Tisch

lazy	faul, träge
to lead (led, led)	führen, leiten
to lead the way	*vorangehen*
that will lead to nothing	*das führt zu nichts*
the leading thought	*der leitende Gedanke*
leader	Führer *m*; Leiter *m*
leaf (*pl* leaves)	Blatt *n*; (Tür-)Flügel *m*
to lean (against)	*v* sich lehnen (an); *adj* mager
to lean forward	*sich vorbeugen*
he leaned out of the window	*er lehnte sich aus dem Fenster*
to learn (learnt, learnt)	lernen; erfahren
least	*adj* kleinste(r, s); wenigste(r, s); geringste(r, s); *adv* am wenigsten
at least	*mindestens, wenigstens*
not in the least	*nicht im geringsten*
leather [ˈleðə]	Leder *n*
to leave (left, left)	*v* verlassen; hinter-, überlassen; *s* Urlaub *m*; Abschied *m*
to leave alone	*allein/in Ruhe lassen*
to leave out	*weg-/auslassen*
to leave in the lurch	*in der Patsche sitzen lassen*
to leave nothing undone	*nichts unversucht lassen*
the train leaves at 2	*der Zug fährt um 2 Uhr ab*
leave it to me!	*überlassen Sie es mir!*
is there any tea left?	*ist noch Tee übrig?*
left	*adv* links; *adj* linke(r, s); *s* linke Seite *f*
to the left of	*links von*
on the left	*links*
turn (to the) left	*gehen Sie nach links*
to lend (lent, lent)	(ver)leihen; borgen
to lend a hand	*helfen*
length	Länge *f*
at length	*endlich, schließlich; ausführlich*
less	kleiner; geringer; weniger
less five per cent	*abzüglich 5 %*
lesson	Aufgabe *f*; (Lehr-)Stunde *f*
to give lessons	*Unterricht geben/erteilen*
to let (let, let)	lassen; zulassen; vermieten
to let alone/in	*in Ruhe lassen/hereinlassen*
to let off	*aussteigen lassen; abfeuern*
to let out/go	*herauslassen/loslassen*
to let know	*Bescheid geben*
let there be no more of this	*das darf nicht wieder vorkommen*
letter	Brief *m*; Buchstabe *m*

level
 adj eben, waagrecht; *v* ebnen;
 s Höhe *f*, Niveau *n*; Ebene *f*

 on a level with *auf gleicher Höhe mit*
 I'll do my level best *ich werde das Äußerste tun*
 he always keeps a level head *er behält immer einen klaren Kopf*

liberty ['libəti] Freiheit *f*
 you are at liberty to go *es steht Ihnen frei, zu gehen*

library ['laibrəri] Bücherei *f*, Bibliothek *f*

to lie (lay, lain) [lai] liegen
 to lie down *sich niederlegen*

lie (lied, lied) *s* Lüge *f*; *v* lügen
 to tell a lie *lügen*
 don't lie to me *lüge mich nicht an*

life (*pl* **lives**) Leben *n*
 three lives were lost *3 Menschen kamen ums Leben*

to lift (auf)heben
 the fog lifted *der Nebel lichtete sich*
 I won't lift a finger *ich rühre keinen Finger*

light *s* Licht *n*; *adj* hell; blond; leicht;
 v be-, erleuchten; anzünden

 to bring to light *ans Licht bringen*
 to light a cigarette *eine Zigarette anzünden*
 do you have a light? *haben Sie Feuer?*

like *adj* gleich; ähnlich; *prp* wie; *v* gern-
 haben, lieben

 to like to do s.th. *etwas gern tun*
 I should like to *ich möchte gern*
 how do you like this book? *wie gefällt Ihnen dieses Buch?*
 what is the weather like? *wie ist das Wetter?*
 there is nothing like *es geht nichts übers Reisen*
 travelling
 it looks like rain *es sieht nach Regen aus*

likely wahrscheinlich
 that's more likely *das ist eher möglich* [(auf)

limit (to) *s* Grenze *f*; *v* begrenzen, beschränken
 that's the limit *das ist die Höhe*

line *s* Linie *f*; Strecke *f*; Leine *f*; Reihe *f*;
 Branche *f*; *v* Spalier bilden

 to line up *sich aufstellen; antreten*
 to form a line *sich in einer Reihe aufstellen*
 to keep in line *in der Reihe bleiben*
 to stand in line *Schlange stehen*
 what line is he in? *in welcher Branche ist er?*
 the wash is on the line *die Wäsche hängt auf der Leine*

lion [′laiən]	Löwe *m*
lip	Lippe *f*
liquid [′likwid]	*adj* flüssig; *s* Flüssigkeit *f* [ner-
list	*s* Liste *f*; Verzeichnis *n*; *v* verzeich-
he's on the list	er steht auf der Liste
to listen (to) [′lisn]	horchen (auf); zuhören; lauschen
to listen in	*Radio hören* [lich
little (less, least)	*adj* klein, wenig; *adv* kaum; schwer-
a little	*ein wenig, ein bißchen*
little by little	*nach und nach*
in a little while	*in kurzer Zeit*
please wait a little	*bitte, warten Sie einen Augenblick*
to live (on)	*v* leben (von); wohnen; *adj* [laiv] le- bendig
to live out	*auswärts wohnen;* Am *überleben*
to live up to s.th.	*etw erfüllen*
to live to see	*erleben*
that's a live wire	*der Draht steht unter Strom*
living	*adj* lebendig; *s* Lebensunterhalt *m*
to make a living	*sein Auskommen haben* [lasten
load	*s* Last *f*; Ladung *f*; *v* (be)laden, be- aufladen
loads of (fam)	*eine Menge*
local	örtlich
local call	*Ortsgespräch* n
local train	*Personenzug* m [schließen
lock	*s* Schloß *n*; Schleuse *f*; *v* ab-, ver-
to lock out|up	*aussperren/einsperren*
under lock and key	*hinter Schloß und Riegel*
long	lang; weit
a long time	*lange (Zeit)*
(a) long (time) ago	*schon lange (her)*
all night long	*die ganze Nacht hindurch*
not any|no longer	*nicht länger/mehr*
so long!	*auf Wiedersehen! bis dann!*
look (at, on)	*s* Blick *m*; *v* sehen, blicken (auf, nach)
to look after	*aufpassen; sorgen für*
to look down|for	*herabsehen/suchen*
to look forward to	*sich freuen auf*
to look into|out|over	*untersuchen/achtgeben/durchsehen*
to look up	*aufsehen; nachsehen*
you look well	*Sie sehen gut aus*
I don't like his looks	*er gefällt mir nicht*
to be on the look-out for	*Ausschau halten nach*

loose [lu:s]　lose; locker
to lose [lu:z] (lost, lost)　verlieren
　to get lost　*verlorengehen; sich verirren*
　to lose o.'s life　*ums Leben kommen*
　to lose sight of　*aus den Augen verlieren*
　to lose o.'s way　*sich verirren*
loss　Verlust m
　at a loss　*mit Verlust; in Verlegenheit*
　to be at a loss for　*verlegen sein um*
　I'm at a loss what to do　*ich weiß nicht, was ich tun soll*
lot　Los n; Anteil m
　lots of (fam)　*eine Menge, sehr viel*
　he has a lot of work　*er hat viel Arbeit*
　we cast|drew lots　*wir haben gelost*
loud　laut; *(Farbe)* grell
　in a loud voice　*mit lauter Stimme*
　don't talk so loud　*rede nicht so laut*
love [lʌv]　s Liebe; v lieben
　to fall in love with　*sich verlieben in*
　I love to read　*ich lese gern*
lovely　reizend
low　niedrig; *(Stimme)* leise; tief
　to feel low　*niedergeschlagen sein*
　in a low voice　*mit leiser Stimme*
luck　Glück n
　to try o.'s luck　*sein Glück versuchen*
　good luck!　*viel Glück*
　that's bad luck　*das ist Pech*
lucky　glücklich
　to be lucky|unlucky　*Glück/Unglück haben*
lunch　Gabelfrühstück n
lungs pl　Lunge(n) f (pl)

M

machine [məˈʃi:n]　Maschine f
mad　verrückt, wahnsinnig; toll
　to be mad at (fam)　*böse/wütend sein auf*
madam [ˈmædəm]　gnädige Frau f
mail　s Post f; v zur Post bringen
　by mail|air-mail　*durch die Post/Luftpost*
　is there any mail for me?　*ist Post für mich da?*
main　adj hauptsächlich; s Hauptleitung f;
　　Festland n; Hauptsache f

in the main	*im großen und ganzen*
to make (made, made)	*v* machen; *s* Fabrikat *n*
to make off	*sich aus dem Staub machen*
to make out/over	*entziffern; verstehen/umarbeiten*
to make up	*zusammenstellen, -setzen; zurecht-machen; vervollständigen*
to make up o.'s mind	*sich entschließen*
to make a choice	*eine Wahl treffen*
I'll never make it	*ich werde es nie schaffen*
does this make sense to you?	*werden Sie daraus klug?*
male	männlich
man (*pl* **men**)	Mensch *m*; Mann *m*
to a man	*bis auf den letzten Mann*
to manage ['mænidʒ]	handhaben; leiten; verwalten
I just managed it	*ich habe es gerade geschafft*
I can manage with less	*ich komme mit weniger aus*
management	Führung *f*, Verwaltung *f*, Leitung *f*
manager	Leiter *m*, Direktor *m*
manner	Art *f* und Weise *f*, Verhalten *n*
he has no manners	*er hat keine Manieren/Lebensart*
many ['meni]	viele
a good many	*eine ganze Menge*
a good many times	*ziemlich oft*
a great many	*sehr viele*
many a	*manche(r, s)*
map	(Land-)Karte *f*
march	*s* Marsch *m*; *v* marschieren
mark	*s* Marke *f*, Zeichen *n*; *(Schule)* Note *f*; *v* kennzeichnen; zensieren; beach-aufschreiben/abgrenzen [ten
to mark down/out	
mark my words!	*merk dir meine Worte!*
he hit the mark	*er hat ins Schwarze getroffen*
I don't feel up to the mark	*ich bin nicht auf der Höhe*
market	Markt *m*; Marktplatz *m*
to put on the market	*auf den Markt bringen*
marriage	Heirat *f*
to marry	(ver)heiraten
to get married	*sich verheiraten*
mass [mæs]	Masse *f*; Messe *f*
master	*s* Herr *m*; *v* bewältigen, meistern
match	*s* Wettkampf *m*; Streichholz *n*; *v* gleichkommen; sich messen mit
to be a good match	*gut zusammenpassen*
he is no match for him	*er ist ihm nicht gewachsen*

the colours do not match	*die Farben passen nicht zusammen*
material [mə'tiəriəl]	s Material n; Stoff m; adj wesentlich; materiell
raw material	*Rohstoff* m
matter	Sache f; Angelegenheit f
as a matter of course	*ganz selbstverständlich*
as a matter of fact	*tatsächlich*
for that matter	*was das betrifft*
no matter	*ganz gleich*
that doesn't matter	*das macht nichts*
what's the matter?	*was ist los?*
may: *may I trouble you for*	*darf ich Sie bitten um*
it may be too late	*es ist vielleicht zu spät*
that may be so	*das mag wohl stimmen*
me	mir, mich
it's me	*ich bin's*
meadow	Wiese f
meal	Mahlzeit f
to mean (meant, meant)	meinen; bedeuten; beabsichtigen
to be meant for	*bestimmt sein für*
it means a lot to me	*es liegt mir viel daran*
meaning	Sinn m, Bedeutung f
means	Mittel n
by means of	*mittels*
by no means	*keineswegs, auf keinen Fall*
a means to an end	*ein Mittel zum Zweck*
he lives beyond his means	*er lebt über seine Verhältnisse*
meanwhile	inzwischen, mittlerweile
measure	s Maß n; Maßnahme f, Maßregel f
made to measure	*nach Maß*
to take measures	*Maßnahmen ergreifen*
meat	Fleisch n
meat broth	*Fleischbrühe* f
mechanic [mi'kænik]	Mechaniker m
medicine ['medsin]	Medizin f, Arznei f
to meet (met, met)	(sich) treffen; sich versammeln
to meet the deadline	*den Termin einhalten [streiten*
to meet demands/expenses	*Ansprüche befriedigen/Ausgaben be-*
to meet halfway	*auf halbem Weg entgegenkommen*
I'm glad to meet you	*ich freue mich, Sie kennenzulernen*
pleased to meet you [train?	*freut mich! angenehm!*
will you meet him at the	*holst du ihn an der Bahn ab?*
does that meet with your approval?	*findet das Ihre Zustimmung?*

meeting	Versammlung *f*; Sitzung *f*; Begegnung *f*
to hold a meeting	*eine Versammlung abhalten*
to melt	schmelzen; erweichen, rühren
member	Mitglied *n*
memory ['meməri]	Gedächtnis *n*; Erinnerung *f*; Andenken *n*
from memory	*aus dem Gedächtnis*
in memory of	*zum Andenken an*
within living memory	*seit Menschengedenken*
to mend	ausbessern, flicken
to mention ['menʃən]	erwähnen
don't mention it!	*keine Ursache! bitte!*
that's not worth mentioning	*das ist nicht der Rede wert*
merchant	(Groß-)Kaufmann *m*; *Am* Kleinhändler *m*
mercy	Gnade *f*; Mitleid *n*
mere [miə]	nur, bloß
merry	fröhlich, lustig
message	Nachricht *f*, Botschaft *f*
metal ['metl]	Metall *n*
midnight	Mitternacht *f*
middle	Mitte *f*
in the middle of	*mitten in*
mild	mild
mile	Meile *f (1609 m)*
milk	Milch *f*
mill	Mühle *f*; Fabrik *f*
mind	*s* Verstand *m*; Geist *m*; *v* beachten
to change o.'s mind	*sich anders entschließen*
to have a good mind to	*große Lust haben zu*
to have in mind	*im Sinn haben*
never mind!	*schon gut! macht nichts!*
mind the step!	*Achtung! Stufe!*
mind your own business	*kümmern Sie sich um Ihre Angelegenheiten!*
do you mind if I smoke?	*haben Sie etwas dagegen, wenn ich rauche?*
mine	*s* Bergwerk *n*; *prn* mein(e, er, es)
it's mine	*es gehört mir*
minister	Minister *m*; Gesandte(r) *m*; Pfarrer *m*
minute ['minit]	Minute *f* [*lich*
I'll do it this minute	*ich tue es auf der Stelle, augenblick-*
misery ['mizəri]	Elend *n*, Not *f*

to miss	*v* vermissen; verfehlen, versäumen; *s* Fehlschuß *m*
to be missing	*vermißt werden*
Miss (Brown)	Fräulein (Brown)
mistake (mistook, mistaken)	*s* Fehler *m*, Versehen *n*, Irrtum *m*; *v* falsch auffassen, mißverstehen
by mistake	*aus Versehen*
there you are mistaken	*da irren Sie sich*
to mix	mischen
I'm all mixed up	*ich bin ganz durcheinander*
model ['mɔdl]	*s* Muster *n*, Modell *n*; *adj* vorbildlich
moderate ['mɔdərit]	mäßig, gemäßigt
modern ['mɔdən]	modern, zeitgemäß, neuzeitlich
modest	bescheiden
moment	Augenblick
at the moment	*augenblicklich, im Augenblick*
in a moment	*gleich, sofort*
just a moment!	*einen Augenblick!*
he'll be here at any moment	*er wird jeden Augenblick hier sein*
money ['mʌni]	Geld *n*
to make money	*Geld verdienen*
monkey ['mʌŋki]	Affe *m*
month	Monat *m*
moon	Mond *m*
once in a blue moon	*alle Jubeljahre; selten*
moral	moralisch, sittlich
more	mehr
more and more	*immer mehr*
more or less	*mehr oder weniger*
once more	*noch einmal*
moreover	*außerdem, überdies, ferner*
and what more do you want?	*und was wünschen Sie noch?*
morning	Morgen *m*; Vormittag *m*
from morning to night	*von morgens bis abends*
most	meist
at (the) most	*höchstens*
for the most part	*größtenteils*
most of the day	*der größte Teil des Tages*
mostly	*meistens*
make the most of it	*nütze es so gut wie möglich aus*
mother ['mʌðə]	Mutter *f*
motion ['mouʃən]	*s* Bewegung *f*; Antrag *m*; *v* ein Zei- [chen geben
to make a motion	*einen Antrag stellen*
motor ['moutə]	Motor *m*

mountain	Berg m; pl Gebirge n
mouse (pl mice)	Maus f
mouth	Mund m; Mündung f
they live from hand to mouth	*sie leben von der Hand in den Mund*
to move [mu:v]	v bewegen; erregen, antreiben, um- ziehen; s Bewegung f
to move along/on	*weitergehen*
to move away/in/out	*fort-/ein-/ausziehen*
to be deeply moved	*tief ergriffen sein*
to be moved to tears	*zu Tränen gerührt sein*
I move we adjourn [ə'dʒə:n]	*ich beantrage Vertagung*
movement	Bewegung f
Mr/Mrs (Brown)	Herr/Frau (Brown)
much	adj viel; adv sehr
thank you very much	*danke sehr*
how much is it?	*wieviel macht es?*
much better	*viel besser*
as much as	*soviel wie*
mud	Schlamm m, Schmutz m
murder	s Mord m; v ermorden
muscle ['mʌsl]	Muskel m
music	Musik f
must: *I must not*	ich darf nicht
you must never forget that	*das dürfen Sie nie vergessen*
he must be sick	*er muß krank sein*
my	mein
I wash my hands	*ich wasche die Hände*
I can do it by myself	*ich kann es allein tun*
mystery	Geheimnis n; Rätsel n
mystery story	*Detektivgeschichte*
mysterious [mis'tiəriəs]	geheimnisvoll, rätselhaft

N

nail	s Nagel m; v (an)nageln
name [*place?*]	s Name m; v benennen
what's the name of this	*wie heißt der Ort?*
he called me names	*er beschimpfte mich*
narrow	adj eng; knapp; schmal; v sich ver-
nation	Volk n, Nation f [engen; einengen
national ['næʃnl]	Staatsangehörige(r) m
native	adj einheimisch; s Eingeborene(r m) f
native tongue/land	*Muttersprache f/Heimatland n*
natural ['nætʃərəl]	natürlich

nature	Natur *f*; Beschaffenheit *f*
by nature	*von Natur aus*
near	nahe
near by	*in der Nähe*
nearly	*fast, beinahe*
necessary	notwendig, nötig
necessity	Notwendigkeit *f*, Bedürfnis *n*
neck	Hals *m*, Genick *n* [bedürfen
need	*s* Not *f*; Bedürfnis *n*; *v* brauchen,
I need some rest badly	*ich habe Ruhe dringend nötig*
if need be	*wenn es sein muß*
need he do it?	*muß er es tun?*
to be in need of	*nötig haben, brauchen*
needle	Nadel *f*
neglect	*s* Vernachlässigung *f*, Nachlässigkeit
	f; *v* vernachlässigen; versäumen
neighbour ['neibə]	Nachbar(in*f*) *m*
in the neighbourhood	*in der Nachbarschaft*
neither ['naiðə, *Am* 'ni:ðə]	keine(r, s)
neither . . . nor	*weder . . . noch*
nephew ['nevju:]	Neffe *m*
nervous	nervös, reizbar; kräftig
nest	Nest *n*
net	*s* Netz *n*; *adj* netto
never	nie, niemals; durchaus nicht
never again	*nie wieder*
nevertheless	*trotzdem, dennoch*
news	Nachricht *f*; Neuigkeit(en) *f (pl)*
the news is important	*die Nachricht ist wichtig*
that's news to me	*das ist mir neu*
newspaper	Zeitung *f*
next	*adj* nächste(r, s); *adv* zunächst
next to	*neben, bei*
the next but one	*der übernächste*
what next?	*was nun?*
nice	hübsch, nett; fein
did you have a nice time?	*haben Sie sich gut unterhalten?*
niece [ni:s]	Nichte *f*
night	Nacht *f*
all night/by night	*die ganze Nacht hindurch/nachts*
last night	*gestern abend*
no	nein; kein(e, er, es)
no smoking	*Rauchen verboten!*
to be no good	*nichts taugen*

noble	adlig; großzügig; edel
nobody	niemand
noise [noiz]	Lärm *m*; Geräusch *n*
none [nʌn]	*prn* keine(r, s); *adv* gar nicht
that's none of your business	*das geht Sie nichts an*
nonsense ['nɔnsəns]	Unsinn *m*
noon	Mittag *m*
nor	noch; auch nicht
north	*s* Norden *m*; *adj* nördlich
nose [nouz]	Nase *f*
just follow your nose!	*immer der Nase nach!*
not	nicht
not . . . yet	*noch nicht*
note	*s* Anmerkung *f*; Notiz *f*; *v* beachten
to take note of	*zur Kenntnis nehmen*
to take notes of	*sich Aufzeichnungen machen über*
nothing ['nʌθiŋ]	nichts
for nothing	*umsonst*
notice	*s* Notiz *f*; Bekanntmachung *f*; *v* (be)merken, beachten
at a moment's notice	*jeden Augenblick*
until further notice	*bis auf weiteres*
without notice	*fristlos*
to give notice	*kündigen*
he took no notice	*er bemerkte es nicht*
now	jetzt, nun, eben
by now	*jetzt (schon)*
from now on	*von jetzt an*
just now	*soeben, gerade*
up to now	*bis jetzt*
now and then	*dann und wann*
nowadays	heutzutage
nowhere ['nouwɛə]	nirgends
number	*s* Nummer *f*; Zahl *f*; *v* numerieren
quite a number of people	*eine ganze Anzahl Leute* [gen
nurse	*s* Kranken-/Kinderschwester *f*; *v* pfle-
nut	Nuß *f*; Schraubenmutter *f*
in a nutshell	*kurz zusammengefaßt*

O

oak	Eiche *f*
to obey (s.o.)	(jdm) gehorchen; befolgen
object ['ɔbdʒikt]	Gegenstand *m*, Objekt *n*; Ziel *n*

to object (to) [əb'dʒekt]
  if you don't object

objection
  I have no objections

observation [ɔbzə'veiʃən]
to observe [əb'zə:v]
occasion
  on several occasions

occupation
to occupy
  to be occupied

ocean ['ouʃən]
of
  a glass of water
  he died of a heart attack

off
  to take off
  hands off!
  he's well/badly off
  I'm off
  I have a day off

to offend
offence
  to take offence at

offer
  to offer resistance

office
  in office

officer
official [ə'fiʃəl]
often
oil
old
on
  on and on
  on vacation (Am)
  on the radio/phone
  on what day?
  he's on duty

once [wʌns]
  once upon a time
  once (and) for all
  once in a while
  once more

Einspruch erheben (gegen)
  wenn Sie nichts dagegen haben
Einwand *m*
  ich habe nichts einzuwenden
Beobachtung *f*; Bemerkung *f*
beobachten, wahrnehmen; bemerken
Gelegenheit *f*; Anlaß *m*
  bei verschiedenen Gelegenheiten
Beruf *m*; Beschäftigung *f*; Besetzung *f*
besetzen; in Anspruch nehmen
  beschäftigt sein
Ozean *m*
von; über; aus; vor
  ein Glas Wasser
  er starb an einem Herzschlag
adv fort; weg; *prp* von; *adj* entfernt
  abnehmen; (Kleider) *ausziehen*
  Hände weg!
  es geht ihm gut/schlecht
  ich gehe jetzt
  ich habe einen Tag frei
beleidigen
Beleidigung *f*; Vergehen *n*
  Anstoß nehmen an
s Angebot *n*; *v* (an)bieten
  Widerstand leisten
Amt *n*; Dienst *m*; Büro *n*
  im Amt
Beamte(r) *m*; Offizier *m*
s Beamte(r) *m*; *adj* offiziell
oft, häufig
s Öl; *v* ölen
alt
auf; in; an; über; bei; nach
  in einem fort
  im Urlaub
  im Radio/am Telephon
  an welchem Tag?
  er hat Dienst
adv einmal; *conj* sobald
  es war einmal
  ein für allemal
  hin und wieder
  noch einmal

at once	*auf einmal, sofort*
one	eins; man
one at a time	*einer nach dem andern*
one day	*eines Tages*
one another	*einander*
only	*adv* nur; *adj* einzig
only yesterday	*erst gestern*
not only ... but also	*nicht nur ... sondern auch*
open	*adj* offen; *v* öffnen
to sleep in the open	*im Freien schlafen*
to open up	*aufmachen*
open from 9 to 6	*geöffnet von 9 bis 6*
opening	(Er-)Öffnung *f*; offene Stelle *f*
to operate ['ɔpəreit]	(ein)wirken; handhaben; operieren
operation	Operation *f*; Arbeitsgang *m*; Verfahren *n*
to put into operation	*in Betrieb setzen*
opinion	Meinung *f*; Gutachten *n*
in my opinion	*meiner Meinung nach*
what's your opinion?	*was ist Ihre Ansicht?*
he's of another opinion	*er ist anderer Meinung*
opportunity	Gelegenheit *f*
to take/to seize an opportunity	*eine Gelegenheit ergreifen*
opposite (to) ['ɔpəzit]	*adj, adv* gegenüber; *s* Gegenteil *n*
on the opposite side	*auf der gegenüberliegenden Seite*
in the opposite direction	*in der entgegengesetzten Richtung*
opposition	Widerstand *m*; Gegensatz *m*; Widerspruch *m*
or	oder
or else	*sonst, andernfalls*
orange ['ɔrindʒ]	Orange *f*
order	*s* Ordnung *f*; Befehl *m*; Auftrag *m*; *v* befehlen; bestellen
by order of	*im Auftrag Gen.*
in order to	*um ... zu*
to be out of order	*nicht in Ordnung/kaputt sein*
to make to order	*nach Maß machen*
ordinary ['ɔ:dnri]	gewöhnlich; alltäglich
organ	Orgel *f*; Organ *n*
to organize	organisieren, einrichten, ordnen
origin ['ɔridʒin]	Ursprung *m*
original [ə'ridʒənl]	*adj* ursprünglich; *s* Original *n*

other	andere(r, s)
every other	*jeder zweite*
somehow or other	*irgendwie*
with each other	*miteinander*
otherwise	sonst
ought [ɔːt]: *I ought to go*	*ich sollte gehen*
out	aus; hinaus; auswärts
out of danger/order	*außer Gefahr/in Unordnung*
out of doors	*im Freien*
out of town	*auswärts*
that's out of the question	*das kommt nicht in Betracht*
outline	Umriß *m*; Skizze *f*
outside	*adj* außer; *adv* draußen; *s* Äußere(s) *n*
from the outside	*von außen*
over	*adv* über; hinüber; *prp* über
over again	*nochmals*
over and over again	*immer wieder*
all over	*überall; über und über*
over and above	*außerdem*
the show is over	*die Vorstellung ist aus*
to stay overnight	*über Nacht bleiben*
to overcome (-came, -come)	überwinden, überwältigen
to owe	schulden; verdanken
own	*adj* eigen; *v* besitzen; eingestehen, zugeben
I have a room of my own	*ich habe mein eigenes Zimmer*
he is on his own	*er steht auf eigenen Füßen*
owner	Inhaber *m*, Besitzer *m*, Eigentümer *m*
ox (*pl* **oxen**)	Ochse *m*

P

to pack	*v* (ein)packen; *s* Pack *m*; Rudel *n*
a pack of cards	*ein Spiel Karten*
page	Seite *f*, Blatt *n*
turn the page	*blättern Sie um*
pain	Schmerz *m*
to take pains	*sich Mühe geben*
painful	schmerzhaft
paint	*s* Farbe *f*; *v* (an)streichen, (be)malen
wet paint!	*frisch gestrichen!*
painter	Maler *m*
pair	Paar *n*

a pair of scissors	*eine Schere*
in pairs	*paarweise*
pale (with)	blaß, bleich (vor)
to turn pale	*blaß werden*
pan	Pfanne *f*
paper	Papier *n*; Zeitung *f*; Schriftstück *n*
a sheet of paper	*ein Blatt Papier*
parcel	Paket *n*
pardon	Verzeihung *f*; Begnadigung *f*
to ask pardon for	*um Verzeihung bitten für*
(I) beg (your) pardon!	*entschuldigen Sie!*
pardon?	*wie bitte?*
parents	Eltern *pl*
park	*s* Park *m*; *v* parken
no parking	*Parken verboten!*
part (with)	*s* Teil *m*; *adv* teils; *v* teilen; sich trennen (von)
for my part	*meinerseits; meinetwegen*
for the most part	*größtenteils; meist*
in part|partly	*zum Teil, teilweise*
to take part in	*teilnehmen|sich beteiligen an*
to take s.o.'s part	*jds Partei ergreifen*
spare parts pl	*Ersatzteile n pl*
particular	*adj* besondere(r, s); *s* Einzelheit *f*
in particular	*insbesondere*
he's very particular	*er ist sehr wählerisch*
particularly	*besonders*
party	Partei *f*; Gesellschaft *f*; Partie *f*
I won't be a party to that	*das mache ich nicht mit*
pass (by)	*s* Paß *m*; Ausweis *m*; Durchgang *m*; *v* vorbeigehen (an); *(Zeit)* verfließen
to pass away|off|for	*sterben|vergehen|gelten als* [ßen
to pass on	*weitersagen*
to pass sentence	*ein Urteil fällen*
to let pass	*durchlassen*
passer-by	*Vorübergehende(r) m*
please pass the bread	*bitte, reichen Sie mir das Brot*
passage ['pæsidʒ]	Durchgang *m*; Korridor *m*; *(Buch)* Stelle *f*
passenger	Passagier *m*; Reisende(r) *m*
past	*s* Vergangenheit *f*; *adj* vergangen; *adv* vorüber
in the past	*früher*
to go|to walk past s.o.	*an jdm vorübergehen*

path	Pfad *m*, Weg *m*
patience	Geduld *f*; Ausdauer *f*
don't get out of patience	*werde nicht ungeduldig*
patient ['peiʃənt]	*s* Patient *m*; *adj* geduldig
pause [pɔːz]	*s* Pause *f*; *v* pausieren; zögern, verweilen
to pay (paid, paid)	*v* (be)zahlen; sich lohnen; *s* Bezahlung *f*; Lohn *m*
to pay attention	*aufpassen*
to pay a visit to s.o.	*jdm einen Besuch machen/abstatten*
to pay back/off	*zurück(be)zahlen/abbezahlen*
payment	Bezahlung *f*; Vergütung *f*
payment received	*Betrag erhalten*
peace	Friede *m*; Ruhe *f*
to make peace	*Frieden schließen*
pear [pɛə]	Birne *f*; Birnbaum *m*
peculiar	besonder(s), eigentümlich
pen	(Schreib-)Feder *f*
pencil	Bleistift *m*
people	Volk *n*; Leute *pl*
all the peoples of the world	*alle Völker der Erde*
many people were hurt	*viele Leute wurden verletzt*
per	per; pro; für
per cent	*Prozent*
perfect ['pəːfikt]	*adj* vollkommen, vollendet; *v* [pə'fekt] vervollkommnen
it's perfectly silly	*es ist völlig töricht*
to perform	ausführen, vollbringen; spielen, vortragen
performance	Vorstellung *f*, Aufführung *f*; Leistung *f*
evening performance	*Abendvorstellung* f
perhaps [pə'hæps, præps]	vielleicht
permission	Genehmigung *f*; Erlaubnis *f*
to permit [pə'mit]	*v* erlauben; *s* ['pəːmit] Erlaubnisschein *m*
to be permitted	*dürfen*
person	Person *f*; *theat* Rolle *f*
in person/personal	*persönlich*
to persuade (of, to)	überreden, überzeugen (zu, von)
petrol ['petrəl]	Benzin *n*
photograph ['foutəgrɑːf]	*s* Photographie *f*; *v* photographieren
to pick	picken, zupfen; *(Frucht)* pflücken; auswählen

to pick out|up	*aussuchen/aufheben; mit-, aufnehmen*
to pick a quarrel with	*Streit anfangen mit*
picture ['piktʃə]	*s* Bild *n*; Photo *n*; Film *m*; *v* darstellen, beschreiben
to take a picture|pictures	*Aufnahmen machen, photographieren*
I go to the pictures	*ich gehe ins Kino*
piece [pi:s]	Stück *n*
a piece of advice	*ein Rat*
to go to pieces	*in die Brüche gehen*
pig	Schwein *n*
pigeon ['pidʒin]	Taube *f*
pile	Haufen *m*; Stoß *m*; Pfahl *m*
to pile up	*aufhäufen*
pin	*s* Stecknadel *f*; Reißzwecke *f*; *v* befestigen, feststecken
I was on pins and needles	*ich saß auf glühenden Kohlen*
pipe	*s* Pfeife *f*; Röhre *f*; *v* pfeifen
pity	*s* Mitleid *n*; *v* bemitleiden
what a pity!	*wie schade!*
it's a pity	*es ist schade*
I pity you	*du tust mir leid*
place	*s* Platz *m*, Ort *m*; *v* setzen, stellen, legen
in place of	*an Stelle von*
in the first place	*erstens*
to be out of place	*unangebracht sein*
to take place	*stattfinden*
plain	*adj* einfach; flach; einfarbig; ehrlich; *s* Ebene *f*; Fläche *f*
he made it plain to me	*er machte es mir klar*
he told me the plain truth	*er schenkte mir reinen Wein ein*
plan	*s* Plan *m*; Entwurf *m*; *v* planen
according to plan	*planmäßig*
plant	*s* Pflanze *f*; Fabrikanlage *f*; *v* pflanzen; errichten, gründen
plate	Teller *m*; Tafel *f*, Platte *f*
play	*s* Spiel *n*; Schauspiel *n*; *v* spielen
to play a trick on s.o.	*jdm einen Streich spielen*
to play at robbers|cards	*Räuber/Karten spielen*
player	Spieler *m*
pleasant ['plezt]	angenehm
to please	gefallen, erfreuen

to be pleased with s.th.	*sich über etw freuen*
do as you please	*tun Sie, was Sie wollen*
(if you) please	*bitte!*
pleasure ['pleʒə]	Vergnügen *n*
to take much pleasure in	*viel Freude haben an*
plenty	Fülle *f*, Überfluß *m*
to have plenty of time	*viel Zeit haben*
plough, *Am* **plow** [plau]	*s* Pflug *m*; *v* pflügen
pocket	*s* Tasche *f*; *v* einstecken
put it in your pocket	*stecken Sie es in die Tasche*
poem	Gedicht *n*
poet	Dichter *m*
point (at, to)	*s* Spitze *f*; Seite *f*; *v* zeigen (auf)
to the point	*treffend*
to be on the point of	*im Begriff sein zu*
that's beside the point	*das gehört nicht zur Sache*
there's no point in that	*das hat keinen Sinn*
point of view	*Gesichtspunkt* m
poison	*s* Gift *n*; *v* vergiften
police [pə'li:s]	Polizei *f*
policeman	*Polizist* m
to polish	*v* polieren, glätten; *s* Politur *f*
he polished his shoes	*er putzte seine Schuhe*
polite (to)	höflich (gegen)
political	politisch
politics *pl*	Politik *f*
pool	Teich *m*, Tümpel *m*; (Spiel-)Einsatz *m*
swimming pool	*Schwimmbad* n
poor	arm; armselig, dürftig
the poor	*die Armen*
popular	volkstümlich, beliebt
population	Bevölkerung *f*
port	Hafen *m*
position	Lage *f*; Stellung *f*; Standpunkt *m*
to be in a position to	*in der Lage sein zu*
to possess [pə'zes]	besitzen
possession	Besitz *m*
to take possession of	*in Besitz nehmen*
possibility	Möglichkeit *f*
possible	möglich
post	*s* Posten *m*; Stelle *f*; Post *f*; *v* aufstellen; auf die Post geben
by return of post	*postwendend*
to post a bill	*ein Plakat ankleben*

pot	Topf *m*; Kanne *f*
potato (*pl* potatoes)	Kartoffel *f*
to pour [pɔ:]	gießen, schütten; einschenken
it's pouring with rain	*es gießt in Strömen*
powder	*s* Staub *m*; Puder *m*; Pulver *n*; *v* pudern
power	Macht *f*; Kraft *f*
to be in power	*an der Macht sein*
to come into power	*an die Macht kommen*
that's beyond my power	*das steht nicht in meiner Macht*
powerful	mächtig
practical	praktisch; brauchbar; erfahren
practice ['præktis]	Praxis *f*; Übung *f*
to put into practice	*in die Tat umsetzen*
to practise	(aus)üben; betreiben; trainieren
to praise	*v* loben; *s* Lob *n*
to praise to the skies	*über den grünen Klee loben*
to pray (to)	beten (zu)
prayer [prɛə]	Gebet *n*
to preach	predigen
precious ['preʃəs]	kostbar
to prefer [pri'fə:]	vorziehen
I prefer standing/to stand	*ich stehe lieber*
preference ['prefərəns]	Vorzug *m*; Vorliebe *f*
I have no preference	*das ist mir einerlei*
prejudice ['predʒudis]	Vorurteil *n*; Voreingenommenheit *f*; Schaden *m*
to be prejudiced against	*voreingenommen sein gegen*
preparation	Vor-, Zubereitung *f*; Präparat *n*
in preparation for	*als Vorbereitung zu*
to make preparations	*Vorbereitungen treffen*
to prepare (for)	vorbereiten (zu, auf); zubereiten
to be prepared to	*bereit sein zu*
presence	Gegenwart *f*; Anwesenheit *f*
presence of mind	*Geistesgegenwart f*
present (at) ['preznt]	*adj* anwesend (bei); gegenwärtig; *s* Geschenk *n*
at present	*im Augenblick*
at the present time	*gegenwärtig*
for the present	*vorläufig*
to present [pri'zent]	vorstellen; überreichen; schenken
president	Vorsitzende(r) *m*; Präsident *m*
press	*s* Presse *f*; *v* bügeln; drängen
to press out the juice	*den Saft auspressen*

pressure ['preʃə] — Druck m
  to put pressure on — *Druck ausüben auf*
to pretend — vorgeben, heucheln
  he's just pretending — *er tut nur so*
pretty — adj hübsch; adv ziemlich; beträchtlich
  it's pretty much the same — *es ist so ziemlich das gleiche*
to prevent (from) — abhalten (von)
price — Preis m
  (not) at any price — *um (keinen) jeden Preis*
pride — Stolz m, Hochmut m
  to take pride in — *stolz sein auf*
priest — Priester m
prince — Fürst m; Prinz m
print — s Druck m; *(Photo)* Abzug m;
  v drucken
prison ['prizn] — Gefängnis n
prisoner — Gefangene(r) m
private ['praivit] — privat; persönlich; nicht öffentlich
  in private — *unter vier Augen*
  keep this private — *behalte das für dich*
prize — s (Sieges-)Preis m; v schätzen
probable — wahrscheinlich
problem — Problem n; Aufgabe f; Sorge f
  to solve a problem — *eine Aufgabe lösen*
to produce — erzeugen, herstellen; vorzeigen
production — Produktion f; Erzeugnis n
profession — Beruf m; Stand m
  by profession — *von Beruf*
profit — s Gewinn m; Nutzen m; v Nutzen
  bringen
  at a high profit — *mit hohem Gewinn*
  to yield profit — *Nutzen abwerfen*
program(me) — Programm n
progress ['prougres] — s Fortschritt m; v [prə'gres] Fort-
  schritte machen
  to be in progress — *durchgeführt werden*
promise ['promis] — s Versprechen n; v versprechen
  to keep o.'s promise — *sein Versprechen halten*
to pronounce [prə'nauns] — aussprechen; verkünden
proof — s Beweis m; Probeabzug m; adj
  sicher; undurchdringlich
proper — passend; richtig; geeignet
  everything at the proper time — *alles zu seiner Zeit*
  to behave properly — *sich anständig benehmen*

property	Eigentum n; Grundstück n; Eigenschaft f
to propose (for)	vorschlagen (zu)
proposal	Vorschlag m; (Heirats-)Antrag m
to protect (from)	(be)schützen (vor)
protection	Schutz m
protest ['proutest]	s Einspruch m; v [prə'test] protestieren
proud (of)	stolz (auf); hochmütig
to prove [pru:v]	beweisen; erproben; besagen
to provide (for)	versorgen; sorgen (für)
provided that	*vorausgesetzt, daß*
provisions	Lebensmittel pl
public	s Publikum n; adj öffentlich; allgemein bekannt
in public	*in der Öffentlichkeit*
to pull [pul]	ziehen, reißen, zerren
to pull down/out/through	*nieder-/herausreißen/durchkommen*
to pull a tooth	*einen Zahn ziehen*
pump	s Pumpe f; v pumpen
to punish (for)	(be)strafen (für)
punishment	Strafe f; Bestrafung f
pupil ['pju:pəl]	Schüler m
pure	rein; echt
purpose ['pə:pəs]	Zweck m; Absicht f, Vorsatz m
on purpose, purposely	*absichtlich*
to serve the purpose	*den Zweck erfüllen*
to no purpose	*umsonst*
to push [puʃ]	stoßen; schieben; drängen
don't push!	*nicht drängen!*
to put (put, put) [put]	setzen; stellen; legen
to put down	*niederstellen; niederschreiben*
to put in	*hineinstecken*
to put off	*aufschieben*
to put on	*(Hut) aufsetzen; (Licht) anmachen; (Kleid) anziehen*
to put out/up	*auslöschen/errichten, bauen*
to put up with	*sich abfinden mit*
to put an end to	*ein Ende machen*
to put in order	*in Ordnung bringen*
to put to death	*hinrichten*
put your name here	*schreiben Sie Ihren Namen hierher*
puzzle ['pʌzl]	s Rätsel; v ein Rätsel sein

Q

quality	Qualität *f*; Eigenschaft *f*; Beschaffenheit *f*
quantity	Quantität *f*; Menge *f*
in great quantities	*in großen Mengen*
quarrel ['kwɔrəl]	*s* Streit *m*, Zank *m*; *v* streiten, zanken
to start a quarrel with	*Streit anfangen mit*
quarter	*s* Viertel *n*; Gegend *f*; *pl* Quartier *n*; *v* einquartieren
at close quarters	*ganz in der Nähe; eng beieinander*
from all quarters	*von überall her*
queen	Königin *f*
question ['kwestʃən]	*s* Frage *f*; *v* bezweifeln; verhören
beyond question	*außer Zweifel*
to raise a question	*eine Frage aufwerfen*
there's no question about it	*darüber besteht kein Zweifel*
it's out of the question	*es steht außer Frage*
quick	schnell
he's quick at learning	*er lernt rasch*
quiet ['kwaiət]	*adj* ruhig, still; *s* Ruhe *f*
to quiet down	*sich beruhigen*
keep quiet!	*sei ruhig!*
quite	ganz; ziemlich
that's quite possible	*das ist leicht möglich*
it got quite cold	*es wurde ziemlich kalt*
that's quite enough	*das genügt völlig*

R

race	*s* (Wett-)Rennen *n*; Rasse *f*; *v* um die Wette rennen
radio	Radio *n*; Rundfunk *m*
to announce over the radio	*im Radio durchgeben*
to hear on the radio	*im Rundfunk hören*
turn off the radio!	*stell das Radio ab!*
rail	Schiene *f*
by rail	*mit der Eisenbahn*
a train ran off the rails	*ein Zug entgleiste*
railway, *Am* **railroad**	Eisenbahn *f*
rain	*s* Regen *m*; *v* regnen
it's raining hard	*es regnet stark*
to raise	*v* hochheben; aufziehen; verursachen; *s* (Gehalts-)Erhöhung *f*

to raise money|taxes	*Geld aufbringen|Steuern erheben*
to raise o.'s voice against	*seine Stimme erheben gegen*
range	*s* Raum *m*; Bereich *m*; Auswahl *f*; Herd *m*; *v* sich erstrecken
at close range	*auf nahe Entfernung*
a wide range of	*eine große Auswahl von*
rank	Rang *m*; Reihe *f*
rare	selten; *(Luft)* dünn
rate	Verhältnis *n*; Anteil *m*; Tarif *m*
at any rate	*auf jeden Fall*
at the rate of	*mit der Geschwindigkeit von*
first-|second-rate	*erst-|zweitklassig*
rather	eher, lieber; ziemlich
I had|I would rather wait	*ich würde lieber warten*
rather . . . than	*eher . . . als*
raw	roh; rauh
to reach (for)	erreichen; greifen (nach); sich erstrecken
to reach out	*ausstrecken*
when does the train reach London?	*wann kommt der Zug in London an*
out of reach	*außer Reichweite, unerreichbar*
to read (read, read) [riːd, red]	lesen
to read aloud	*laut lesen*
to read to s.o.	*jdm vorlesen*
ready (for)	fertig; bereit (für, zu)
get ready at once	*mach dich sofort fertig*
a ready-made suit	*ein Konfektionsanzug*
real	wirklich; tatsächlich; echt
it really isn't very far	*es ist wirklich nicht sehr weit*
that's really too much	*das ist wahrhaftig zuviel*
reality	Wirklichkeit *f*
to realize	verwirklichen; begreifen; erkennen
reason	*s* Grund *m*; Ursache *f*, Anlaß *m*; *v* überlegen, vernünftig reden/urteilen
without any reason	*grundlos*
to listen to reason	*auf die Vernunft hören*
for what reason?	*aus welchem Grund?*
reasonable	vernünftig; mäßig; angemessen
to receive	empfangen, erhalten
recent [ˈriːsnt]	frisch; neu; jüngst
recently	*vor kurzem, kürzlich, neulich*

recognize [ˈrekəgnaiz]	(wieder)erkennen; anerkennen
recommend	empfehlen
recommendation	Empfehlung *f*
record [ˈrekɔ:d]	*s* Rekord *m*; Aufzeichnung *f*; Schallplatte *f*; *v* [riˈkɔ:d] aufzeichnen, protokollieren
off the record	*nicht offiziell*
he broke|beat all records	*er hat alle Rekorde gebrochen*
speed record	*Geschwindigkeitsrekord m*
recover	wiedererlangen; sich erholen
red	rot
reduce	herabsetzen; verringern, ermäßigen
at reduced prices	*zu herabgesetzten Preisen*
refer (to) [riˈfə:]	verweisen (auf); sich beziehen (auf)
reference [ˈrefrəns]	Empfehlung *f*; Verweisung *f*
with|in reference to	*unter Bezugnahme auf*
reform	*s* Verbesserung *f*, Reform *f*; *v* verbessern; umgestalten
refuse	abschlagen, verweigern; sich weigern
regard	*s* Rücksicht *f*; Aufmerksamkeit *f*; *v* betrachten; schätzen; berücksichtigen
in this regard	*in dieser Beziehung*
in|with regard to	*mit Bezug auf*
give him my best|kind regards	*grüßen Sie ihn schön von mir*
that doesn't regard you	*das geht Sie nichts an*
regret	*v* bedauern; *s* Bedauern *n*
to have regrets	*bereuen*
regular	regelmäßig; normal; regelrecht
relation	Beziehung *f*; Verwandtschaft *f*
in relation to	*in bezug auf*
relative [ˈrelətiv]	*adj* relativ; *s* Verwandte(r *m*) *f*
relief [riˈli:f]	Erleichterung *f*; Unterstützung *f*, Hilfe *f*
relieve	erleichtern; befreien; unterstützen
religion [riˈlidʒən]	Religion *f*
religious	religiös; fromm; gewissenhaft
remain	(ver)bleiben, übrig bleiben
that remains to be seen	*das wird sich zeigen*
nothing else remains to be done	*es bleibt nichts anderes übrig*
remark	*s* Bemerkung *f*; *v* bemerken
remarkable	bemerkenswert, auffallend

remedy (for) ['---'] Mittel (gegen)
to remember sich erinnern an
  remember me to your father   *grüßen Sie Ihren Vater von mir*
to remind (of) erinnern (an); mahnen
to remove wegschaffen; beseitigen
  to remove from office   *aus dem Dienst entlassen*
rent *s* Miete *f*; Pacht *f*; *v* (ver)mieten
  rooms for rent (Am)   *Zimmer zu vermieten*
repair *s* Ausbesserung *f*; *v* ausbessern, instandsetzen
  the road is under repair   *die Straße wird eben ausgebessert*
  repair-shop   *Reparaturwerkstätte* f
to repeat wiederholen
to replace ersetzen
reply *s* Antwort *f*; *v* antworten, erwidern
  in reply to your letter of   *in Beantwortung Ihres Schreibens vom*
  he made no reply   *er gab keine Antwort*
report (to) *s* Bericht *m*; *v* berichten; sich melden (bei)
  to make a report   *Bericht erstatten*
to represent darstellen; vertreten
representative *s* Vertreter *m*; Abgeordnete(r *m*) *f*;
  [repri'zentətiv] *adj* stellvertretend; bezeichnend
request *s* Bitte *f*; Gesuch *n*; *v* bitten, ersuchen
  at the request of   *auf Bitten von*
  to make a request   *eine Eingabe/ein Gesuch machen*
  you are requested   *Sie werden gebeten*
to require [ri'kwaiə] verlangen, fordern; bedürfen
  how much time will that require?   *wieviel Zeit wird dazu nötig sein?*
requirement Anforderung *f*; Erfordernis *n*, Bedürfnis *n*
to reserve [ri'zə:v] reservieren, zurückhalten
  to be reserved   *zurückhaltend sein*
  Is this seat reserved?   *ist dieser Platz belegt/reserviert?*
to resign [ri'zain] verzichten auf; zurücktreten
  to resign from a club   *aus einem Verein austreten*
resignation [rezig'neiʃən] Resignation *f*; Rücktritt *m*
  to hand in o.'s resignation   *seinen Rücktritt einreichen*
to resist widerstehen *Dat.*
resistance (to) Widerstand *m* (gegen)
  he made no resistance   *er leistete keinen Widerstand*

respect — s Achtung f; Hinsicht f; v achten
In every respect — *in jeder Hinsicht*
In many/all respects — *in vieler/jeder Hinsicht*
with respect to, In respect of — *hinsichtlich, mit Bezug auf*
yours respectfully — *hochachtungsvoll*
responsible (for) — verantwortlich (für)
to be held responsible for — *verantwortlich gemacht werden für*
rest — s Rest m; Ruhe f; Stütze f; v (aus)-ruhen; bleiben
to be at rest — *ruhig sein*
to take a rest — *sich ausruhen*
and all the rest of them — *und alle anderen*
result — Ergebnis n
as a result of — *als Ergebnis Gen.*
without (any) result — *ergebnislos*
to retire — sich zurückziehen; in den Ruhestand treten
to return — v zurückkehren; zurückschicken, -zahlen; s Rückkehr f; Ertrag m
return ticket — *Rückfahrkarte f*
review — s Nachprüfung f; Kritik f; Parade f; v besprechen; prüfen, durchsehen
reward [ri'wɔ:d] — s Belohnung f; v belohnen, vergelten
as a reward for — *zum Dank für*
ribbon — Band n [schwer
rich (in) — reich (an); *(Boden)* fett; *(Speisen)*
the rich — *die Reichen*
rid of — los, befreit von
to get rid of — *loswerden*
to ride (rode, ridden) — v reiten; fahren; s Ritt m; Fahrt f
to ride a bicycle — *Fahrrad fahren*
he gave me a ride — *er nahm mich in seinem Wagen mit*
right — adj recht; richtig; adv sehr; s Recht n
all right — *schon gut; in Ordnung*
on/to the right — *rechts*
right away — *sofort*
right now — *im Augenblick*
to be right — *richtig sein; recht haben*
to turn out all right — *gut ausgehen*
he has the right of way — *er hat Vorfahrt*
he has no right to — *er hat kein Recht zu*
ring (rang, rung) — s Ring m; Kreis m; Klang m; v läuten; klingen

to give s.o. a ring, to ring s.o. up	jdn anrufen
to ring the bell	klingeln
ripe	reif
to rise (rose, risen)	aufstehen; ansteigen; sich erheben
prices are rising	die Preise steigen
the curtain will rise at 8	Beginn der Vorstellung um 8
risk	s Wagnis n, Risiko n; v wagen
at the risk of o.'s life	unter Lebensgefahr
to run the risk of	Gefahr laufen zu
river	Fluß m
road	(Land-)Straße f; fig Weg m
road accident	Verkehrsunfall m
road junction	Wegkreuzung f
where does this road go to?	wohin führt diese Straße?
roar [rɔ:]	s Gebrüll n; Getöse n; v brüllen; brausen, tosen
roast	s Braten m; v braten, rösten
to rob	(be)rauben
rock	s Fels m; v schwanken, schaukeln
rod	Stab m; Rute f
roll [roul]	s Rolle f; Brötchen n; v rollen, drehen; wickeln
roof	s Dach n; v überdachen
roof of the mouth	Gaumen m
room	Zimmer n; Raum m
to make room for	Platz machen für
to let rooms	Zimmer vermieten
root	s Wurzel f; v wurzeln
to take root	Wurzel schlagen
rope	Seil n, Tau n
to give s.o. plenty of rope	jdm freie Hand lassen
rose	Rose f
rough [rʌf]	rauh; grob; roh
roughly	annähernd
round	adj rund; adv ringsherum; prp um ... herum; s Runde f
all the year round	das ganze Jahr hindurch
to round off/out	abrunden/vervollständigen
row	s [rau] Reihe f; v rudern; s [rau] [Krach m
in a row	hintereinander
to make a row	Krach schlagen
to rub (against)	reiben (an)
to rub out	ausradieren

rude	unhöflich
to ruin	*v* zugrunde richten, ruinieren; *s* Ruine *f*; Ruin *m*, Verderben *n*
rule [ru:l]	*s* Regel *f*; Herrschaft *f*; *v* (be)herrschen; regeln
as a rule	*in der Regel*
to rule out	*ausschließen; verdrängen*
to break a rule	*eine Regel verletzen*
ruler	Herrscher *m*; Lineal *n*
to run (ran, run)	*v* rennen, laufen; fließen; *s* Fahrt *f*; Laufmasche *f*
in the long run	*auf die Dauer*
to run across s.o.	*jdm begegnen*
to run after/away	*hinterher-/weglaufen*
to run down	*überfahren*
to run for	*kandidieren für*
to run out	*zu Ende gehen*
to run over	*überfließen; überfahren*
to run a business	*ein Geschäft führen*
to run errands	*Besorgungen machen*
to run a machine	*eine Maschine bedienen*
to rush	*v* drängen; rasen; *s* Eile *f*; Andrang *m*
to be in a rush	*in Eile sein*
to rush to the hospital	*schnell ins Krankenhaus schaffen*
rush hour	*Hauptverkehrszeit* f

S

sack	Sack *m*
sacrifice ['sækrifais]	*s* Opfer *n*; *v* opfern
to sell goods at a sacrifice	*Waren mit Verlust verkaufen*
sad	traurig, betrübt; schlimm
saddle	*s* Sattel *m*; *v* satteln
safe (from)	*adj* sicher (vor); *s* Geldschrank *m*
safe and sound	*gesund und munter*
it's safe to say	*man kann mit Sicherheit sagen*
safety	Sicherheit *f*
sail (for)	*s* Segel *n*; *v* segeln; abfahren (nach)
sailor	Matrose *m*
he's a good sailor	*er wird nicht seekrank*
sake	um ... willen
do it for my sake	*tue es mir zuliebe/um meinetwillen*
salary	Gehalt *n*
to draw a salary	*ein Gehalt beziehen/erhalten*

sale	Verkauf *m*
for sale	*zu verkaufen*
clearance sale	*Ausverkauf* m
salt [sɔ:lt]	*s* Salz *n*; *v* salzen; einpökeln
same	der-, die-, dasselbe
all the same	*ganz gleich; trotzdem, dennoch*
at the same time	*zur gleichen Zeit, gleichzeitig*
thank you, the same to you	*danke, gleichfalls*
sand	Sand *m*
satisfaction	Befriedigung *f*; Zufriedenheit *f*
satisfactory (to)	zufriedenstellend (für)
to satisfy	befriedigen, zufriedenstellen
to be satisfied	*zufrieden sein*
he satisfied me that	*er überzeugte mich, daß*
to save	*v* retten; aufbewahren; sparen; *prp conj* außer, ausgenommen
savings	Ersparnisse *f pl*
to saw	*v* sägen; *s* Säge *f*
to say (said, said) [sei, sed]	sagen
to say good-by(e) to	*sich verabschieden*
to say nothing of	*ganz zu schweigen von*
I say!	*hören Sie mal! ach was!*
you don't say so!	*was Sie nicht sagen!*
he has a say/no say in the matter	*er hat etwas/nichts dabei zu sagen*
he's said to be ill	*er soll krank sein*
scale	*s* Maßstab *m*; Tonleiter *f*; *v* erklettern, ersteigen
to put on the scales	*auf die Waage legen*
on a large scale	*in großem Maßstab*
scarce [skɛəs]	selten, knapp
scarcely	*kaum, schwerlich*
to scatter	verstreuen; sich zerstreuen
scene [si:n]	Szene *f*; Schauplatz *m*, Bühne *f*
behind the scenes	*hinter den Kulissen*
school [sku:l]	Schule *f*; Unterricht *m*
he was kept in after school	*er mußte nachsitzen*
to go to school	*in die Schule gehen*
science ['saiəns]	(Natur-)Wissenschaft *f*
scissors *pl*	Schere *f*
a pair of scissors	*eine Schere*
to scrape	kratzen, schaben
to scratch	*v* zerkratzen; *s* Kratzer *m*, Schramme *f*
from scratch	*von Grund auf, ganz von vorne*

to scratch out	*ausstreichen*
screen	*s* (Wand-)Schirm *m*; Leinwand *f*; *v* verdecken; überprüfen
screw	*s* Schraube *f*; *v* schrauben
to screw off	*abschrauben*
sea	Meer *n*
at sea	*zur/auf See*
to go to sea	*zur See gehen*
to search (for, after)	*v* suchen, forschen (nach); durchsuchen; *s* Nachforschung *f*
in search of	*auf der Suche nach*
season ['si:zn]	*s* Jahreszeit *f*; *v* würzen
out of/in good season	*zur Unzeit/zur rechten Zeit*
seat	*s* Sitz *m*; Platz *m*; *v* sich setzen
to take a seat	*Platz nehmen*
to be seated	*sich setzen*
keep your seats!	*bleiben Sie sitzen!*
second	*adj* zweite(r, s); *s* Zweite(r *m*, s *n*) *f*; Sekunde *f*; *v* unterstützen, helfen
to be second to none	*allen überlegen sein*
second-hand	*aus zweiter Hand*
second-rate	*zweitklassig*
secret ['si:krit]	*adj* geheim, verborgen; *s* Geheimnis *n*
to keep a secret	*ein Geheimnis bewahren*
to make no secret of	*kein Hehl machen aus*
secretary ['sekrətri]	Sekretär(in *f*) *m*, Schriftführer *m*
to see (saw, seen)	sehen; zusehen
to see off/over/through	*(fort)begleiten/hinwegsehen/durchschauen*
to see to	*sorgen für, sehen nach*
to come/to go to see	*besuchen*
do you see the point?	*verstehen Sie, worauf es ankommt?*
see me tomorrow	*kommen Sie morgen zu mir*
see you again!	*auf Wiedersehen!*
I see!	*ich verstehe! aha! ach so!*
seed	Same(n) *m*, Saat *f*
to seek (sought, sought) (after, for)	suchen (nach)
to seem	scheinen
that seems funny to me	*das kommt mir komisch vor*
to seize [si:z]	ergreifen, packen; beschlagnahmen
he seized me by the arm	*er packte mich am Arm*
seldom	*adv* selten

to sell (sold, sold) — verkaufen
  to sell out — *ausverkaufen*
  the book sells well — *das Buch verkauft sich/geht gut*
to send (sent, sent) — senden, schicken
  to send for|in|off — *holen lassen/hereinschicken/absenden*

sense — s Sinn m; Verstand m; Gefühl n; v empfinden, fühlen; wahrnehmen
  in a sense — *in gewisser Hinsicht*
  that doesn't make sense to me — *das leuchtet mir nicht ein*
  common sense — *der gesunde Menschenverstand*
senseless — sinnlos; bewußtlos
sentence — Satz m; Urteil n; Ausspruch m
separate ['seprit] — getrennt, abgesondert
to separate (from) ['sepəreit] — trennen (von), absondern
serious ['siəriəs] — ernst(haft)
  seriously ill — *ernstlich krank*
servant — Diener m; Dienstmädchen n
  civil servant — *Beamte(r) m*
to serve — (be)dienen; servieren
  dinner is served! — *das Essen ist angerichtet!*
  that serves him right — *das geschieht ihm recht*
service — Bedienung f; Kunden-/Gottesdienst m
  to do|to render a service — *einen Dienst erweisen*
to set (set, set) — v setzen; stellen; legen; s Satz m, Reihe f, Garnitur f; adj festgesetzt
  to set about — *sich machen an*
  to set down — *niederstellen; niederschreiben*
  to set in — *einsetzen, beginnen*
  to set out for — *sich auf den Weg machen nach*
  to be set on — *erpicht sein auf*
  to set an example — *ein Beispiel geben*
  to set the table — *den Tisch decken*
  to set to work — *sich an die Arbeit machen*
to settle — sich niederlassen; besiedeln; sich vergleichen
  that settles the matter — *damit ist die Sache erledigt*
  he settled down to work — *er setzte sich an die Arbeit*
  he settled the quarrel — *er legte den Streit bei*
settlement — Siedlung f, Niederlassung f; com Vergleich m

several — mehrere; verschiedene
  several times — *ein paarmal, mehrmals*
severe [si'viə] — streng, hart; *(Schmerzen)* heftig
to sew [sou] (sewed, sewed *oder* sewn) — nähen
  to sew on — *annähen*
shade — *s* Schatten *m*; Schattierung *f*; *v* beschatten; schattieren
shadow — Schatten
to shake (shook, shaken) — *tr* schütteln; erschüttern; *itr* zittern
  to shake hands — *sich die Hand geben*
  shake well before using — *vor Gebrauch gut schütteln*
shall: *I should like to* — *ich möchte*
  I should say so! — *das will ich meinen!*
shame — Schamgefühl *n*; Schande *f*
  it's a shame! — *es ist eine Schande!*
  what a shame! — *so eine Schande!*
  shame on you! — *schäm dich!*
shape — *s* Gestalt *f*; Form *f*; *v* gestalten
  to take shape — *Gestalt annehmen*
  he's in bad shape — *er ist in schlechter Verfassung*
  in the shape of — *in Gestalt von*
share (in) — *s* Anteil *m* (an); *v* teilen; teilhaben (an)
sharp — *adj* scharf; schrill; *adv* pünktlich
  at ten o'clock sharp — *Punkt 10 Uhr*
shave — *s* Rasieren *n*; *v* (sich) rasieren
sheep — Schaf *n*
sheet — Blatt *n*; Bettuch *n*
  rain fell in sheets — *es goß in Strömen*
shell — Schale *f*; Muschel *f*; Granate *f*
shelter — *s* Schutz *m*; *v* beschirmen, -schützen
  to take/seek shelter from — *Schutz suchen vor*
to shine (shone, shone) [ʃɔn] — *v* scheinen; glänzen; *s* Schein *m*
  give your shoes a shine — *putzen Sie Ihre Schuhe*
ship — *s* Schiff *n*; *v* verschiffen
  on board ship — *an Bord*
shirt — Hemd *n*
shock — *s* Schlag *m*, Stoß *m*; *v* erschüttern
  to be shocked — *empört sein*
shoe — Schuh *m*
  to put on o.'s shoes — *seine Schuhe anziehen*
  I know where the shoe pinches — *ich weiß, wo der Schuh drückt*

to shoot (at) (shot, shot)   schießen (nach); *(Film)* drehen
   to shoot down   *niederschießen*
   to shoot dead   *erschießen*
   to go shooting   *auf die Jagd gehen*
shop   *s* Laden *m*; *v* einkaufen
   to talk shop   *fachsimpeln*
   I went shopping   *ich ging einkaufen*
shore   Ufer *n*, Küste *f*
   on shore   *an der Küste; an Land*
short   kurz; klein
   short of   *knapp an*
   in short   *kurzum*
   to cut short   *abbrechen*
   to fall short   *zurückbleiben*
   to run short   *knapp werden*
   make it short!   *fasse dich kurz!*
shot   Schuß *m*; med Spritze *f*
   a big shot   fig *ein großes Tier*
shoulder ['ʃouldə]   *s* Schulter *f*; *v* schultern
   to give s.o. the cold shoulder   *jdm die kalte Schulter zeigen*
to shout [ʃaut]   *v* laut schreien; *s* Schrei *m*
   to shout down   *niederbrüllen*
   he shouted at me   *er schrie mich an*
   shout of pain   *Schmerzensschrei* m
show [ʃou]   *s* Schau *f*, Ausstellung *f*; Vorstellung *f*; *v* zeigen
   to show off   *angeben, prahlen*
   I showed him into the room   *ich führte ihn in das Zimmer*
shower ['ʃauə]   *s* Regenschauer *m*; Dusche *f*; *v* übe schütten
to shut (shut, shut)   (ver)schließen; zumachen
   to shut off   *absperren* (Licht, Wasser)
   to shut down a factory   *eine Fabrik stillegen*
   shut up!   *halt den Mund!*
shy   schüchtern
sick (of; with)   krank (an; vor); unwohl
   to be taken sick   *krank werden*
   I'm sick of it   *ich habe es satt*
side (with)   *s* Seite *f*; *v* Partei ergreifen (für)
   side by side   *nebeneinander*
   by my side   *an meiner Seite*
   to take sides   *Partei ergreifen*
   I'm on his side   *ich stehe auf seiner Seite*
to sigh (at; for) [sai]   *v* seufzen (über; nach); *s* Seufzer *m*

sight	Anblick *m*; Sehkraft *f*; Sehens- würdigkeit *f*
at first sight	*auf den ersten Blick*
in sight	*in Sicht*
to catch|to lose sight of	*erblicken|aus dem Gesicht verlieren*
sign [sain]	*s* Zeichen *n*; Schild *n*; *v* unterzeichnen
signal ['signəl]	*s* Signal *n*; *v* signalisieren
silence ['sailəns]	*s* Schweigen *n*; *v* zum Schweigen bringen
in silence	*schweigend*
there was a dead silence	*es herrschte Totenstille*
silk	Seide *f*
silver	*s* Silber *n*; *adj* silbern
simple	einfach; einfältig
simplicity	Einfachheit *f*
since	*adv* seitdem; *prp* seit; *conj* weil
how long since?	*seit wann?*
ever since	*seitdem*
sincere [sin'siə]	aufrichtig
yours sincerely	*hochachtungsvoll*
to sing (sang, sung)	singen
single	einzeln; einzig; unverheiratet
a single room	*ein Einzelzimmer*
to sink (sank, sunk)	*v* sinken; nachlassen; *s* Spültisch *m*
sir	Herr *m*
sister	Schwester *f*
to sit (sat, sat)	sitzen
to sit down|up	*sich hinsetzen|aufrichten*
to sit in on a conference	*bei einer Konferenz sein*
sitting-room	*Wohnzimmer* n
situation [sitju'eiʃən]	Lage *f*
size	Größe *f*; Format *n*
they are about the same size	*sie sind ungefähr gleich groß*
skill	Geschicklichkeit *f*, Fertigkeit *f*
skilful	geschickt, gewandt
skin	*s* Haut *f*; Fell *n*; *v* häuten
I escaped by the skin of my	*ich bin gerade noch davongekommen*
skirt [teeth	(Damen-)Rock *m*
sky	Himmel *m*
stars in the sky	*Sterne am Himmel*
to praise to the skies	*in den Himmel heben*
slave	Sklave *m*
to sleep (slept, slept)	*v* schlafen; *s* Schlaf *m*
to sleep over|on s.th.	*etw überschlafen*

to go to sleep	*schlafen gehen*
he didn't sleep a wink	*er hat kein Auge zugetan*
sleeve	Ärmel *m*
he laughed up his sleeve	*er lachte sich ins Fäustchen*
to slide (slid, slid)	*v* gleiten; *s* Lichtbild *n*; Gleiten *n*
to let things slide	*die Dinge laufen lassen*
slight [slait]	schwach; klein; unbedeutend
not the slightest hurry	*nicht die geringste Eile*
to slip	*v* schlüpfen; ausrutschen; gleiten; *s* Fehler *m*; (Kissen-)Überzug *m*; Unterkleid *n*
to slip on/off	*rasch an-/ausziehen*
the date slipped my mind	*das Datum ist mir entfallen*
slope	*s* Abhang *m*; *v* schief/schräg sein
slow	langsam
slow down	*langsamer fahren!*
drive slow(ly)	*langsam fahren!*
small	klein; gering; unbedeutend
that's small comfort	*das ist ein schlechter Trost*
smell (of)	*s* Geruch *m*; *v* riechen (nach)
to take a smell at	*riechen an*
smile (at)	*s* Lächeln *n*; *v* lächeln (über)
to smile at s.o.	*jdm zulächeln; über jdn lächeln*
he was all smiles	*er lachte übers ganze Gesicht*
smoke	*s* Rauch *m*; *v* rauchen
smooth	*adj* glatt; mild; *v* glätten
to smooth down/out	*glattstreichen*
snake	Schlange *f*
snow	*s* Schnee *m*; *v* schneien
to be snowed in/up	*eingeschneit sein*
so	*adv* so, also; *conj* so, daher
I hope so	*ich hoffe es*
so did I	*ich auch*
even so/quite so	*selbst dann/ganz recht*
and so on	*und so weiter*
if so	*wenn ja*
soap	*s* Seife *f*; *v* einseifen
social ['souʃəl]	sozial; gesellschaftlich; gesellig
society [sə'saiəti]	Gesellschaft *f*; Verein *m*
soft	weich; *(Licht)* matt
soft drink	*alkoholfreie(s) Getränk n*
soil	*s* (Erd-)Boden *m*; *v* schmutzig machen
soldier ['souldʒə]	Soldat *m*

solemn ['sɔlem] — feierlich, ernst
solid — fest; solid; zuverlässig
  a solid hour — *eine geschlagene Stunde*
to solve — auflösen
some [sʌm] — irgendein, -etwas; einige
  some day — *eines Tages*
  some place — *irgendwo*
somebody — (irgend) jemand
somehow — irgendwie
  somehow or other — *auf irgendeine Art*
someone — (irgend) jemand
something — (irgend) etwas
sometimes — manchmal, zuweilen
  sometime or other — *gelegentlich einmal*
somewhat — etwas
somewhere — irgendwo
son [sʌn] — Sohn m
song — Gesang m; Lied n
  for a song — *um einen Spottpreis*
soon — bald; früh
  as soon as possible — *sobald als möglich*
  sooner or later — *früher oder später*
  no sooner said than done — *gesagt, getan*
sore — wund; weh
  he has touched a sore spot — *er hat einen wunden Punkt berührt*
sorrow — Sorge f; Schmerz m; Kummer m
sorry — betrübt, traurig
  sorry! — *Verzeihung!*
  I'm sorry to say — *leider muß ich sagen*
  I'm sorry for her — *sie tut mir leid*
  I'm really sorry — *es tut mir wirklich leid*
sort — s Sorte f, Art f; Gattung f; v sortieren
  all sorts of things — *alles mögliche*
  nothing of the sort — *nichts dergleichen*
  I'm sort of glad (fam) — *ich bin eigentlich froh*
soul [soul] — Seele f
  he put his heart and soul in it — *er war mit Leib und Seele dabei*
sound — adj gesund; vernünftig; einwandfrei; s Ton m, Schall m; v klingen
  that sounds funny to me — *das kommt mir komisch vor*
soup [su:p] — Suppe f
sour ['sauə] — sauer
source [sɔ:s] — Quelle f; Ursprung m
  to have its source — *entspringen*

south	*s* Süden *m*; *adj* südlich
to sow (sowed, sown)	säen
space	Raum *m*; Zeitraum *m*
to lack space	*nicht genug Platz haben*
in the space of	*innerhalb von*
to spare [spɛə]	*v* sparen; verschonen; *adj* sparsam
spare time	*Freizeit f*
can you spare a minute?	*haben Sie eine Minute Zeit?*
I've enough and to spare	*ich habe mehr als genug*
to speak (to) (spoke, spoken)	sprechen (mit)
speak up!	*sprich lauter!*
generally speaking	*im großen und ganzen*
so to speak	*sozusagen*
strictly speaking	*genaugenommen*
special ['speʃəl]	*adj* besondere(r, s); außergewöhnlich; *s* Sonderausgabe *f*; Sonderangebot *n*
speech	Sprache *f*; Rede *f*
to make a speech on/about	*eine Rede halten über*
speed (sped, sped)	*s* Eile *f*; Geschwindigkeit *f*; *v* rasch fahren
to speed up	*beschleunigen*
at a great speed	*mit großer Geschwindigkeit*
at full speed	*mit Höchstgeschwindigkeit*
to spell	*v* buchstabieren; *s* Zauber *m*; Anfall *m*
a long spell of fine weather	*eine lange Zeit schönen Wetters*
to spend (spent, spent)	ausgeben; verbringen
to spend time on	*Zeit verwenden auf*
spirit	Geist *m*; Seele *f*; Gespenst *n*; Spiritus *m*
to be in good spirits	*guter Laune sein*
to be in low spirits	*niedergeschlagen sein*
to be in high spirits	*in gehobener Stimmung sein*
spite: *in spite of*	trotz
splendid	glänzend; prächtig
to split (split, split)	*v* spalten; aufteilen; zersplittern; *s* Riß *m*, Spaltung *f*
don't split hairs!	*keine Haarspalterei!*
splitting headache	*rasende Kopfschmerzen*
to spoil	verderben; verwöhnen; plündern
spoon	Löffel *m*
sport	Sport *m*; Scherz *m*
be a sport	*sei ein netter Kerl*
don't be a poor sport	*sei kein Spielverderber*

spot | *s* Platz *m*; Fleck *m*; Stelle *f*; *v* beflecken; herausfinden

on the spot | *auf der Stelle, sogleich*
spot of ink | *Tintenfleck* m

to spread (spread, spread) [spred] | *v* ausbreiten; verteilen; *s* Ausbreitung *f*; Spannweite *f*

to spring (from) (sprang, sprung) | *v* springen; herstammen (von); *s* Sprung *m*; Frühling *m*; Quelle *f*; Feder *f*

to spring up like mushrooms | *wie Pilze aus der Erde schießen*

square [skwɛə] | *s* Viereck *n*; öffentliche(r) Platz *m*; *adj* quadratisch; anständig; vierschrötig; *v* ausgleichen

a square deal | *eine reelle Sache*
to meet with a square refusal | *eine glatte Ablehnung erfahren*

staff [stɑ:f] | Stab *m*; Stock *m*; Personal *n*

stage | *s* Bühne *f*; Stadium *n*; *v* inszenieren
at this stage | *in diesem Stadium*

stain | *s* Flecken *m*; *v* beflecken

stairs | Treppe *f*

stamp | *s* Stempel *m*; Briefmarke *f*; *v* stempeln; prägen; frankieren

to collect stamps | *Briefmarken sammeln*

to stand (stood, stood) | *v* stehen; ausstehen; aushalten; *s* Stand *m*; Stillstand *m*

to stand aside/for | *beiseite treten/eintreten für*
to stand by | *dabeistehen; unterstützen*
to stand up/up for | *aufstehen/eintreten für*
I can't stand it any longer | *ich kann es nicht mehr aushalten*
you don't stand a chance | *Sie haben keine Chance*

standard ['stændəd] | *s* Standard *m*; Maßstab *m*; *adj* maßgebend; mustergültig

standard of living | *Lebensstandard* m

star [stɑ:] | Stern *m*

to start (for) | *tr* anfangen, beginnen; *itr* aufbrechen (nach); *s* Anfang *m*

from start to finish | *vom Anfang bis zum Ende*
to start off/out | *anfangen/sich aufmachen, beginnen*
to start up | *aufspringen; in Gang setzen [lassen*
to start a fire/a motor | *ein Feuer machen/einen Motor an-*

state | *s* Zustand *m*; Staat *m*; *v* festsetzen; erklären, darlegen

statement | Darstellung *f*; Behauptung *f*; (Bank-)Abrechnung *f*

to make a statement	eine Erklärung abgeben [ren
station [ˈsteiʃən]	s Bahnhof m; Station f; v stationie-
stay	s Aufenthalt m; v (stehen)bleiben; sich aufhalten
to stay away/up	wegbleiben/aufbleiben
to stay with/in bed	wohnen bei/im Bett bleiben
to stay at a hotel	in einem Hotel absteigen/übernachten
steady [ˈstedi]	adj fest; standhaft; adv langsam
a steady rise in prices	ein beständiges Ansteigen der Preise
to steal (stole, stolen)	stehlen
to steal away	sich wegschleichen
steam	s Dampf m; v dampfen
full steam ahead	Volldampf voraus
steel	Stahl m
to steer	steuern
steering-wheel	Steuerrad n
to step (into)	v treten (in); s Schritt m; Stufe f; Sprosse f
step by step	Schritt für Schritt
to step aside/in	beiseite treten/hereinkommen
to step off/up	aussteigen/beschleunigen
to take steps	Maßnahmen ergreifen
to keep step with	Schritt halten mit
to stick (stuck, stuck)	tr stechen; stecken; befestigen; itr steckenbleiben; s Stock m
to stick into/together	hineinstecken/zusammenhalten
to stick up/out	herausstehen, herausragen
to be/to get stuck	festsitzen/festfahren
I stick to it	ich bleibe dabei
stiff	steif; schwierig; (Ablehnung) scharf
to keep a stiff upper lip	sich nicht erschüttern lassen
still	adj still, ruhig; adv (immer) noch; conj doch, dennoch
to keep still	(still)schweigen
to stir	v (sich) rühren; sich regen; s Bewegung f; Aufregung f
to stir o.'s tea	den Tee umrühren
stock	Vorrat m; Lager n; pl Aktien f pl
not in/out of stock	nicht vorrätig/vergriffen
to take stock	Inventur machen
stocking	Strumpf m
stomach [ˈstʌmək]	Magen m
stone	Stein m; (Obst-)Kern m
we left no stone unturned	wir haben nichts unversucht gelassen

to stop · *v* anhalten; aufhören; *s* Haltestelle *f*; Aufenthalt *m*; Pause *f*

to bring to a stop · *zum Halten bringen*
to put a stop to s.th. · *einer Sache ein Ende machen*
to stop short · *plötzlich anhalten*
he stops at nothing · *er schreckt vor nichts zurück*
stop talking · *hör auf zu reden*

store · *s* Vorrat *m*; Lager *n*; *v* aufbewahren
in store · *vorrätig*
to store up · *aufspeichern*
to be in store for · *bevorstehen*
to set no great store by · *keinen großen Wert legen auf*

storm · *s* Sturm *m*; *v* stürmen

story · Geschichte *f*; Stockwerk *n*
a two-story building · *ein zweistöckiges Haus*
to make a long story short · *kurz gesagt*
that's another story · *das ist ein Kapitel für sich*

straight [streit] · *adj* gerade; unmittelbar; *adv* geradewegs
straight ahead · *geradeaus*
keep straight on · *gehen Sie geradeaus*
he put it straight · *er hat es klargestellt*

strange · fremd; sonderbar
I'm a stranger here · *ich bin hier fremd*

straw · Stroh *n*; Strohhalm *m*
he doesn't care a straw · *er kümmert sich keinen Deut darum*

stream · *s* Strom *m*; Fluß *m*; *v* strömen; flattern
up-/downstream · *stromaufwärts/-abwärts*

street · Straße *f*
the man in the street · *der Mann auf der Straße*
dead-end street · *Sackgasse f*
one-way street · *Einbahnstraße f*

strength · Kraft *f*, Stärke *f*
on the strength of · *auf Grund Gen.*

to stretch · *v* (aus)strecken; sich erstrecken; *s* Strecke *f*; Ausdehnung *f*
to stretch out · *sich ausdehnen*
at a stretch · *ohne Unterbrechung*

strict · streng; genau

to strike (struck, struck) · *v* stoßen; streiken; *s* Streik *m*
to strike out/dead · *ausstreichen/erschlagen*
to go on strike · *streiken, in Streik treten*
he struck him a blow · *er versetzte ihm einen Schlag*

he was struck by a car	*er wurde von einem Wagen ange-fahren*
striking	*auffallend, eindrucksvoll*
string (strung, strung)	*s* Schnur *f;* Saite *f; v* aufreihen
a string of cars	*eine Reihe Wagen*
strip	*s* schmale(r) Streifen *m; v* abstreifen
stripe	*s* Streifen *m; v* streifen
stroke	*s* Schlag *m,* Hieb *m;* Stoß *m;* Strich *m; v* streicheln
on the stroke of five	*Schlag 5 Uhr*
a stroke of luck	*ein Glücksfall*
strong	stark; kräftig
that's not his strong point	*das ist nicht seine starke Seite*
struggle (for)	*s* Kampf *m; v* kämpfen (um)
study	*s* Studium *n;* Studie *f;* Studierstube *f; v* studieren
stuff	*s* Zeug *n;* Gewebe *n; v* (voll)stopfen
stupid ['stju:pid]	dumm
subject	*s* Gegenstand *m; adj* unterworfen
subject to	*vorbehaltlich*
he is subject to colds	*er neigt zu Erkältungen*
to succeed [sək'si:d]	folgen; Erfolg haben
he succeeded in overcoming the difficulties	*es gelang ihm, die Schwierigkeiten zu überwinden*
success [sək'ses]	Erfolg *m*
to meet with success	*Erfolg haben*
successful	erfolgreich
such	solche(r, s)
such a long time	*so lange*
such a thing	*so etwas*
such as	*wie z. B.*
don't be in such a hurry	*nur keine solche Eile*
sudden	plötzlich
all of a sudden	*ganz plötzlich*
to suffer (from)	leiden (an)
sugar ['ʃugə]	Zucker *m*
to suggest [sə'dʒest]	vorschlagen; andeuten; nahelegen
suggestion	Vorschlag *m;* Andeutung *f,* Wink *m*
I did it at his suggestion	*ich tat es auf seine Anregung hin*
suit (to) [sju:t]	*s* Anzug *m;* Prozeß *m; v* anpassen (an)
to be suited for	*sich eignen für*
does this suit your taste?	*entspricht das Ihrem Geschmack?*
sum	Summe *f;* Betrag *m*
to sum up	*zusammenfassen*

summer | Sommer *m*
summer-resort | *Sommerfrische* f
sun | Sonne *f*
a place in the sun | *ein Platz an der Sonne*
sunbeam | *Sonnenstrahl* m
supper | Abendessen *n*
to supply (with) | *v* liefern; versorgen (mit); *s* Versorgung *f*; Vorrat *m*
supply and demand | *Angebot und Nachfrage*
to supply the demand/the need | *die Nachfrage/den Bedarf decken*
we are running out of supplies | *unsere Vorräte gehen zu Ende*
to support | *v* (unter)stützen; ernähren; *s* Unterstützung *f*; Stütze *f*
in support of | *zur Unterstützung/zugunsten Gen.*
to suppose | voraussetzen; vermuten, annehmen
I suppose so | *ich nehme es an*
let's suppose that I'm right | *gesetzt den Fall, ich habe recht*
he's supposed to be rich | *er soll reich sein*
sure [ʃuə] | sicher, gewiß; zuverlässig
for sure | *ganz bestimmt*
sure enough | *wirklich, ganz gewiß*
to be sure | *wohl; zwar; selbstverständlich*
to make sure | *sich vergewissern; dafür sorgen*
I'm sure he will come | *sicherlich wird er kommen*
surely | *sicherlich; bestimmt*
surface ['sə:fis] | Oberfläche *f*
surprise [sə'praiz] | *s* Überraschung *f*; *v* überraschen
to take by surprise | *überraschen*
to be surprised at | *sich wundern über*
to the surprise of all | *zur Überraschung aller*
to surround [sə'raund] | umgeben; einschließen
to swallow ['swɔlou] | *v* verschlucken; *s* Schwalbe *f*
I had to swallow a lot | *ich mußte viel hinunterschlucken*
to swear (at) (swore, sworn) | schwören; fluchen (über)
can you swear to that? | *können Sie das beschwören?*
sweat [swet] | *s* Schweiß *m*; *v* schwitzen
to sweep (swept, swept) | *v* fegen, kehren; dahinsausen; *s* Fegen *n*; Schwung *m*; Kaminfeger *m*
to make a clean sweep of | *reinen Tisch machen mit*
sweet | *adj* süß; *s pl* Süßigkeiten *f pl*
to swell (swelled, swollen) | (an)schwellen
to swim (swam, swum) | schwimmen

to take a swim	*schwimmen*
I go for a swim	*ich gehe schwimmen*
to swing (swung, swung)	*v* schwingen; schaukeln; *s* Schaukel *f*; Schwingen *n*
to be in full swing	*in vollem Gang sein*
switch	*s* Schalter *m*; Weiche *f*; *v* verschieben; umschalten
to switch off/on	*ab-/andrehen*
sword [sɔːd]	Schwert *n*; Säbel *m*
sympathy	Sympathie *f*; Mitleid *n*
system	System *n*; Methode *f*

T

table	Tisch *m*; Tabelle *f*
table of contents	*Inhaltsverzeichnis* n
to be at table	*bei Tisch sitzen*
tail	Schwanz *m*
the dog wagged its tail	*der Hund wedelte mit dem Schwanz*
tailor	*s* Schneider *m*; *v* schneidern
to take (took, taken)	(weg-, ein)nehmen, ergreifen
to take after	*geraten nach*
to take along/away/back	*mit-/weg-/zurücknehmen*
to take down	*herunternehmen; aufschreiben*
to take for	*halten für*
to take in	*einnehmen; enger machen*
to take off	*weg-/abnehmen; (Kleider) ausziehen*
to take on	*übernehmen, auf sich nehmen*
to take out/over	*herausnehmen/übernehmen*
to take to	*die Gewohnheit annehmen*
to take a chance/a nap	*wagen/ein Schläfchen machen*
to take revenge/time	*sich rächen/Zeit brauchen*
to take a walk	*spazierengehen*
all seats are taken	*alle Plätze sind besetzt*
why should I take the blame?	*warum sollte ich die Schuld auf mich nehmen?*
take my advice	*hören Sie auf meinen Rat*
he took leave	*er verabschiedete sich*
to talk (to) [tɔːk]	*v* reden (zu), sprechen (mit); *s* Gespräch *n*
to talk over with	*besprechen mit*
what are they talking about?	*worüber reden sie?*
tall	groß; schlank
tame	*adj* zahm; *v* zähmen

task [tɑːsk]
  to take s.o. to task

Aufgabe *f*; Schularbeit *f*
  jdn tadeln [ken (nach)

taste (of)
  in bad taste
  what does it taste of?

s Geschmack *m*; *v* kosten; schmek-
  geschmacklos
  wonach schmeckt es?

to tax (on)

v besteuern; *s* Steuer *f*, Abgabe *f* (auf)

tea

Tee *m*

to teach (taught, taught)

lehren, unterrichten

to tear [tɛə] (tore, torn)
  to tear down
  to tear off|out|up
  to tear a hole in

zerreißen; zerren
  abbrechen
  ab-, weg-/heraus-/zerreißen
  ein Loch reißen in

tear [tiə]
  *her eyes were filled with
  tears*

Träne *f*
  ihre Augen standen voller Tränen

telegram [ˈteligræm]

Telegramm *n*

to telephone [ˈtelifoun]
  by telephone

v telephonieren; *s* Telephon *n*
  telephonisch

television [ˈteliviʒən]

Fernsehen *n*

to tell (told, told)
  all told
  I told you so

erzählen, berichten; sagen
  alles in allem
  ich habe es Ihnen gesagt

temper
  in a good|bad temper
  to lose o.'s temper

Temperament *n*; Stimmung *f*
  in guter/schlechter Laune
  wütend werden

temperature [ˈtempritʃə]
  he has a temperature

Temperatur *f*
  er hat Fieber

tendency

Tendenz *f*; Absicht *f*; Neigung *f*

tender

zart; weich; empfindlich

tent

Zelt *n*

term [təːm]

  to be on good|bad terms
  to come to terms

Termin *m*; Semester *n*; Fachaus-
  druck *m*; *pl* Bedingungen *f pl*
  auf gutem/schlechtem Fuß stehen
  sich einigen

terrible

schrecklich, furchtbar

test

s Untersuchung *f*; Prüfung *f*; *v* prüfen

than

als *(nach Komparativ)*

to thank
  thank you very much

danken
  danke sehr!

that
  I'm sorry about that
  I don't want that much
  that is
  how about that?

prn der-, die-, dasjenige; *conj* daß
  das tut mir leid
  ich möchte nicht so viel
  das heißt
  wie steht's damit?

theatre ['θɪətə]	Theater *n*; Schauplatz *m*
the	der, die, das
the ... the	*je ... desto*
their	ihr
theirs	*ihr (e, er, es)*
it's theirs	*es gehört ihnen*
them	sie; ihnen
among themselves	*untereinander*
then	*adv* dann; *conj* folglich; *adj* damalig
now then	*nun also*
then and there	*sogleich; auf der Stelle*
every now and then	*hin und wieder*
by then	*bis dahin*
there	da; dort; dorthin
there is/are	*es gibt/sind*
here and there	*hier und dort*
therefore	deshalb
these	diese
these days	*heutzutage*
they	sie *pl*
they say	*man sagt, es heißt*
thick	dick; dicht
thief (*pl* **thieves**)	Dieb *m*
thin	*adj* dünn; *v* dünn werden
thing	Ding *n*; Sache *f*
how are things?	*wie geht's?*
I don't know a thing about it	*ich weiß kein Wort davon*
to think (of) (**thought,** **thought**)	denken (an); meinen, glauben
to think over/out	*sich überlegen/ausdenken*
what are you thinking about?	*worüber denkst du nach?*
he thinks nothing of it	*er hält nichts davon*
thirst [θə:st]	Durst *m*
thirsty	durstig
this	diese(r, s)
this won't do	*das genügt nicht*
this and that	*dies und jenes*
this minute	*augenblicklich*
this time	*diesmal*
thorough ['θʌrə]	gründlich
those	jene(r, s)
though [ðou]	obgleich
as though	*als ob*
even though	*obwohl*

thought [θɔːt]	Gedanke *m*
at the thought of	*bei dem Gedanken an*
on second thoughts	*bei reiflichem Überlegen*
to be lost in thought	*in Gedanken versunken sein*
thousand	tausend
thread [θred]	Faden *m*, Zwirn *m*
to threaten ['θretn]	(be-, an)drohen
throat	Hals *m*, Kehle *f*
to clear o.'s throat	*sich räuspern*
through [θruː]	*prp* durch; *adv* durch, zu Ende
through and through	*durch und durch*
throughout the whole year	*das ganze Jahr hindurch*
to throw (threw, thrown)	*v* werfen; *s* Wurf *m*
to throw away/down	*wegwerfen/hinwerfen*
to throw in	*als Zugabe geben*
to throw out/over/up	*hinaus-/hinüber-/in die Höhe werfen*
to throw light on	*Licht werfen auf*
he threw an angry look at me	*er warf mir einen wütenden Blick zu*
thunder	*s* Donner *m*; *v* donnern
thus [ðʌs]	so; auf diese Weise
ticket	(Eintritts-)Karte *f*; Fahrkarte *f*
single/return, **Am** *one-way/* *round-trip ticket*	*einfache/Rückfahrkarte* f
tie	*s* Krawatte *f*; *v* binden
to tie o.s. down	*sich festlegen*
to tie up	*zusammenbinden, -schnüren*
my hands are tied	*mir sind die Hände gebunden*
the game ended in a tie	*das Spiel endete unentschieden*
tight [tait]	dicht; fest; eng
to hold tight	*festhalten*
money is tight	*Geld ist knapp*
till	bis (zu)
not till	*nicht vor*
time	Zeit *f*; Takt *m*; Mal *n*; Tempo *n*
time and (time) again	*wieder und wieder, immer wieder*
at times	*zeitweise; hin und wieder*
all the time	*die ganze Zeit*
at that time	*damals*
at the same time	*gleichzeitig*
for a long time	*lange*
for the time being	*vorläufig*
from time to time	*von Zeit zu Zeit*
in good time	*beizeiten*
in no time	*im Nu*

next time	*das nächste Mal*
on time	*pünktlich*
several times	*mehrmals*
to have a good/bad time	*sich gut/schlecht unterhalten*
it's merely a matter of time	*es ist nur eine Frage der Zeit*
tin	Zinn n; Konservenbüchse f
tip	s Spitze f; Trinkgeld n; Tip m; v ein
tip of the finger	*Fingerspitze f* [Trinkgeld geben
tired	müde
to be tired of s.th.	*einer Sache überdrüssig sein*
I feel tired out	*ich bin ganz erledigt*
title ['taitl]	Titel m
to	prp zu; an; auf; adv zu
to date	*bis heute; zeitgemäß*
to my surprise	*zu meiner Überraschung*
to and fro	*hin und her*
that's not to our taste	*das ist nicht nach unserem Geschmack*
keep to your right	*halten Sie sich rechts*
let's go to London	*gehen wir nach London*
nothing to speak of	*nicht der Rede wert*
tobacco [tə'bækou]	Tabak m
today	heute
toe	Zehe f
together [tə'geðə]	zusammen, zugleich
for hours together	*stundenlang*
to get together	*zusammenkommen*
tomorrow	morgen
tongue [tʌŋ]	Zunge f; Sprache f
hold your tongue!	*halt den Mund!*
tonight	heute abend
too	auch; allzu, überdies
too long	*zu lange*
tool	Werkzeug n; Gerät n
tooth (pl teeth)	Zahn m
to have a sweet tooth	*gerne naschen*
top	s Gipfel m; Spitze f; v übersteigen
at the top of	*oben*
from top to bottom	*von oben bis unten*
on top	*obenauf*
at top speed	*mit Höchstgeschwindigkeit*
I slept like a top	*ich schlief wie ein Murmeltier*
total	adj ganz; s Gesamtbetrag m; v sich belaufen auf

to touch [tʌtʃ]	v berühren; rühren; s Berührung f
to get in touch with	sich in Verbindung setzen mit
to keep in touch with	in Verbindung bleiben mit
tough [tʌf]	zäh, hartnäckig; schwierig
toward(s) [tɔːdz]	gegen
towards evening	gegen Abend
towel	Handtuch n
tower	Turm m
town	Stadt f
to be in/out of town	da/verreist sein
toy	Spielzeug n
trace	s Spur f; v nachspüren; durchpausen
to trace back to	zurückgehen auf
track	s Fußspur f; Am Bahnsteig m; Geleise n; v verfolgen
to be off the track	auf dem Holzweg sein
trade (for)	s Handel m; Geschäft n; Beruf m; v eintauschen (für)
by trade	von Beruf
to learn a trade	ein Handwerk lernen
to trade in s.th.	etw in Zahlung geben
traffic	Verkehr m
train	s Zug m; v trainieren; dressieren
to go by train	mit der Bahn fahren
training	Ausbildung f
tram	Straßenbahn f
to translate into	übersetzen in
travel	s Reise f; v reisen
treasure ['treʒə]	Schatz m [gen n
to treat [triːt]	v behandeln; freihalten; s Vergnü-
to treat lightly	auf die leichte Schulter nehmen
treatment	Behandlung f; Verfahren n
tree	Baum m
trial ['traiəl]	Prüfung f, Probe f; Verhandlung f; Prozeß m
on trial	auf Probe
to give s.th. a trial	etw ausprobieren
tribe	Stamm m; Sippe f
trick	s List f, Kniff m; Streich m; v hereinlegen; betrügen
trip	s Reise f; Fahrt f; v stolpern; trippeln
to trouble ['trʌbl]	v beunruhigen; stören; s Unruhe f; Schwierigkeit f
to be in trouble	in Schwierigkeiten sein

to give trouble	*Mühe machen*
to take the trouble	*sich die Mühe machen*
may I trouble you for a match?	*darf ich Sie um ein Streichholz bitten?*
what's the trouble?	*was ist los?*
trousers *pl*	lange Hose *f*
a pair of trousers	*eine Hose*
true	wahr; ęcht; treu
to come true	*sich bewahrheiten*
yours truly	*hochachtungsvoll*
trunk	(Baum-)Stamm *m*; Rumpf *m*; Koffer *m*
trust (in)	*s* Vertrauen *n*; *v* vertrauen, sich verlassen (auf)
I put|have no trust in his words	*ich traue seinen Worten nicht*
to try	versuchen; sich bemühen; aburteilen
to try on	*anprobieren*
truth [tru:θ]	Wahrheit *f*
to tell the truth	*ehrlich gesagt*
tube	Rohr *n*; Schlauch *m*; Untergrundbahn *f*
tune	Melodie *f*; Lied *n*; Stimmung *f*
out of tune	*verstimmt*
to tune in|up	*einstellen/stimmen (Instrument)*
to turn	*v* drehen; (um)wenden; *s* Drehung *f*, Wendung *f*
to turn back|down	*umkehren/ablehnen; leiser stellen*
to turn in|off|on	*einreichen/abstellen/andrehen*
to turn out	*hinauswerfen; produzieren; ausfallen*
to turn over|up	*übergeben/auftauchen, erscheinen*
at every turn	*auf Schritt und Tritt*
to take turns	*abwechseln*
to turn the corner	*um die Ecke biegen*
to turn upside down	*auf den Kopf stellen*
make a left turn	*fahren Sie nach links*
it's your turn	*Sie sind dran/an der Reihe*
twice	zweimal; doppelt
twice as much	*noch einmal soviel*
to twist	*v* drehen; verflechten; *s* Drehung *f*, Windung *f*
type	*s* Art *f*; Typ *m*; *v* mit der Schreibmaschine schreiben

U

ugly [ˈʌgli]	häßlich
umbrella [-ˈ--]	Regenschirm *m*
unable	unfähig
uncle	Onkel *m*
under	*prp* unter; *adv* unten; darunter
under these circumstances	*unter diesen Umständen*
under repair	*in Reparatur*
to be under medical treatment	*in ärztlicher Behandlung sein*
to understand (understood, understood)	verstehen; begreifen
as I understand it	*wie ich es auffasse*
it's understood	*es ist selbstverständlich*
unemployed	arbeitslos
unfavourable	ungünstig
unhappy	unglücklich
unhealthy	ungesund
union [ˈjuːnjən]	Gewerkschaft *f*; Verein *m*; Einigkeit *f*
to unite	(sich) vereinigen
university [juːniˈvəːsiti]	Universität *f*
unknown	unbekannt
unless	wenn nicht
to unload	abladen
until	*prp* bis; *conj* bis (daß); erst wenn
until further notice	*bis auf weiteres*
unusual	ungewöhnlich
up	auf; hinauf; aufwärts; oben
up and down	*auf und ab*
up to	*bis zu*
up to now	*bis jetzt*
he isn't up yet	*er ist noch nicht auf*
his time is up	*seine Zeit ist abgelaufen*
it's up to him	*es hängt von ihm ab*
he's hard up	*es geht ihm schlecht*
what's up?	*was ist los?*
upper	obere(r, s); höhere(r, s)
upper hand	*Oberhand*
upstairs	*adv* oben; *adj* obere(r, s)
to go upstairs	*die Treppe hinaufgehen*
up-to-date	modern
upwards	aufwärts
to urge [əːdʒ]	drängen; dringend bitten

urgent — dringend
to use [ju:z] — gebrauchen; benutzen; anwenden
  to use up — *aufbrauchen*
  to be/to get used to — *gewohnt sein/sich gewöhnen an*
  he used to come ['ju:stə] — *er pflegte zu kommen*
use [ju:s] — Gebrauch m; Benutzung f; Anwendung f
  to make use of — *Gebrauch machen von*
  it's no use — *es nützt nichts*
  what's the use of it? — *wozu ist es gut?*
useful/useless — nützlich/nutzlos
usual ['ju:zuəl] — gewöhnlich
  as usual — *wie gewöhnlich*

V

vain (of) — eitel (auf); leer
  in vain — *vergeblich*
valley ['væli] — Tal n
valuable — wertvoll
value — s Wert m; v schätzen; bewerten
  to attach value to — *Bedeutung beimessen*
variety [vəˈraiəti] — Mannigfaltigkeit f; Auswahl f; Art f
various [ˈvɛəriəs] — verschieden, mannigfaltig
  for various reasons — *aus verschiedenen Gründen*
vegetables pl ['vedʒitəblz] — Gemüse n
veil [veil] — s Schleier m; v verhüllen
verse — Vers m; Strophe f
very — adv sehr; adj wirklich
  the very thought of it — *der bloße Gedanke daran*
  the very same — *genau derselbe*
  the very best — *der allerbeste*
vessel — Gefäß n; Schiff n
victory — Sieg m
view — s Blick m; Aussicht f; Auffassung f; v betrachten; prüfen
  in view of — *im Hinblick auf*
village — Dorf n
violent — heftig; ungestüm; gewalttätig
virtue [ˈvə:tju:] — Tugend f
  by/in virtue of — *kraft Gen.*
visit — s Besuch m; v besuchen
  to pay a visit — *einen Besuch abstatten*
  he's on a visit — *er ist auf Besuch*

voice	*s* Stimme *f*; *v* äußern
vote	*s* (Wahl-)Stimme *f*; Abstimmung *f*; *v* stimmen für, wählen; abstimmen
to vote down	*überstimmen*
voyage ['vɔiidʒ]	Seereise *f*

W

wage(s)	Lohn *m*
wage-earner	*Lohnempfänger* m
to wait (for)	warten (auf)
to wait on s.o.	*jdn bedienen*
to keep waiting	*warten lassen*
wait and see!	*nur abwarten!*
that can wait till tomorrow	*das hat bis morgen Zeit*
waiter	*Kellner* m
to wake	(er)wachen
to wake up	*aufwecken*
to walk	*v* (spazieren)gehen; *s* Spaziergang *m*
to walk down/up	*hinunter-/hinaufgehen*
wall	Wand *f*; Mauer *f*
to wander	wandern
want	*s* Mangel *m*; Bedarf *m*, Bedürfnis *n*; *v* wünschen; wollen
for want of	*in Ermangelung Gen.*
this wants cleaning	*das ist reinigungsbedürftig*
war	Krieg *m*
at war	*im Krieg*
to make war on	*Krieg führen gegen*
warm	*adj* warm; *v* (sich) erwärmen
to warm up	*aufwärmen*
to warn (of)	warnen (vor)
to wash	*v* (sich) waschen; *s* Wäsche *f*
to wash away	*wegschwemmen*
to give a wash	*(ab)waschen*
waste	*adj* wüst, öde; unbrauchbar; *v* verbrauchen, verschwenden; *s* Abfall *m*; Verschwendung *f*
to go to waste	*umkommen, verderben*
to waste time	*Zeit vergeuden*
watch	*s* (Taschen-)Uhr *f*; *v* beobachten; bewachen; aufpassen
to watch out (for)	*aufpassen; Ausschau halten (nach)*
to watch children	*auf Kinder aufpassen*

watch your step!	*Vorsicht! Stufe!*
water	*s* Wasser *n*; *v* begießen, bewässern
he kept his head above water	*er hielt sich über Wasser*
wave	*s* Welle *f*, Woge *f*; *v* wehen, flattern winken mit
way	Weg *m*, Straße *f*; Strecke *f*; Art und Weise *f*
a long way off	*weit weg*
by the way	*nebenbei bemerkt; übrigens*
in a|no way	*in gewisser Hinsicht|keiner Weise*
on the way	*unterwegs*
that way	*auf diese Weise; so*
to get under|to give way	*in Gang kommen|nachgeben*
to make way	*Platz machen*
have it your own way	*machen Sie, was Sie wollen*
that's the way he wants it	*so will er es haben*
this way in, please	*hier herein, bitte!*
ways and means	*Mittel und Wege*
weak	schwach
wealth [welθ]	Reichtum *m*, Wohlstand *m*
wealthy	reich
weapon ['wepən]	Waffe *f*
wear (wore, worn) [wɛə]	*s* Haltbarkeit *f*; Kleidung *f*; *v* tragen anhaben
to wear away|off|out	*abnutzen*
to wear down	*mürbe machen*
to be worn out	*ganz erschöpft sein*
men's wear	*Herrenkleidung* f
weather ['weðə]	Wetter *n*; Witterung *f*
to weave [wi:v] (wove, woven)	weben
week	Woche *f*
by the week	*wöchentlich*
week-end	*Wochenende* n
to weigh (on) [wei]	wiegen; abwägen; lasten (auf)
to weigh anchor	*den Anker lichten*
weight [weit]	Gewicht *n*; Bedeutung *f*
to carry weight	*ins Gewicht fallen*
to lose weight	*abnehmen, an Gewicht verlieren*
welcome ['welkəm]	*adj* willkommen; *v* willkommen heißen; *s* Willkomm *m*
well	*adv* wohl; gänzlich; *adj* wohl, gesund; *interj* nun! *s* Brunnen *m*
as well as	*sowohl ... als auch*

you might as well	*Sie könnten ebensogut*
you'll soon get well	*Sie werden bald gesund sein*
well then?	*und nun?*
west	*s* Westen *m*; *adj* westlich
wet	*adj* naß; feucht; *v* anfeuchten
to be wet through	*durchnäßt sein*
what	was? wieviel? wie? was für? das, was
what about me?	*und ich?*
what if	*und was geschieht, wenn*
what is more	*außerdem*
what next?	*was sonst noch?*
what nonsense!	*was für ein Unsinn!*
what's the news?	*was gibt es Neues?*
whatever	was auch immer
wheat [wi:t]	Weizen *m*
wheel	Rad *n*
when	*adv* wann; *conj* wenn, als; während
whenever	wann auch immer
where	wo?
whereas [wɛər'æz]	wohingegen
wherever [wɛər'evə]	wo auch immer
whether ['weðə]	ob
which	welche(r, s); der, die, das
while	*conj* während; solange als; *s* Weile *f*, Zeit *f*
a short while ago	*vor kurzem*
for a while	*eine Zeitlang*
once in a while	*gelegentlich*
to be worth while	*der Mühe wert sein*
to while away o.'s time	*seine Zeit vertrödeln*
whip	*s* Peitsche *f*; *v* peitschen
to **whisper**	*v* flüstern; *s* Geflüster *n*
to **whistle** ['wisl]	*v* pfeifen; *s* Pfeife *f*; Pfiff *m*
white	weiß
who [hu:]	welche(r, s); der, die, das; wer?
whoever	wer auch immer
whole [houl]	ganz
on the whole	*im großen und ganzen*
wholly	*gänzlich*
why	warum? weshalb? *interj* nun! ja!
why, yes/no	*aber ja/nein!*
that's why	*deswegen*
wide	weit; breit
he's wide awake	*er ist hellwach*

far and wide	*weit und breit*
a wide difference	*ein großer Unterschied*
widow/widower	Witwe *f*/Witwer *m*
wife (*pl* wives)	(Ehe-)Frau *f*
wild	wild; ausgelassen; stürmisch
will	*s* Wille *m*; *v* will; vermachen
at will	*nach Belieben*
I would rather	*ich möchte lieber*
to win (won, won) [wʌn]	gewinnen; erlangen
they won by three goals	*sie haben 3:1 gewonnen*
to one	
wind [wind]	Wind *m*
to get wind of	*Wind bekommen von*
something is in the wind	*es liegt etwas in der Luft*
to wind [waind] (wound, wound)	sich winden; aufwickeln; *(Horn)* blasen
to wind up affairs/a watch	*Geschäfte abwickeln/eine Uhr aufzie*
window	Fenster *n* [*he*
wine	Wein *m*
wing	Flügel *m*; Tragfläche *f*
to take s.o. under o.'s wing	*jdn unter seine Fittiche nehmen*
winter	Winter *m*
to wipe	(ab)wischen; abtrocknen
to wipe off/out/up	*weg-/aus-/aufwischen*
wire	Draht *m*; Telegramm *n*
by wire	*telegraphisch*
hold the wire	*bleiben Sie am Apparat!*
wireless	*drahtlos*
wisdom	Weisheit *f*, Klugheit *f*
wise	weise; verständig
wish	*s* Wunsch *m*; *v* wünschen
I wish I could stay	*ich wünschte, ich könnte bleiben*
with	mit
he's staying with me	*er wohnt bei mir*
I don't have it with me	*ich habe es nicht bei mir*
it's pouring with rain	*es gießt in Strömen*
within	*adv* drin; im Innern; *prp* innerhalb
it's within walking distance	*man kann zu Fuß hingehen*
without	ohne
witness	*s* Zeuge *m*; *v* bezeugen
to hear a witness	*einen Zeugen vernehmen*
wolf (*pl* wolves)	Wolf *m*
woman (*pl* women)	Frau *f*
[ˈwumən, *pl* ˈwimin]	

wonder (at) [ˈwʌndə] s Wunder *n*; Verwunderung *f*; *v* sich wundern (über); gern wissen wollen

I wonder who he is ich möchte gern wissen, wer er ist
he worked wonders er vollbrachte Wunder
wonderful wunderbar
wood Wald *m*; Holz *n*
wooden hölzern
wool Wolle *f*
woollen wollen, aus Wolle
word [wə:d] s Wort *n*; *v* formulieren
in a word mit einem Wort
in other words mit anderen Worten
to have word from Nachricht haben von
to put into words in Worte kleiden
take him at his word nimm ihn beim Wort
work [wə:k] s Arbeit *f*; Erzeugnis *n*; *pl* Fabrik *f*; *v* arbeiten; funktionieren
to work in|out ein-/ausarbeiten
to go to work an die Arbeit gehen
he's out of work er ist arbeitslos
at work bei der Arbeit
worker Arbeiter m
world [wə:ld] Welt *f*; Erde *f*
for the world um alles in der Welt
he thinks the world of you er hält große Stücke auf dich
worm [wə:m] Wurm *m*
to worry [ˈwʌri] *v* quälen; sich sorgen; *s* Ärger *m*; Sorge *f*
to worry about befürchten; sich kümmern um
don't worry! machen Sie sich keine Sorgen!
worse [wə:s] schlechter; schlimmer
all the|so much the worse um so schlimmer
from bad to worse immer schlechter
to be worse off schlimmer dran sein
worst [wə:st] *adj* schlechteste(r); schlimmste(r); *s* das Schlimmste
at the worst schlimmstenfalls
the worst is yet to come das Schlimmste kommt noch
worth [wə:θ] s Wert *m*; *adj* wert
it's worth the trouble es ist der Mühe wert
was it worth while? hat es sich gelohnt?
it's worth reading es ist lesenswert
worthless wertlos
wound [wu:nd] s Wunde *f*; *v* verwunden

to wrap [ræp]   einpacken, einwickeln
  wrapping paper   *Packpapier* n
wreck [rek]   *s* Wrack *n*; Schiffbruch *m*; Unglück
    n; *v* zugrunde richten

to write (wrote, written)   schreiben
  to write down/off   *auf-/abschreiben*
  to write out   *herausschreiben, ausfertigen*
  in writing   *schriftlich*
writer ['raitə]   Schriftsteller *m*
wrong [rɔŋ]   *s* Unrecht *n*; *adj* falsch
  to be wrong   *unrecht haben*
  to do s.th. wrong   *etw verkehrt machen*
  is anything wrong with you?   *fehlt Ihnen etwas?*
  everything went wrong   *alles ist schiefgegangen*

Y

yard   Hof *m*
year   Jahr *n*
yellow   gelb
yes   *adv* ja; *s* Ja *n*
yesterday ['jestədi]   gestern
yet   *adv* schon; sogar; *conj* jedoch
  as yet   *bis jetzt*
  not yet   *noch nicht*
to yield [ji:ld]   *v* nachgeben; einbringen, abwerfen;
    s Ertrag *m*

you   du; ihr; Sie; man; euch
  you never know   *man weiß nie*
young [jʌŋ]   jung
  in my younger days   *in meiner Jugend*
  the young   *die Jungen*
your [jɔə, juə]   dein; euer; Ihr
  this is yours   *das gehört dir*
youth [ju:θ]   Jugend *f*

Z

zero ['ziərou]   Null *f*
  above/below zero   *über/unter Null*
zone   Zone *f*

Der Aufbauwortschatz

I. Quantität

1. Zahlen (cf. 68)

Grundwortschatz: account, amount, average, difference, division, figure, growth, heap, number, rest, result, sum, variety, zero — to add, to advance, to count, to divide, to finish, to grow, to raise, to total — absolute, all, another, any, different, entire, every, few, final, first, general, half, immense, many, one, quite, second, several, single, some, total — about, almost, below, frequent, further, once, over, very.

the four rules	die vier Rechnungsarten
addition	Addition *f*, Zusammenzählen *n*
subtraction	Subtraktion *f*, Abziehen *n*
multiplication	Multiplikation *f*, Malnehmen *n*
remainder	Rest *m*
fraction	Bruch *m*
even/odd number	gerade/ungerade Zahl *f*
cardinal/ordinal number	Grund-/Ordnungszahl *f*
surplus ['sə:pləs]	Überschuß *m*
the multiplication-table	das Einmaleins
problem in arithmetic	Rechenaufgabe *f*
dozen ['dʌzn]/**a score**	Dutzend *n*/20 Stück
pile	Stapel *m*, Stoß *m*
bulk	der größte Teil
to subtract [-ʹ-]	abziehen
to multiply	multiplizieren
to calculate, to compute	(be)rechnen
to lessen, to eliminate	verkleinern/eliminieren, ausscheiden
to total up	zusammenrechnen, -zählen
numerous/countless	zahlreich
innumerable	unzählig
(in)definite [(in)ʹdefinit]	(un)bestimmt

Sätze und Redewendungen: *two and two are four* $2 + 2 = 4$; *four from six leaves two* $6 - 4 = 2$; *five times two are ten* $5 \times 2 = 10$; *three goes four times into twelve* $12 : 3 = 4$; *three-quarters* $3/4$; *two point three* $2,3$; *he is good at figures* er kann gut rechnen — *the figure is right* die Zahl stimmt — *(that's) right/correct!* stimmt! — *he must have figured wrong/made a mistake* er muß sich verrechnet

haben — *you're ten shillings out/off* Sie haben sich um 10s verrechnet — *hundreds/thousands of people lost their lives* Hunderte/
Tausende kamen ums Leben — *half a dozen eggs* ein halbes Dutzend
Eier — *cut it in two / halve it* halbieren Sie es — *he's been listening
only with half an ear* er hat nur mit halbem Ohr zugehört.
a couple of girls zwei Mädchen — *a married couple* ein Ehepaar —
she bought a pair of gloves sie kaufte ein Paar Handschuhe — *a pair
of scissors* eine Schere — *in pairs* paarweise — *several times* ein
paar Mal — *six of one and half a dozen of the other* Jacke wie Hose.

2. Maße und Gewichte

Grundwortschatz: date, depth, detail, distance, end, equality,
fortune, hour, length, load, measure, mile, minute, month, pair,
pause, quarter, surface, year — to estimate, to thin, to weigh —
deep, distant, equal, even, farther, great, heavy, high, irregular, less,
light, long, more, most, much, narrow, near.

measure of length	Längenmaß *n*
square/cubic/liquid measure	Flächen-/Raum-/Hohlmaß *n*
an inch (in.)	1 Zoll *(2,54 cm)*
a foot (ft) = *12 inches*	1 Fuß *(30,48 cm)*
a yard (yd) = *3 feet*	1 Yard *(91,44 cm)*
a square inch (in²)	1 Quadratzoll *(6,45 cm²)*
an acre ['eikə]	1 Morgen *(40,47 a)*
a square mile = *640 acres*	1 Quadratmeile *(259 ha)*
a cubic foot	1 Kubikfuß *(0,0238 cbm)*
a register ton = *100 cubic feet*	1 Registertonne *(2,83 cbm)*
a pint (pt) [paint]	1 Pinte *(0,57 l, Am 0,473 l)*
a quart (qt) = *2 pints*	1 Quart *(1,136 l)*
a gallon = *4 quarts*	1 Gallone *(4,543 l; Am 3,791 l)*
a bushel ['buʃl] ['pɔiz]	1 Scheffel *(36,36 l)*
avoirdupois (av) [ævədə-	*englisches Handelsgewicht*
an ounce (oz)	1 Unze *(28,35 g)*
a pound (lb) = *16 ounces*	1 Pfund *(453,593 g)*
a stone = *14 pounds [Horseman's weight]* = *8 pounds [Butcher's meat]*	1 Stein *(6,35 kg bzw. 3,628 kg)*
a hundredweight (cwt) = *112 pounds,* Am *100 pounds*	1 Zentner *(50,80 kg bzw. 45,36 kg)*
a ton = *2240 pounds,* Am *2000 pounds* [tʌn]	1 Tonne *(Br 1016 kg; Am 907,2 kg)*

breadth [bredθ]	Breite *f*
burden ['bə:dn]	Last *f*
contents ['--] *pl*	Inhalt *m*
capacity	Fassungsvermögen *n*
to enlarge	vergrößern
to widen	erweitern
to deepen	vertiefen
to shorten	ab-, verkürzen

Sätze und Redewendungen: *the river is a hundred feet wide* der Fluß ist 100 Fuß breit — *the building is five stories high* das Gebäude ist 5 Stock hoch — *at the rate of forty miles* mit der Geschwindigkeit von 40 Meilen.

3. Mengenangaben

Grundwortschatz: barrel, basin, basket, bottle, bowl, box, capital, debt, division, gift, interests, lot, mass, means, part, plenty, price, profit, quantity, savings, space, value, worth — to class, to deal, to distribute, to gain, to gather, to give, to increase, to leave, to lend, to lose, to receive, to reduce, to rise, to ruin — entirely.

proportion/mixture	Verhältnis *n*/Mischung *f*
trifle	Kleinigkeit *f*
gap	Lücke *f*
to deprive s.o. of s.th.	jdm etw entziehen
to lower ['louə]	senken
to diminish	vermindern
to consume	aufbrauchen
to contribute (to)	beisteuern, beitragen (zu)
[kən'tribju:t]	
to heap up	aufhäufen
sufficient [sə'fiʃənt]	ausreichend
grave	*(Fehler)* schwerwiegend
extremely/completely	äußerst/vollkommen

Sätze und Redewendungen: *to be out of proportion to* in keinem Verhältnis stehen zu — *the ratio is one to three* das Verhältnis ist 1 : 3 — *that's nothing!* das ist eine Kleinigkeit! — *won't you have a bite with us?* wollen Sie nicht eine Kleinigkeit mit uns essen? — *that's going a bit too far* das ist ein bißchen stark — *wait a while* warten Sie ein bißchen — *at the most* höchstens.

II. Zeit

4. Zeitpunkt, Zeitraum

Grundwortschatz: age, birth, century, date, death, evening, future, holiday, moment, morning, past, presence, silence, time, year, youth — to begin, to fade, to hurry, to last, to pass — ago, ancient, due, early, former, future, immediate, late, original, present, regular, up-to-date, young — after, afterwards, all of a sudden, already, at first, again, finally, gradually, immediately, now, sometimes, soon, then, till, when.

period	Zeitabschnitt *m*
duration	Dauer *f*
eternity [i'tə:niti]	Ewigkeit *f*
present ['preznt]	Gegenwart *f*
instant ['--]	Augenblick *m*
posterity	Nachwelt *f*
childhood / old age	Kindheit *f* / Alter *n*
to elapse	vergehen
to linger	sich hinziehen
to cease	aufhören
to resume	wiederaufnehmen *(Arbeit)*
durable/eternal	dauerhaft/ewig
primitive	primitiv
constant	ständig
instantaneous [instən'teinjəs]	augenblicklich
simultaneously [siməl'teinjəsli]	gleichzeitig
instantly	sofort, sogleich
previously	vorher

Sätze und Redewendungen: *in a flash* im Nu — *what do you do in your spare time?* was tun Sie in Ihrer freien Zeit? — *take your time* lassen Sie sich Zeit — *there's no hurry* es eilt nicht — *see you again! so long!* auf Wiedersehen! — *it can wait till tomorrow* es hat bis morgen Zeit.

5. Kalender

Grundwortschatz: April, August, autumn, century, Christmas, day, December, Easter, February, Friday, holiday, January, June, July, March, May, Monday, month, moon, November, October, Saturday,

September, spring, summer, sun, Sunday, Tuesday, Thursday, Wednesday, week, winter, year — always, today, tomorrow, tonight, yesterday.

calendar ['kælində]	Kalender *m*
working-day	Werktag *m*
week-day	Wochentag *m*
leap-year	Schaltjahr *n*
decade ['dekəd, 'dekeid]	Jahrzehnt *n*
birthday	Geburtstag *m*
Whitsuntide ['witsntaid]	Pfingsten
dusk	Abenddämmerung *f*
dawn	Morgendämmerung *f*
twilight ['twailait]	Zwielicht *n*
a fortnight	vierzehn Tage

Sätze und Redewendungen: *the day before yesterday* vorgestern — *the day after tomorrow* übermorgen — *this day fortnight* heute vor/in 14 Tagen — *one of these days* dieser Tage — *today week / in a week* vor/in einer Woche — *Happy New Year!* glückliches neues Jahr! — *Merry Christmas!* Fröhliche Weihnachten! — *it's the 2nd of August* wir haben den 2. August — *what's today's date?* den wievielten haben wir heute? — *I'm leaving the middle of next week* ich gehe Mitte nächster Woche weg — *he's gone for a few days* er ist ein paar Tage verreist — *day in, day out* tagaus, tagein — *the rain lasted for days* der Regen hielt tagelang an.

6. Uhrzeit, Uhr

Grundwortschatz: afternoon, clock, day, evening, hour, minute, moment, morning, night, quarter, watch — to advance, to ring, to stop — exact, fast, late, quick, slow — in the afternoon, always, this evening, again.

alarm-clock	Wecker *m*
wrist-watch [rist]	Armbanduhr *f*
dial ['daiəl]	Zifferblatt *n*
long/short hand	große(r)/kleine(r) Zeiger *m*
sun-dial	Sonnenuhr *f*
forenoon	Vormittag *m*
quarter of an hour	Viertelstunde *f*
half an hour	halbe Stunde *f*
to put back	nachstellen
a.m. / p.m.	vormittags / nachmittags

Sätze und Redewendungen: *I set my watch an hour ahead* ich stelle meine Uhr eine Stunde vor — *I set my watch by the station clock* ich habe meine Uhr nach der Bahnhofsuhr gestellt — *what's the time?* wieviel Uhr ist es? — *by my watch it's five o'clock* nach meiner Uhr ist es 5 Uhr — *a quarter past eight o'clock* ein Viertel 9 Uhr — *a quarter to ten* ein Viertel vor 10 Uhr — *ten minutes to eleven* zehn Minuten vor 11 Uhr — *it's striking eleven* es schlägt 11 Uhr — *set the alarm for six o'clock* stelle den Wecker auf 6 Uhr — *at nightfall* bei Anbruch der Nacht — *in broad daylight* am hellichten Tag — *he arrived in time* er kam rechtzeitig an — *in the course of the morning* im Laufe des Vormittags — *we eat at noon* wir essen um 12 Uhr — *I have to start bright and early* ich muß in aller Frühe aufbrechen — *it's very cold at night* es ist nachts sehr kalt — *this morning* heute vormittag — *she works from morning till night* sie arbeitet von früh bis spät — *I waited a whole hour for you* ich habe eine geschlagene Stunde auf Sie gewartet — *it's a good three hours to the next village* es ist gut drei Stunden bis zum nächsten Dorf — *at what time are you leaving?* um wieviel Uhr gehen Sie weg? — *please be on time* bitte, seien Sie pünktlich.

III. Weltall

7. Himmel und Weltall

Grundwortschatz: air, cloud, distance, earth, east, echo, form, heaven, height, limit, line, material, middle, north, shadow, shape, sky, south, space, star, sun, surface, temperature, turn, west, world — to appear, to light up, to slow up, to turn — bright, clear, high, long, natural.

darkness	Dunkelheit *f*
new/full moon	Neu-/Vollmond *m*
waxing/waning moon ['wæksiŋ]	zunehmende(r)/abnehmende(r) Mond *m*
crescent ['kresnt]	Mondsichel *f*
sunbeam	Sonnenstrahl *m*
eclipse of the sun	Sonnenfinsternis *f*
sunshine	Sonnenschein *m*
fixed star / planet	Fixstern *m* / Planet *m*
shooting star	Sternschnuppe *f*
the milky way	Milchstraße *f*
celestial body [si'lestiəl]	Himmelskörper *m*
pole-star	Polarstern *m*
Charles's wain / the Great [**Bear**	der Große Bär

to beam / to dazzle	strahlen / blenden
to revolve (round)	sich drehen (um)
to illuminate [i'lju:mineit]	erleuchten
to gleam	schimmern
blazing	strahlend *(Sonne)*
(in)visible	(un)sichtbar
sunburnt	sonnverbrannt

Sätze und Redewendungen: *under the open sky, in the open air* unter freiem Himmel — *at sunrise* bei Sonnenaufgang — *at sunset* bei Sonnenuntergang — *it's moonlight* der Mond scheint — *the moon is getting fuller/is waning* der Mond nimmt zu/ab — *from north to south* von Nord nach Süd — *the stars twinkle* die Sterne funkeln — *we slept out of doors* wir schliefen im Freien.

8. Wetter

Grundwortschatz: air, blast, cold, degree, drop, fog, heat, ice, rain, shower, snow, temperature, thunder, weather, wind — to blow, to change, to fall, to melt, to rain, to warm, to whistle — bad, clear, cold, dark, dry, fine, fresh, hot, rainy, violent, warm, wet.

thermometer [θə'mɔmitə]	Thermometer *n*
barometer [bə'rɔmitə]	Barometer *n*
atmospheric pressure [ætmə'sferik]	Luftdruck *m*
climate ['klaimit]	Klima *n*
the tropics *pl*	die Tropen
whirlwind	Wirbelwind *m*
snow-storm/-flake	Schneesturm *m*/-flocke *f*
hurricane ['hʌrikein]	Orkan *m*
weather-forecast/-chart	Wettervorhersage *f*/-karte *f*
moisture ['mɔistʃə]	Feuchtigkeit *f*
dew [dju:]	Tau *m*
thunderstorm/-clap	Gewitter *n*/Donnerschlag *m*
hail	Hagel *m*
frost/hoar-frost	Frost *m*/Rauhreif *m*
heat wave/cold spell	Hitze- *f*/Kältewelle *f*
mist	leichte(r) Nebel *m*
raindrop/rainbow	Regentropfen *m*/-bogen *m*
cloudburst	Wolkenbruch *m*
thaw	Tauwetter *n*
drought [draut]	Dürre *f*, Trockenheit *f*

to splash/to trickle	(be)spritzen/tröpfeln
to rage	wüten
to howl	heulen
to shiver	frösteln
to soak	durchnässen
stormy	stürmisch
changeable/unsettled	veränderlich/unbeständig
foggy	nebelig
chilly	frostig
sultry	schwül
moist, damp	feucht
overcast	bedeckt
hazy	dunstig

Sätze und Redewendungen: *the sun is shining* die Sonne scheint — *it's raining cats and dogs* es regnet in Strömen — *it's foul weather today* heute ist schlechtes Wetter — *it looks like rain* es sieht nach Regen aus — *a breeze has sprung up* ein leichter Wind ist aufgekommen — *it's blowing a gale* es stürmt — *the sky is clearing up* der Himmel hellt sich auf — *in fine weather* bei schönem Wetter — *lightning struck the tree* der Blitz hat in den Baum eingeschlagen — *it's thundering and lightening* es donnert und blitzt — *it freezes* es friert — *it's thawing* es taut — *I can't bear this heat* ich kann die Hitze nicht ertragen — *it's thirty degrees in the shade* es hat 30 Grad im Schatten — *the thermometer is (at) ten degrees below zero* das Thermometer steht auf 10 Grad unter Null — *the weather keeps up* das Wetter hält sich — *I got soaked to the skin* ich wurde bis auf die Haut naß.

9. Erd- und Länderkunde

Grundwortschatz: bank, bay, capital, coal, colony, commerce, cotton, country, course, crossing, discovery, district, earth, gold, grass, ground, growth, hill, hole, iron, island, land, length, life, map, mark, market, merchant, metal, mine, mountain, mouth, mud, nation, native, neighbour, ocean, origin, outline, passage, path, people, plain, plant, pool, rail, range, sand, settlement, slope, soil, spring, square, state, station, stone, stream, street, trade, traffic, valley, voyage, water, way — to cover, to extend, to flood, to flow, to form, to grow, to separate, to shake, to stretch, to surround — broad, clear, commercial, deep, high, local, low, native, plain, pure, rare — across, anywhere, apart, around, aside, away, backwards, behind, below, beneath, near, next, nowhere, over.

continent, mainland	Kontinent *m*
hemisphere ['hemisfiə]	Halbkugel *f*
north/south pole	Nord-/Südpol *m*
equator [i'kweitə]	Äquator *m*
horizon [hə'raizn]	Horizont *m*
summit [ʌ]	Gipfel *m*
ridge	Bergrücken *m*
pass / gorge [gɔːdʒ]	Paß *m* / Schlucht *f*
landslip	Erdrutsch *m*
glacier ['glæsjə]	Gletscher *m*
lake / canal [kə'næl]	(Binnen-)See *m* / Kanal *m*
cave	Höhle *f*
pasture ['paːstʃə]	Weide(land *n*) *f*
heath [hiːθ]	Heide *f*
highlands *pl*	Hochland *n*
plateau ['plætou]	Hochebene *f*
boulder ['bouldə]	Steinblock *m*
volcano [vɔl'keinou]	Vulkan *m*
eruption [i'rʌpʃən]	Ausbruch *m*
marsh, bog, swamp [swɔmp]	Sumpf *m*
whirlpool, eddy	Strudel *m*
stagnant water ['stægnənt]	stehende(s) Wasser *n*
earthquake	Erdbeben *n*
waterfall	Wasserfall *m*
clearing	Lichtung *f*
oasis [ou'eisis]	Oase *f*
dike/dam	Deich *m*/Damm *m*
straits *pl*	Meerenge *f*
beach	Strand *m*
gulf	Meerbusen *m*
the tides *pl*	die Gezeiten *pl*
low/high tide	Ebbe *f* / Flut *f*
breakers *pl*	Brandung *f*
isthmus ['is(t)məs]	Landenge *f*
sluice, lock [sluːs]	Schleuse *f*
inundation	Überschwemmung *f*
cliff / sand-bank	Klippe *f* / Sandbank *f*
promontory ['prɔməntəri]	Vorgebirge *n*
brook	Bach *m*
affluent, tributary ['æfluənt, 'tribjutəri]	Nebenfluß *m*
watershed, *Am* divide	Wasserscheide *f*
ford	Furt *f*

to submerge/to overflow	überfluten/überfließen
to be outlined against	sich abheben gegen
to burst forth	hervorsprudeln
steep	steil
shallow	seicht
extinct	erloschen *(Vulkan)*
earthly	irdisch
earthen	irden
marshy, boggy, swampy	sumpfig
muddy	trübe *(Wasser)*

Sätze und Redewendungen: *a thousand feet above sea-level* tausend Fuß über dem Meeresspiegel — *the Ohio flows into the Mississippi* der Ohio mündet in den Mississippi — *the Thames has its source in Southern England* die Themse entspringt in Südengland — *the lake was overflowing* der See trat über seine Ufer.

Ländernamen

Europe	**European**	Europa
Germany	**German**	Deutschland
the United Kingdom of Great Britain and Northern Ireland	**British**	das Vereinigte Königreich von Großbritannien und Nordirland
England	**English**	England
Ireland	**Irish**	Irland
Scotland	**Scottish, Scotch**	Schottland
Wales	**Welsh**	Wales
Austria ['ɔstriə]	**Austrian**	Österreich
Belgium ['beldʒəm]	**Belgian**	Belgien
Spain	**Spanish**	Spanien
France	**French**	Frankreich
Italy	**Italian**	Italien
the U.S.S.R., the Soviet Union	**Soviet(-Russian)**	Sowjetrußland
Switzerland	**Swiss**	Schweiz
the Netherlands *pl*	**Dutch**	die Niederlande
Sweden	**Swedish**	Schweden
Denmark	**Danish**	Dänemark
Norway	**Norwegian**	Norwegen
Greece	**Greek**	Griechenland
Africa	**African**	Afrika
Asia ['eiʃə]	**Asian**	Asien

China ['tʃainə]	**Chinese** [tʃai'ni:z]	China
Japan [dʒə'pæn]	**Japanese**	Japan
	[dʒæpə'ni:z]	
America	**American**	Amerika
The United States	**American**	die Vereinigten
pl mit sing		Staaten
Australia	**Australian**	Australien

Städtenamen

London ['lʌndən]	
Dublin	
Edinburgh ['edinbərə]	
Vienna	Wien
Brussels ['brʌslz]	Brüssel
Rome	Rom
Leghorn	Livorno
Moscow	Moskau
the Hague [heig]	Den Haag
Tokyo ['toukjou]	Tokio
Washington	
Canberra	

Merke: *he speaks (an) excellent German / French / Italian / English* er spricht ausgezeichnet deutsch / französisch / italienisch / englisch — *he's (a) German* er ist Deutscher — *he's of German stock* er ist deutscher Herkunft — *say it in English* sagen Sie es auf Englisch — *translate that into English* übersetzen Sie das ins Englische — *translated from the English* aus dem Englischen übersetzt.

Geographische Bezeichnungen

the Strait of Dover	Straße von Dover
the English Channel	Ärmelkanal
the Irish Sea	Irische See
the Pennine Chain ['penain]	
the Shetland Islands *pl*	Shetland-Inseln
the Orkney Islands *pl*	Orkney-Inseln
the Isle of Wight	Insel Wight
the North Sea	Nordsee *f*
the Atlantic Ocean	Atlantik *m*
the Mediterranean	Mittelmeer *n*
[meditə'reinjən]	
the Alps *pl*	Alpen *pl*
the Pyrenees [pirə'ni:z] *pl*	Pyrenäen *pl*

the **Rocky Mountains** *pl*
the **Appalachians** *pl*   Appalachen *pl*
  [æpə'leitʃiənz]
the **Great Lakes** *pl*   die Großen Seen

10. Raum, Lage im Raum

Grundwortschatz: base, bottom, centre, corner, course, crossing, difference, direction, distance, end, entrance, extension, extent, front, haste, height, hurry, length, middle, place, quarter, range, spot, step, surface, zone — to cover, to creep, to develop, to distinguish, to divide, to drive, to drop, to enter, to escape, to extend, to fall, to fasten, to find, to flow, to fly, to fold, to follow, to gather, to handle, to head, to hold, to hurry, to include, to jump, to keep, to lean, to leave, to lie, to lift, to lower, to pass, to place, to ride, to rock, to roll, to run, to shake, to sink, to sit, to slide, to slip, to spread, to stand, to turn, to twist — aboard, abroad, absent, calm, different, distant, distinct, empty, flat, high, irregular, large, left, level, local, long, quick, right, round, wide — across, after, against, ahead, around, aside, backward(s), before, below, beneath, beside, between, beyond, close, contrary, down, farther, here, inside, off, under, up, upper, upstairs, upwards, where.

expanse	Fläche *f*
dimension	Ausdehnung *f*
vacuum ['vækjuəm]	luftleere(r) Raum *m*
extremity	äußerste(s) Ende *n*
frontier ['frʌntjə]	(Landes-)Grenze *f*
boundary	Grenzlinie *f*
neighbourhood	Nachbarschaft *f*
remoteness	Abgelegenheit *f*
upper part	obere(r) Teil *m*
to expand	ausdehnen
to hover ['hɔvə]	schweben
to soar up	hinaufsteigen
to descend	absteigen
extensive	ausgedehnt
widespread	weit verbreitet
voluminous, bulky [və'lju:minəs]	umfangreich
centrally located	zentral gelegen
spacious ['speiʃəs]	geräumig
comprehensive	umfassend
far-reaching	weitreichend

Sätze und Redewendungen: *between you and me* unter uns gesagt — *he lives one floor below us* er wohnt einen Stock unter uns — *he looked him over from head to foot* er sah ihn von oben bis unten an — *it's cold outside* draußen ist es kalt — *a few steps from here* ganz in der Nähe — *at the foot of a mountain* am Fuße eines Berges — *I can't lay my hands on it right now* ich habe es gerade nicht bei der Hand — *to be at the bottom of s.th.* einer Sache zugrunde liegen — *to lay the foundations of s.th.* die Grundlage für etw legen — *here and there*, (zeitlich) *now and then* hier und da.

IV. Mensch

11. Körper

Grundwortschatz: arm, back, bag, basin, beard, belt, blood, body, bone, bowl, brain, breath, calf, chest, composition, condition, elbow, eye, face, fat, feeling, finger, fist, flesh, foot, forehead, hair, hand, heart, heel, joint, look, man, memory, mind, mouth, muscle, nose, root, shoulder, sight, spirit, stomach, strength, sweat, tongue, tooth, trunk — to beat, to bend, to bite, to breathe, to cry, to feed, to feel, to handle, to seize, to sigh, to stretch, to sweat — bare, female, lean, male, pale — inside, outside.

upper arm / forearm	Ober-/Unterarm *m*
thigh [θai] **/ shank**	Ober-/Unterschenkel *m*
palm [pɑːm]	Handfläche *f*
finger-tip	Fingerspitze *f*
thumb	Daumen *m*
knuckle	Knöchel *m*
shin(-bone)	Schienbein *n*
ankle	Fußknöchel *m*
sole	Sohle *f*
hip	Hüfte *f*
skeleton ['skelitn]	Skelett *n*
skull	Schädel *m*
temple	Schläfe *f*
palate ['pælit]	Gaumen *m*
tip of the nose/tongue	Nasen-/Zungenspitze *f*
upper/lower jaw	Ober-/Unterkiefer *m*
gum	Zahnfleisch *n*
upper/lower lip	Ober-/Unterlippe *f*
vocal chords [kɔːdz]	Stimmbänder *n pl*
gullet, oesophagus [iˈsɔfəgəs]	Speiseröhre *f*

eyeball	Augapfel *m*
the pupil of the eye	Pupille *f*
eyebrow/lash/lid	Augenbraue *f* / Wimper *f* / Lid *n*
curl / parting	Locke *f* / Scheitel *m*
waist	Taille *f*
backbone, spine	Rückgrat *n*, Wirbelsäule *f*
windpipe	Luftröhre *f*
belly	Bauch *m*
abdomen ['æbdəmen]	Unterleib *m*
navel ['neivəl]	Nabel *m*
kidney	Niere *f*
gall-bladder [gɔːl]	Gallenblase *f*
appendix	Blinddarm *m*
bowels, intestines *pl*	Gedärm *n*, Eingeweide *n*
[in'testinz]	
circulation of the blood	Blutkreislauf *m*
nervous system	Nervensystem *n*
pulse [pʌls]	Puls *m*
marrow	Mark *n*
tonsils *pl*	Mandeln *f pl*
spleen	Milz *f*
sinew ['sinjuː]	Sehne *f*
to pant, to gasp [gɑːsp]	keuchen
to weep / to sob	weinen / schluchzen
to wink, to blink	mit den Augen blinzeln
to yawn [jɔːn]	gähnen
to sneeze	niesen
to chew [tʃuː]	kauen
to perspire	schwitzen
masculine ['mɑːskjulin]	männlich
feminine	weiblich
corpulent, stout	beleibt
plump	vollschlank
meagre	mager
slender, slim	schlank
lanky	schmächtig
robust, husky [ro'bʌst]	kräftig
long-/short-sighted	weit-/kurzsichtig
beardless	bartlos

Sätze und Redewendungen: *to keep o.'s countenance* eine ernste Miene/die Fassung bewahren — *to raise/to bow o.'s head* den Kopf heben/senken — *on tiptoe* auf den Zehenspitzen — *his hair is getting grey* sein Haar wird grau — *to shed tears* Tränen vergießen — *she looked me in the face* sie sah mir ins Gesicht — *to shake hands* die Hände schütteln — *the heart beats* das Herz schlägt — *do you feel hungry?* haben Sie Hunger ? — *the sweat was running down my forehead* der Schweiß rann mir von der Stirne — *she nodded her head* sie nickte mit dem Kopf — *she shook her head* sie schüttelte den Kopf — *chin up!* Kopf hoch! — *why are you so down in the mouth?* warum lassen Sie den Kopf so hängen ? — *my foot is all sore* mein Fuß ist ganz wund — *he sprained his ankle* er hat den Fuß verstaucht — *by the sweat of o.'s brow* im Schweiße seines Angesichtes.

12. Aussehen und Bewegungen

Grundwortschatz: activity, address, air, appearance, balance, beauty, behaviour, charm, colour, dance, expression, movement, skill, smile — to act, to cry, to dance, to express, to frown, to lean, to lie, to move, to please, to smile — active, beautiful, busy, charming, coarse, handsome, happy, irregular, lazy, light, merry, nice, regular, rough, ugly.

complexion [kəm'plekʃən]	Gesichtsfarbe *f*
countenance	Gesichtsausdruck *m*
physique [fi'zi:k], **physical constitution**	körperliche Beschaffenheit *f*
weakness	Schwäche *f*
gait	Gangart *f*
errand	Gang *m*, Besorgung *f*
collision, clash	Zusammenstoß *m*
to conduct o.s.	sich verhalten
to weaken	schwächen
to dangle	baumeln
to grow pale	erblassen
graceful/awkward	anmutig / ungeschickt
attractive	anziehend
striking	auffallend
wobbly	wackelig

Sätze und Redewendungen: *she made a sour face* sie machte ein saures Gesicht — *she's all smiles* sie lacht über das ganze Gesicht — *to make faces* Gesichter schneiden — *to keep quiet* sich ruhig verhalten — *it struck me right away* es fiel mir sofort auf — *in appearance* scheinbar — *to all appearances* allem Anschein nach — *come here, quick!* kommen Sie schnell her! — *do not lean out of the window* nicht aus dem Fenster lehnen — *my hair stood on end* mir standen

die Haare zu Berge — *to turn o.'s back upon s.o.* jdm den Rücken
zukehren — *he shrugged his shoulders* er zuckte die Achseln — *to
make a sign to s.o.* jdm zuwinken.

13. Sinne

Grundwortschatz: ability, anxiety, application, attention, colour,
crash, cruelty, curiosity, eye, face, feeling, hate, heat, sight, smell,
taste — to astonish, to crash, to fade, to fear, to flash, to hate, to
hear, to heat, to hurt, to regard, to smell, to taste — able, afraid,
anxious, aware, beautiful, clear, coarse, cold, cool, cruel, curious,
dark, delicate, dry, dull, faint, fair, fearful, fine, fond, fresh, gentle,
glad, handsome, happy, hard, heavy, hot, lovely, merry, nervous, nice,
painful, pretty, rough, sharp, smooth, sweet, ugly, warm, weak, wet.

Farben cf. 70.

glance [glɑːns]	flüchtige(r) Blick *m*
touch	Tastsinn *m*
hearing / sound wave	Gehör *n* / Schallwelle *f*
brightness	Helligkeit *f*
perfume, scent [ˈpəːfjuːm]	Duft *m*
to behold (beheld, beheld)	betrachten
to gaze, to stare at	anstarren
to perceive/to sense	bemerken/(sinnlich) wahrnehmen
piercing	durchbohrend *(Blick)*
furtive [ˈfəːtiv]	verstohlen
deafening [e]	betäubend
noisy	lärmend
delicious [diˈliʃəs]	köstlich
disagreeable	unangenehm
monotonous [məˈnɔtnəs]	einförmig
slippery	schlüpfrig

Sätze und Redewendungen: *to catch a glimpse of s.th.* etw flüch-
tig sehen — *my sight is very poor* meine Augen sind sehr schlecht —
the doctor felt my pulse der Arzt fühlte mir den Puls — *she feels sick*
ihr ist übel — *I felt a sharp pain in my head* ich spürte einen heftigen
Schmerz im Kopf — *she has no feeling for music* sie hat keinen Sinn
für Musik — *it tastes good* es schmeckt gut — *it smells of fish* es
riecht nach Fisch — *don't stick your nose into other people's business*
steck deine Nase nicht in fremde Angelegenheiten — *he talks
through his nose* er spricht durch die Nase — *his hearing is very good*
er hat ein gutes Gehör — *I'm deaf of/in one ear* ich bin auf einem Ohr

taub — *he doesn't listen to me* er hört nicht auf mich — *she looked surprised* sie machte große Augen — *he told it to me in confidence* er sagte es mir unter vier Augen — *to speak under o.'s breath* flüstern.

14. Leben und Tod

Grundwortschatz: accident, ashes, being, creature, death, dream, dust, grave, life, loss, murder, ruin, sacrifice, tear, want — to bury, to die, to dream, to drop, to finish, to poison, to remove, to save, to strike, to suffer, to twist — asleep, awake, aware, dead, living.

burial, funeral ['beriəl, 'fjunərəl]	Begräbnis *n*, Beerdigung *f*
funeral procession	Leichenbegängnis *n*
funeral march	Trauermarsch *m*
mortality	Sterblichkeit *f*
tomb-stone, grave-stone	Grabstein *m*
tomb [tu:m]	Grabmal *n*
coffin	Sarg *m*
epitaph ['epitɑ:f]	Grabschrift *f*
wreath [ri:θ]	Kranz *m*
grave-yard, cemetery ['semitri]	Friedhof *m*
corpse [kɔ:ps] / **mummy**	Leiche *f* / Mumie *f*
deceased	der/die Verstorbene
suicide ['sjuisaid]	Selbstmord
cremation	Einäscherung *f*
urn [ə:n]	Urne *f*
to drown, to be drowned	ertrinken
to shed blood	Blut vergießen
to embalm [im'bɑ:m]	einbalsamieren
to grow old	alt werden
to mourn (for) [ɔ:]	trauern (um)
to commit suicide	Selbstmord begehen
gloomy, dismal ['dizməl]	düster
dim/mortal	trübe / sterblich

Sätze und Redewendungen: *he was born blind* er ist von Geburt blind — *the baby weighed seven pounds at birth* der Säugling wog 7 Pfund bei der Geburt — *to attend a funeral* einem Begräbnis beiwohnen — *to place a wreath on the tomb of the Unknown Soldier* einen Kranz auf das Grab des Unbekannten Soldaten legen — *to drive a nail into s.o.'s coffin* jdn ins Grab bringen — *in the prime of life* in der Blüte der Jahre.

15. Gesundheit, Krankheit, Heilung

Grundwortschatz: attack, bath, blow, care, change, cold, cough, disease, doctor, faint, fever, fold, growth, harm, health, hunger, medicine, nurse, operation, pain, patience, poison, remedy, rest, sympathy, wound — to apply, to arrange, to bear, to break, to burst, to catch, to dress, to enjoy, to fade, to faint, to grow, to hurt, to nurse, to rest, to swallow — blind, careful, careless, delicate, mad, merry, faint, full, healthy, hungry, lame, natural, painful, pale, senseless, sore, tired, unhealthy.

illness, sickness	Krankheit *f*
infection, contagion [kən'teidʒən]	Ansteckung *f*
delicacy ['delikəsi]	Schwächlichkeit *f*
injury ['indʒəri]	Verletzung *f*
loss of blood	Blutverlust *m*
blood transfusion	Blutübertragung *f*
breakdown, collapse	Zusammenbruch *m*
fit of apoplexy ['æpəpleksi]	Schlaganfall *m*
exhaustion [ig'zɔ:stʃən]	Erschöpfung *f*
indisposition	Unwohlsein
relapse	Rückfall *m*
recovery [ri'kʌvəri]	Besserung *f*
sleeplessness	Schlaflosigkeit *f*
cold in the head	Schnupfen *m*
whooping-cough [hu:piŋ]	Keuchhusten *m*
hoarseness	Heiserkeit *f*
influenza, *fam* **flu**	Grippe *f*
swelling	Geschwulst *f*
ulcer ['ʌlsə]	Geschwür *n*
fracture ['fræktʃə]	Knochenbruch *m*
toothache / headache	Zahn-/Kopfweh *n*
cancer	Krebs *m*
polio(myelitis) [pɔliomaiə'laitis]	Kinderlähmung *f*
pneumonia [nju'mounjə]	Lungenentzündung *f*
measles	Masern *pl*
scarlet fever	Scharlach *m*
sunstroke	Sonnenstich *m*
tuberculosis [tjubə:kju'lousis]	Tuberkulose *f*
dressing / plaster [ɑ:]	Verband *m* / Pflaster *n*
cotton wool	Watte *f*

injection	Spritze *f*
prescription	Rezept *n*
remedy ['remidi]	Heilmittel *n*
ointment	Salbe *f*
tablet	Tablette *f*
pill	Pille *f*
dispensary	Apotheke *f*
night-duty	Nachtdienst *m*
patient ['peiʃənt], **sick person**	Patient *m*
to ache [eik]	schmerzen
to consult	zu Rate ziehen *(Arzt)*
to swell up	anschwellen
to bleed (bled, bled)	bluten
to heal	heilen
to disinfect	desinfizieren
to vaccinate ['væksineit]	impfen
to squint	schielen
to limp	hinken
to stutter	stottern
to snore	schnarchen
to recover from	sich erholen von
vigorous ['vigərəs]	kräftig
sturdy	kräftig gebaut
robust [ro'bʌst]	widerstandsfähig
sickly	kränklich
feeble-minded	schwachsinnig
insane	geistesgestört
hereditary [hi'reditəri]	erblich
dumb [dʌm], **mute**	stumm
deaf [def]	taub
innate	angeboren
exhausted [ig'zɔ:stid]	erschöpft
drowsy	schläfrig
unconscious	bewußtlos
dizzy	schwindelig
bald-headed	kahlköpfig
crippled	verkrüppelt
malignant [mə'lignənt]	bösartig *(Krankheit)*

Sätze und Redewendungen: *how are you?* wie geht's? — *so so!* soso, lala! — *I'm fine, thanks* es geht mir gut, danke! — *he doesn't feel well* es geht ihm nicht gut — *has he a temperature?* hat er

Fieber ? — *that's too much for me* das geht über meine Kräfte —
I have to keep to a strict diet ich muß eine strenge Diät einhalten —
to be taken sick, to fall ill krank werden — *I am in the best of health*
ich bin bei bester Gesundheit — *to lose all o.'s strength* von Kräften
kommen — *his pulse is low* sein Puls ist schwach — *to take a nap*
ein Schläfchen machen — *to be wide awake* ganz wach sein — *the
disease is contagious* die Krankheit ist ansteckend — *I laughed my-
self sick* ich habe mich krank gelacht — *to undergo an operation* sich
einer Operation unterziehen — *to be confined to o.'s bed* ans Bett
gefesselt sein — *to restore o.'s health* seine Gesundheit wiederherstellen — *to clear o.'s throat* sich räuspern — *to have a sore throat*
Halsweh haben — *to lose consciousness* das Bewußtsein verlieren — *to
fill/to stop a tooth* einen Zahn plombieren — *to go on crutches* an Krücken
gehen — *hard of hearing* schwerhörig — *I have an upset stomach* ich
habe mir den Magen verdorben — *to mind o.'s health* auf seine Gesundheit achten — *he has broken his leg* er hat das Bein gebrochen —
to apply a plaster ein Pflaster auflegen — *to be taken three times
daily after meals* dreimal täglich nach dem Essen einzunehmen —
it's a matter of life and death es geht um Leben und Tod.

V. Seelen- und Gefühlsleben

16. Gute Eigenschaften, Tugenden

Grundwortschatz: ability, admiration, application, character,
charm, confidence, consideration, courage, efficiency, energy, gift,
honour, industry, joke, joy, laughter, love, luck, mercy, quality,
respect, sacrifice, value, virtue — to admire, to attract, to behave,
to convince, to encourage, to help, to invite, to laugh, to obey, to
pardon, to thank — able, aware, best, better, bold, brave, busy,
calm, charming, cheerful, clever, content, economical, faithful,
generous, good, helpful, honest, humble, modest, nice, patient,
polite, quiet, sincere, strong.

disposition	natürliche Anlage *f*
frame of mind	geistige Verfassung *f*, Stimmung *f*
sincerity/responsibility	Aufrichtigkeit *f* / Verantwortung *f*
gratitude	Dankbarkeit *f*
humility	Demut *f*
modesty	Bescheidenheit *f*
perseverance	Ausdauer *f*
[pə:si'viərəns]	
generosity	Freigebigkeit *f*
honesty ['ɔnisti]	Ehrlichkeit *f*

piety ['paiəti]	Frömmigkeit *f*
enthusiasm [in'θju:ziæzm]	Begeisterung *f*
frankness	Freimut *m*
tolerance	Duldsamkeit *f*
resolution	Entschlossenheit *f*
seriousness	Ernst(haftigkeit *f*) *m*
to exert o.s.	sich anstrengen
to endeavour [in'devə]	sich bemühen
to have regard for	Rücksicht nehmen auf
to make sacrifices (for)	Opfer bringen (für)
merciful (to)	barmherzig (gegen)
tolerant (of)	duldsam (gegen)
cordial	herzlich
respectful	ehrerbietig
honourable	ehrenhaft
venerable	ehrwürdig
resolute	entschlossen
industrious [in'dʌstriəs]	fleißig
outspoken	freimütig
fearless	unerschrocken
conscientious [kənʃi'enʃəs]	gewissenhaft
smart/capable (of)	(geistig) gewandt / fähig (zu)
courageous [kə'reidʒəs]	mutig
thoughtful	nachdenklich
reserved	zurückhaltend
unselfish	selbstlos
thrifty	sparsam
intrepid [in'trepid]	unerschrocken
irresistible [iri'zistəbl]	unwiderstehlich
discreet [dis'kri:t]	vorsichtig, besonnen
cautious ['kɔ:ʃəs]	behutsam, vorsichtig

Sätze und Redewendungen: *would you be good enough to return the book* wären Sie so gut und würden Sie das Buch zurückbringen — *I was cordially received* ich wurde herzlich empfangen — *he's a decent fellow* er ist ein anständiger Mensch — *they are respectable people* es sind anständige Leute — *be frank with me* seien Sie offen zu mir — *she earned everybody's respect* sie hat sich allgemeine Achtung erworben — *please accept my condolences* [kən'doulənsiz] ich bitte Sie, mein herzliches Beileid entgegenzunehmen — *he accepted gratefully* er hat mit Dank angenommen — *to show o.'s gratitude* seinen Dank bezeigen — *I'm much obliged to you* ich bin Ihnen sehr zu Dank verpflichtet.

17. Fehler, Laster

Grundwortschatz: blame, confusion, coward, crime, criminal, cruelty, curse, failure, jealousy, lie, mistake — to blame, to boast, to curse, to deceive, to disappoint, to discourage, to fail, to hate, to hesitate, to lie, to quarrel, to steal — afraid, anxious, bad, cheap, coarse, cruel, false, foolish, mad, shy, stupid, unable, violent.

dislike (to, of)	Abneigung f (gegen)
arrogance ['ærəgəns]	Anmaßung f
presumption [pri'zʌmpʃən]	Einbildung f
self-consciousness	Befangenheit f
ambition [æm'biʃən]	Ehrgeiz m
stubbornness	Eigensinn m
vanity	Eitelkeit f
narrow-mindedness	Engstirnigkeit f
cowardice	Feigheit f
impudence ['impjudəns]	Frechheit f
greed	Gier f
hatred ['heitrid]	Haß m
violence	Heftigkeit f
suspicion [səs'piʃən]	Argwohn m
vice [vais]	Laster n
injustice [in'dʒʌstis]	Ungerechtigkeit f
revenge	Rache f
impatience [im'peiʃəns]	Ungeduld f
envy	Neid m
to envy s.o. s.th.	jdn um etw beneiden
to detest	verabscheuen
to abuse	mißbrauchen
to moan	stöhnen
to disapprove	mißbilligen
to frown on	mit Mißfallen betrachten
to grumble	murren
to scorn	verachten
to annoy	ärgern
to ridicule ['ridikju:l]	verspotten
to flatter	schmeicheln
to get excited	sich aufregen
unjust	ungerecht
grudging	widerwillig
envious ['enviəs]	neidisch
impatient	ungeduldig
impudent ['impjudənt]	unverschämt

haughty ['hɔ:ti]	hochmütig
extravagant [iks'trævigənt]	verschwenderisch
cowardly	feige
detestable [tjuəs]	abscheulich
presumptuous [pri'zʌmp-	anmaßend
self-conscious	befangen
ambitious [əm'biʃəs]	ehrgeizig
selfish	eigennützig
stubborn	eigensinnig
timid	furchtsam
indifferent	gleichgültig

Sätze und Redewendungen: *he took revenge on him* er hat sich an ihm gerächt — *he doesn't hold a grudge against him* er trägt ihm nichts nach — *to betray s.o.'s confidence* jds Vertrauen mißbrauchen — *I'm annoyed about it* ich ärgere mich darüber — *you ought to be ashamed of yourself* du solltest dich schämen — *what a shame!* so eine Schande — *he's boiling with rage* er kocht vor Wut — *don't be such a coward* sei nicht so ein Feigling! — *there's no limit to his ambition* sein Ehrgeiz kennt keine Grenzen.

18. Gefühle, Seelenzustände

a) Indifferenter Art

Grundwortschatz: attention, balance, behaviour, determination, equality, feeling, freedom, heart, justice, necessity, patience, soul, tune — to astonish, to behave, to compose o.s., to determine, to excite, to feel, to surprise — brave, calm, cold, cool, humble, just, moderate, noble, patient, plain, pure.

mood	Stimmung *f*
moderation	Mäßigung *f*
compassion	Mitleid *n*
charity ['tʃæriti]	Nächstenliebe *f*
sense of duty	Pflichtgefühl *n*
self-confidence	Selbstvertrauen *n*
wisdom [z]	Weisheit *f*
emotion	Rührung *f*
to imitate	nachahmen
to disguise	verstellen
to indicate ['indikeit]	zeigen
to testify	aussagen
sociable ['souʃəbl]	gesellig

talkative ['tɔːkətiv]	gesprächig
good-natured	gutmütig
sensitive (to)	empfindlich (gegen)

Sätze und Redewendungen: *don't let on anything (fam)* lassen Sie sich nichts anmerken — *he gives vent to his feelings* er läßt seinen Gefühlen freien Lauf — *fire gives a sensation of warmth* Feuer gibt ein Gefühl der Wärme — *she couldn't hide her emotion* sie konnte ihre Rührung nicht verbergen — *his brother's death affected him deeply* der Tod seines Bruders hat ihn sehr mitgenommen — *we're only pretending* wir tun nur so — *what's on your mind?* was haben Sie auf dem Herzen?

b) Heiterer, angenehmer Art

Grundwortschatz: charm, confidence, fortune, friend, fun, hope, joy, laughter, love, luck, pleasure, preference, satisfaction, smile — to enjoy, to hope, to kiss, to laugh, to love, to please, to prefer, to satisfy, to smile, to support — bright, charming, dear, faithful, fond, fortunate, friendly, funny, gay, generous, glad, helpful, lovely, lucky, pleasant, polite, tender.

affection	Zuneigung *f*
attachment	Anhänglichkeit *f*
passion	Leidenschaft *f*
cheerfulness	Fröhlichkeit *f*
predilection	Vorliebe *f*
longing (for)	Sehnsucht *f* (nach)
embrace [im'breis]	Umarmung *f*

to fascinate ['fæsineit]	fesseln, bezaubern
to rely on	sich verlassen auf
to cherish ['tʃeriʃ]	hegen, pflegen
to pet	streicheln

attractive	anziehend
in love with	verliebt
affectionate [ə'fekʃnit]	zärtlich
passionate ['pæʃənit]	leidenschaftlich
intimate ['intimit]	vertraut

Sätze und Redewendungen: *all joking aside!* Spaß beiseite! — *enjoy yourself!* viel Spaß! — *to take a liking to s.o.* jdn liebgewinnen — *it's a fascinating story* es ist eine spannende Geschichte — *he makes an attractive offer* er macht ein vorteilhaftes Angebot — *to be delighted* hocherfreut sein — *you can count on that* Sie können sich darauf verlassen — *she's head over heels in love* sie ist bis über beide Ohren verliebt — *to become familiar with* vertraut werden mit — *to cherish an illusion* sich einer Illusion hingeben — *don't let yourself be fooled* lassen Sie sich nicht täuschen — *he doesn't begrudge it to you* er gönnt es dir — *to take a fancy to* Geschmack finden an.

c) Düsterer, unangenehmer Art

Grundwortschatz: anxiety, cruelty, doubt, fear, fright, offence, pain, pride, shame, worry — to comfort, to complain, to disappoint, to discourage, to doubt, to fear, to frighten, to hurt, to offend, to suffer, to worry — angry, anxious, cruel, dull, fearful, hopeless, mad, painful, proud, rude, sad, shy, unfavourable, weak, worse, worst.

homesickness	Heimweh *n*
reproach	Vorwurf *m*
disgrace	Schande *f*
suffering	Leiden *n*
animosity	Feindseligkeit *f*
hatred	Haß *m*
threat [θret]	Drohung *f*
enmity	Feindschaft *f*
scorn	Verachtung *f*
dislike	Abneigung *f*
distrust	Mißtrauen *n*
grief [gri:f]	Kummer *m*
uneasiness	Unruhe *f*
to despise [dis'paiz]	verachten
to scare [skɛə]	schrecken
to be horrified	entsetzt sein
to be aghast [ə'gɑːst]	bestürzt sein
to be alarmed	sich ängstigen
to dislike	nicht leiden können
to bore	langweilen
to be bored	sich langweilen
to be annoyed	sich ärgern
to scold s.o.	mit jdm schimpfen
to insult [-'-]	beschimpfen, beleidigen
to detest	verabscheuen
to upset	aus der Fassung bringen
to distress	unglücklich machen
to torture ['tɔːtʃə]	quälen
to bother ['bɔðə]	belästigen
to shudder (at) [-ʌ-]	schaudern (über)

furious	wütend
horrible	abscheulich
disdainful	geringschätzig
horrid	entsetzlich
worrying [ʌ]	ängstlich
desperate ['despərit]	verzweifelt
vexing	ärgerlich
suspicious [səs'piʃəs]	verdächtig
distrustful	mißtrauisch
malicious [mə'liʃəs]	boshaft
irritable	gereizt
restless	unruhig
dissatisfied	unzufrieden
gloomy	trübsinnig
shameful	schändlich
upset	bestürzt
startled	verblüfft
embarrassing [im'bærəsiŋ]	peinlich
disgusting	ekelhaft
nasty [ɑ:]	garstig, scheußlich
indignant [in'dignənt]	empört
shocking	empörend

Sätze und Redewendungen: *he turned pale with fear* er wurde bleich vor Schrecken — *she's worried about him* sie macht sich um ihn Sorgen — *his worries keep him awake* er kann vor Sorgen nicht schlafen — *he never loses his poise* er verliert nie die Fassung — *don't confuse me!* verwirren Sie mich nicht — *don't get discouraged* lassen Sie sich nicht entmutigen! — *I was terribly bored* ich langweilte mich furchtbar — *he's an awful bore* er ist schrecklich langweilig — *in desperation* verzweifelt — *beware of the dog!* Achtung bissiger Hund! — *that's not to be sneezed at* das ist nicht zu verachten — *he has lost all interest in it* er hat alle Lust daran verloren — *please don't be angry with me!* seien Sie mir nicht böse, bitte! — *don't be so nasty!* sei nicht so garstig! — *she had pity on him* sie hatte Mitleid mit ihm.

19. Religion, religiöses Gefühl

Grundwortschatz: belief, confidence, conscience, creature, cross, curse, dust, experience, explanation, future, glory, God, grave, guide, harm, heart, heaven, hell, hope, ideal, judge, judg(e)ment, justice, kingdom, leader, loss, lot, luck, mass, meaning, mind, minister, misery, pain, pardon, pity, priest, punishment, religion,

shame, spirit, struggle, Sunday, sympathy, tear, wisdom, world —
to believe, to bless, to confess, to cross, to curse, to forgive, to give,
to guide, to hate, to help, to hope, to judge, to justify, to pardon,
to pass away, to preach, to punish, to suffer — gentle, good, great,
helpful, holy, human, humble, just, painful, religious, solemn,
unhappy.

Christ [kraist]	Christus
Christian ['kristjən]	Christ *m*
denomination	Konfession *f*
creed	Glaubensbekenntnis *n*
redemption	Erlösung *f*
paradise ['pærədais]	Paradies *n*
Providence	Vorsehung *f*
angel ['eindʒəl]	Engel *m*
prophet ['prɔfit]	Prophet *m*
prophecy ['prɔfisi]	Prophezeiung *f*
apostle [ə'pɔsl]	Apostel *m*
gospel	Evangelium *n*
the Holy Ghost	der Heilige Geist
our Saviour	unser Heiland
prayer-book	Gebetbuch *n*
the Lord's Prayer	das Vaterunser
the Lord's Supper	das Abendmahl
the ten commandments *pl*	die Zehn Gebote
doomsday	der Jüngste Tag
the holy scriptures *pl*	die Heilige Schrift
Bible ['baibl]	Bibel *f*
chapel/temple	Kapelle *f* / Tempel *m*
clergyman	Geistliche(r) *m*
clergy	Klerus *m*
bishop	Bischof *m*
parish	Pfarrei *f*
monk [mʌŋk]	Mönch *m*
abbey	Abtei *f*
pope	Papst *m*
divine service	Gottesdienst *m*
sermon	Predigt *f*
altar ['ɔːltə]	Altar *m*
pulpit ['pulpit]	Kanzel *f*
church steeple	Kirchturm *m*
sinner	Sünder *m*
superstition	Aberglaube *m*
heathen ['hiːθən]	Heide *m*

to redeem	erlösen
to damn [dæm]	verdammen
to christen ['krisn]	taufen
to convert	bekehren
to meditate (on)	nachdenken (über)
to reveal	offenbaren
to create	erschaffen
to prophesy ['prɔfisai]	prophezeien
to worship ['wə:ʃip]	verehren
to adore	anbeten
to sin	sündigen
to repent	bereuen
to celebrate	feiern
to kneel down	niederknien
to crucify	kreuzigen
Christian ['kristjən]	christlich
pious ['paiəs]	fromm
divine [di'vain]	göttlich
immortal	unsterblich
spiritual	geistlich
clerical	kirchlich
repentant	reumütig
pagan ['peigən]	heidnisch
superstitious [sjupə'stiʃəs]	abergläubisch

Sätze und Redewendungen: *God forbid!* Gott bewahre! — *to believe in God* an Gott glauben — *to rise from the dead* von den Toten auferstehen — *the faithful* die Gläubigen — *to lead into temptation* in Versuchung führen — *to go to Mass* zur Messe gehen — *to make the sign of the cross* das Kreuzeszeichen machen — *the Last Judgment* das Jüngste Gericht.

20. Wollen, Absicht (Handeln, Tat)

Grundwortschatz: act, action, activity, advice, agreement, aim, arrangement, attack, attempt, attention, control, intention, jealousy, murder, objection, offence, offer, opposition, protest, resignation, resistance — to accept, to acquaint, to acquire, to act, to add, to advise, to agree, to aim, to apply, to appoint, to approach, to approve, to argue, to arise, to arrange, to attack, to attempt, to attract, to cause, to control, to decide, to determine, to hate, to help, to insist on, to move, must, to obey, to object, to offend, to offer, to organize, to overcome, to persuade, to pick, to practise, to prefer, to prepare, to protest, to record, to refuse, to resist — active, helpful, idle.

determination	Entschlossenheit *f*
consent [-'-]	Einwilligung *f*
refusal/argument	Absage *f* / Auseinandersetzung *f*
embarrassment	Verlegenheit *f*
predicament [pri'dikəmənt]	üble Lage *f*
distress [-'-]	Notlage *f*
fix *fam*	Klemme *f*
pretension	Anmaßung *f*
proposition	Vorschlag *m*

to conclude (from)	schließen, folgern (aus)
to consent (to)	zustimmen
to authorize ['ɔ:θəraiz]	ermächtigen
to be authorized	befugt sein
to strive (for/after)	streben (nach)
to prohibit	verbieten
to decline/to tend (to)	ablehnen / abzielen (auf)
to be resolved	entschlossen sein
to argue s.o. (into) ['ɑ:gju:]	jdn überzeugen (zu)
to submit (to)	sich fügen (in)

embarrassed [im'bærəst]	verlegen
prejudiced ['predʒudist]	voreingenommen
pretentious [pri'tenʃəs]	anmaßend
energetic [enə'dʒetik]	tatkräftig
staunch [stɔ:ntʃ]	tüchtig; zuverlässig
intentionally	absichtlich

Sätze und Redewendungen: *he's determined to have his way* er ist entschlossen, seinen Willen durchzusetzen — *I can't refuse you anything* ich kann Ihnen nichts abschlagen — *at will* nach Belieben — *the motion was defeated* der Antrag wurde abgelehnt — *to put s.o. in a predicament* jdn in Verlegenheit bringen — *to get s.o. out of a scrape* jdn aus der Verlegenheit ziehen — *to be in distress* in Not sein — *to relieve the distress* die Not lindern — *to get o.s. into a bad fix* in eine üble Lage geraten — *to take the responsibility* die Verantwortung übernehmen — *he has no reason for worrying* er hat keinen Grund, sich Sorgen zu machen — *I have changed my mind* ich habe mich anders entschlossen — *to set the time and the place* Zeit und Ort bestimmen — *he has no reason for acting like that* er hat keinen Grund, so zu handeln.

VI. Gesellschaft

21. Familie

Grundwortschatz: aunt, baby, birth, boy, brother, child, cousin, daughter, death, father, girl, husband, man, marriage, Miss, mother, nephew, niece, parents, proposal, relation, relative, widow(er), woman — to leave, to marry, to separate — alive, dead, dear, female, male, single.

Christian/first name	Vorname m
surname, last name	Nachname m
birthday	Geburtstag m
tenderness (to)	Zärtlichkeit f (gegen, zu)
engagement	Verlobung f
fiance(e) [fi'ɑ:nsei]	Bräutigam m, Braut f
engaged couple	die Verlobten pl
bride and bridegroom	Brautpaar n
wedding	Hochzeit f
maiden name	Geburtsname m
married couple	Ehepaar n
honeymoon ['hʌnimu:n]	Flitterwochen f pl
dowry ['dauri]	Mitgift f
trousseau ['tru:sou]	Aussteuer f
offspring	Nachkomme m
infant ['infənt] / **twins** pl	Kleinkind n / Zwillinge m pl
ancestors pl	Vorfahren m pl
grandparents pl	Großeltern pl
grandfather/-mother	Großvater m/-mutter f
godfather/-mother	Pate m / Patin f
grandchild	Enkelkind
son-in-law	Schwiegersohn m
brother-/sister-in-law	Schwager m / Schwägerin f
stepmother	Stiefmutter f
orphan ['ɔ:fən]	Waisenkind n, Waise f
guardian ['gɑ:djən]	Vormund m
bachelor ['bætʃələ]	Junggeselle m
adult ['ædʌlt]	Erwachsene(r) m
childhood	Kindheit f
generation	Generation f
heritage	Erbschaft f
(last) will	Testament n
to become engaged to	sich verloben mit
to christen, to baptize	taufen

o come of age	mündig werden
to divorce	sich scheiden lassen von
to bequeath / to inherit	vermachen / erben
related, akin to	verwandt mit
unmarried	ledig
paternal / maternal	väterlich / mütterlich
junior/senior to	jünger/älter als

Sätze und Redewendungen: *to be descended from* abstammen von — *we are near relatives* wir sind nahe verwandt — *he's suing for divorce* er klagt auf Scheidung — *congratulations!* ich gratuliere — *to break an engagement* eine Verlobung lösen — *he proposed to her* er machte ihr einen Heiratsantrag — *to go into mourning* Trauer anlegen.

22. Soziale Gruppen und Beziehungen

Grundwortschatz: a) acquaintance, association, band, citizen, clerk, companion, coward, criminal, critic, crowd, enemy, farmer, fellow, firm, flock, friend, gentleman, judge, king, manager, member, office, officer, official, party, passenger, patient, people, person, player, poet, police, population, president, priest, prisoner, race, ruler, sailor, secretary, servant, slave, university — to acquaint, to manage — another, anybody, friendly.
b) acquaintance, age, circle, club, committee, company, consideration, custom, dance, game, group, guest, marriage, meeting, party, presence, rank, respect, union, visit — to accompany, to acquaint, to dance, to invite, to join, to marry, to meet, to play, to please, to present, to receive, to visit — alone, human, old, polite, popular, present, private, public, young.

host / hostess [houst]	Gastgeber *m* / Gastgeberin *f*
hospitality	Gastfreundschaft *f*
spectator/audience	Zuschauer *m* / Zuhörerschaft *f*
partner	Partner *m*, Teilhaber *m*; Teilneh-
chap *fam*	Bursche *m*, Junge *m* [mer *m*
appointment	Verabredung *f*
interview	Unterredung *f*; Zusammenkunft *f*
politeness, courtesy	Höflichkeit *f*
['kə:tisi]	
celebration	Feier *f*
festival	Fest *n*
ceremony ['seriməni]	Zeremonie *f*; Feier *f*
festivity	Festlichkeit *f*

to be courteous ['kə:tiəs]	höflich sein
to associate (with)	verkehren (mit)
to esteem [late	achten
to celebrate/to congratu-	feiern / beglückwünschen
civilized	zivilisiert
educated	gebildet
respected	angesehen
festive	festlich

Sätze und Redewendungen: *to be in the limelight* im Rampenlicht der Öffentlichkeit stehen — *to get acquainted with* bekannt werden mit — *I'm happy to make your acquaintance* es freut mich sehr, Ihre Bekanntschaft zu machen — *to go to a dance* auf einen Ball gehen — *to give a party* ein Fest veranstalten — *the audience applauded* die Zuschauer/Zuhörer applaudierten/spendeten Beifall — *he doesn't know how to behave* er weiß sich nicht zu benehmen — *he has no manners* er hat keine Manieren — *remember me to Mrs X* empfehlen Sie mich Frau X.

23. Sprache (cf. 9; 66—68; 71)

a) Das gesprochene und geschriebene Wort (cf. 66—68; 71)

Grundwortschatz: account, advertisement, answer, book, case, cry, examination, expression, greeting, impression, letter, message, name, news, permission, promise, proof, reply, report, sigh, speech, story, study, term, voice, word — to add, to address, to admit, to advertise, to advise, to answer, to approve, to beg, to chat(ter), to cry, to discuss, to examine, to express, to permit, to persuade, to pray, to preach, to promise, to reply, to report, to represent, to sign, to translate, to voice — American, commercial, English, excellent, German, popular, solemn.

announcement	Bekanntmachung *f*
exclamation	Ausruf *m*
proclamation	Verkündigung *f*
conference	Besprechung *f*, Verhandlung *f*, Beratung *f*
discussion	Erörterung *f*, Diskussion *f*
dialogue	Gespräch *n*, Dialog *m*
debate [di'beit]	Debatte *f*, Wortstreit *m*
dispute	Wortstreit *m*, Disput *m*
allusion	Anspielung *f*
hint	Wink *m*, Fingerzeig *m*

topic, theme	Thema *n*
lecture	Vortrag *m*
hand-writing	Handschrift *f*
Italian	Italienisch(e) *n*, italienische Sprache *f*
Spanish	Spanisch(e) *n*, spanische Sprache *f*
Arabic ['ærəbik]	Arabisch(e) *n*, arabische Sprache *f*
to announce	bekanntmachen
to publish	veröffentlichen
to assure s.o. of s.th.	jdm etw versichern
to exclaim	ausrufen
to proclaim	ausrufen, verkünden
to affirm	versichern, behaupten; bestätigen
to maintain	behaupten; aufrechterhalten; ernähren [len
to communicate (with)	in Verbindung treten (mit); mittei-
to mutter, to murmur	murmeln
to relate	erzählen, berichten
to stutter / to stammer	stottern / stammeln
to lisp	lispeln
to gossip	schwatzen
to utter	äußern [schreien
to yell/to scream	gellend schreien/kreischen; (auf-)
to grumble (at)	murren, brummen (über)
to allude (to), to hint (at)	anspielen (auf)
to interrogate [in'terogeit]	befragen, verhören
to retort	scharf erwidern
to respond (to)	(feierlich) antworten; eingehen (auf)
to entreat	dringend bitten, ersuchen
to implore	anflehen
to apologize (for) [ə'pɔlə-	Abbitte tun (wegen)
to flatter [dʒaiz]	schmeicheln
to reproach s.o. with s.th.	jdm etw vorwerfen
to contradict	widersprechen
to menace ['menəs]	(be)drohen
to admonish (of)	(er)mahnen; warnen (vor)
appropriate, adequate	angemessen, passend
elegant	elegant
meaningful	sinnvoll; verständlich
eminent	hervorragend
earnest	ernst; eifrig
trite	abgedroschen

Italian	italienisch
Spanish	spanisch
Latin	lateinisch

Sätze und Redewendungen: *please speak slowly* bitte, sprechen Sie langsam — *don't talk so loud!* sprechen Sie nicht so laut! — *I beg your pardon?* wie bitte? — *to give s.o. a cheer* jdn hochleben lassen — *three cheers for our team* ein dreifaches Hoch unserer Mannschaft — *to break off a conversation* ein Gespräch abbrechen — *I greet you on behalf of* ich begrüße Sie im Namen von — *to take leave* sich verabschieden — *she didn't let us get a word in edgewise* sie ließ uns überhaupt nicht zu Wort kommen — *don't keep interrupting me all the time* fall mir nicht immer ins Wort — *to catch the speaker's eye* sich zu Wort melden — Am *to get the floor* (parl) das Wort erhalten — *to rise to speak,* Am *to take the floor* (parl) das Wort ergreifen — *to have the final say* das letzte Wort haben — *to rule s.o. out of order* (parl) jdm das Wort entziehen — *to cut s.o. short* jdm ins Wort fallen.

b) Sprachliche Ausdrucksformen (cf. 66—68; 71)

Grundwortschatz: address, agreement, application, comparison, copy, declaration, deed, description, example, exercise, inquiry, issue, judg(e)ment, lie, list, manner, opinion, outline, page, paper, pass, question, record, silence, song — to admit, to copy, to declare, to describe, to discuss, to excuse, to inquire, to lie, to list, to order, to record, to repeat, to report, to sing.

data *pl* ['deitə]	Angaben *f pl*; Unterlagen *f pl*
proposition	Vorschlag *m*
criticism	Kritik *f*
compliment	Kompliment *n*; Schmeichelei *f*
refusal	Ablehnung *f*, Weigerung *f*
questionnaire [kwestʃə'nɛə]	Fragebogen *m*
inspection	Überprüfung *f*
consultation	Beratung *f*
to exaggerate, to overdo	übertreiben
to consult	zu Rate ziehen
to inspect	überprüfen; beaufsichtigen
to indicate ['indikeit]	(an)zeigen; hindeuten auf
to testify (to)	Zeugnis ablegen (für); bezeugen
to deny	leugnen; verweigern; versagen
to decline	*tr* ablehnen; *itr* verfallen, abnehmen; sich neigen
to oblige [ə'blaidʒ]	verpflichten

to reject	zurückweisen; verwerfen
witty	witzig, geistreich
sensible	vernünftig, verständig; fühlbar
cautious [ˈkɔːʃəs]	vorsichtig, behutsam
daring	kühn, wagemutig; verwegen
accurate [ˈækjurit]	genau; richtig
silly	töricht, albern
shameful	schändlich, schmachvoll
in compliance with	entsprechend

Sätze und Redewendungen: *I beg your pardon* ich bitte um Entschuldigung — *quit joking!* mach keine Witze! — *I hope you will back my plan* hoffentlich unterstützen Sie meinen Plan — *you must apologize* Sie müssen sich entschuldigen — *what did he give as an excuse?* was gab er als Entschuldigung an? — *I asked to be excused* ich ließ mich entschuldigen — *mission accomplished!* Befehl ausgeführt! — *Quiet, please* es wird um Ruhe gebeten! — *he listened in silence* er hörte schweigend zu — *to say nothing of / let alone* ganz zu schweigen von — *may I make a suggestion?* darf ich einen Vorschlag machen? — *much obliged!* sehr verbunden! danke sehr!

24. Kleidung und Schmuck

Grundwortschatz: appearance, arrangement, art, article, basket, beauty, body, chain, clothes, coat, collar, colour, cotton, crown, expense, fashion, fur, gift, glove, gold, hat, jewel, leather, metal, piece, pin, pocket, shoe, silver, simplicity, skin, skirt, sleeve, stone, straw, suit, thread, tie, treasure, value, veil — to attach, to attract, to change, to cut, to fasten, to flash, to give, to shine, to weave — available, beautiful, dirty, expensive, fine, glorious, grand, modern, modest, pretty, silver, simple, small, thin, tight.

textiles *pl* [ˈtekstailz]	Textilien *pl*
tissue [ˈtisjuː]	Gewebe *n*
fabric	Stoff *m*
rayon [ˈreiɔn]	Kunstseide *f*
velvet	Samt *m*
wardrobe	Garderobe *f (Kleider)*; Kleiderschrank *m*
tailor-made/ready-made suit	Maß-/Konfektionsanzug *m*
costume	Kostüm *n*
evening dress/gown	Gesellschaftsanzug *m* / Abendkleid *n*

dinner-jacket	Smoking *m*
a pair of trousers	eine Hose
drawers, pants *pl*	Unterhose *f*
bathing suit / trunks *pl*	Badeanzug *m*/-hose *f*
lining	Futter *n*
pattern	Muster *n*
jacket	Jacke *f*
braces *pl*	Hosenträger *m pl*
tie-, scarf-pin	Krawattennadel *f*
waistcoat ['weiskout]	Weste *f*
linen / underwear	Wäsche *f* / Unterwäsche *f*
pyjamas, *Am* **pajamas** *pl* [pə'dʒɑːməz]	Schlafanzug *m*
cloak / rain-coat	Mantel *m* / Regenmantel *m*
hood	Kapuze *f*
zip-fastener	Reißverschluß *m*
wrist-watch [rist]	Armbanduhr *f*
wallet [ɔ:]	Brieftasche *f*
purse	Geldbeutel *m*
slippers *pl*	Hausschuhe *m pl*
sole	Sohle *f*
shoelace, bootlace, shoestring	Schnürsenkel *m*
sock	Socke *f*
dry-cleaning	chemische Reinigung *f*
blouse [blauz]	Bluse *f*
scarf	Schal *m*
hand-bag	Handtasche *f*
petticoat / frock	Unterrock *m* / Kleid *n*
robe	Kleid *n*; *Am* Morgenrock *m*
apron	Schürze *f*
pearl [pə:l]	Perle *f*
necklace ['neklis]	Halskette *f*
bracelet ['breislit]	Armband *n*
brooch	Brosche *f*
jewelry ['dʒuːəlri]	Schmuck *m*
ear-ring	Ohrring *m*
hair-pin	Haarnadel *f*
fan	Fächer *m*
wedding-ring	Ehering *m*
buckle [ʌ]	Schnalle *f*
to alter	umändern
to undress	sich auskleiden

to knit	stricken; verknüpfen
to embroider	sticken
to darn/to patch/to mend	stopfen/flicken/ausbessern
to lace	schnüren; besetzen
to dye / to starch	färben / stärken
to soak	einweichen; durchnässen
to rinse	spülen
to adorn	schmücken, zieren
to disguise	sich verkleiden; *(Stimme)* verstellen
fashionable	modisch; modern; elegant
old-fashioned	altmodisch
close fitting	eng anliegend
slack	lose, schlaff
waterproof	wasserdicht
worn off / shabby	abgetragen / schäbig
threadbare ['θredbɛə]	fadenscheinig
ragged ['rægid]	zerlumpt
stained	beschmutzt, fleckig
barefooted	barfuß
naked ['neikid]	nackt
gorgeous ['gɔ:dʒəs]	prachtvoll
artificial [ɑ:ti'fiʃəl]	künstlich

Sätze und Redewendungen: *clothes make the man* Kleider machen Leute — *to change o.'s clothes* sich umkleiden — *to fall into folds* Falten werfen — *to dye o.'s hair* sich die Haare färben — *her new hat becomes her* ihr neuer Hut steht ihr — *she's always dressed in the latest fashion* sie ist immer nach der neuesten Mode gekleidet — *to go out of fashion* unmodern werden — *in o.'s shirt-sleeves* in Hemdsärmeln — *short-sleeved* mit kurzen Ärmeln — *speech is silvern, but silence is golden* Reden ist Silber, Schweigen ist Gold.

25. Nachtruhe

Grundwortschatz: bed, camp, chair, clock, curtain, cushion, dream, evening, fold, home, house, knee, night, room, sheet, shirt, sweat — to arise, to go to bed, to dream, to fold, to lie down — asleep, awake, calm, comfortable.

bedroom	Schlafzimmer *n*
bedding	Bettzeug *n*
bedstead ['bedsted]	Bettstelle *f*
blanket / quilt	Wolldecke *f* / Steppdecke *f*
pillow	(Kopf-)Kissen *n*

pillow-case, -slip	Kissenbezug *m*
mattress	Matratze *f*
bed-clothes *pl*, **linen**	Bettwäsche *f*
bedside-rug/-table	Bettvorlage *f* / Nachttisch *m*
hot water-bottle	Wärmflasche *f*
to tire (out)	ermüden, ermatten
to be exhausted	erschöpft sein
to relax	sich entspannen
to slumber	schlummern
fatigued [-′ti:gd]**, exhaust-**	ermüdet, ermattet
peaceful [ed	friedlich; ungestört
sleepless	schlaflos

Sätze und Redewendungen: *the beds aren't made yet* die Betten sind noch nicht gemacht — *put clean sheets on the bed* überzieh das Bett frisch — *the linen is changed every week* das Bett wird jede Woche frisch überzogen — *I'm so tired/ready to drop* ich bin zum Umfallen müde — *he slept like a top* er hat wie ein Murmeltier geschlafen — *he was fast asleep* er war tief eingeschlafen — *my usual bedtime is ten o'clock* ich gehe gewöhnlich um zehn Uhr zu Bett — *he never tires of talking about it* er wird nie müde, darüber zu sprechen — *to be tired of s. th.* von etw. genug haben — *it gives him no rest* das läßt ihn nicht schlafen — *beauty sleep* Schlaf *m* vor Mitternacht — *to be a light/sound sleeper* einen leichten/tiefen Schlaf haben — *to be able to do s. th. blindfold* etw im Schlafe tun können — *fortune favours fools* den Seinen gibt's der Herr im Schlaf — *to take a nap* ein Schläfchen machen.

26. Morgentoilette

Grundwortschatz: bath, beard, body, bottle, bow, bowl, box, brush, button, cap, care, charm, cloth, comb, cup, curl, dish, face, flavour, hair, hand, health, help, knot, light, lip, milk, pencil, pin, plate, pot, remedy, salt, shade, shadow, shoe, skin, skirt, sleeve, soap, stuff, table, throat, tooth, towel, treatment, vessel, water — to care, to clear, to comb, to dry, to mix, to rub, to smell, to spread, to wash — careful, careless, charming, cold, electrical, healthy, helpful, hot, loud, practical, strong, tender, thorough.

bathroom	Badezimmer *n*
dressing-table	Toilettentisch *m*
toilet set [′toilit]	Toilettengarnitur *f*
tub	Badewanne *f*; Faß *n*, Kübel *m*
sponge [spʌndʒ]	Schwamm *m*

wash-cloth/-basin	Waschlappen *m* / Waschschüssel *f*
tooth-brush/-paste	Zahnbürste *f*/-pasta *f*
(stick of) shaving soap	Rasierseife *f*
electric/safety razor	elektrischer/ Rasierapparat *m*
razor blade ['reizə]	Rasierklinge *f*
hair brush	Haarbürste *f*
nail scissors *pl*/**file**	Nagelschere *f*/-feile *f*
nail varnish	Nagellack *m*
beauty cream	Schönheitscreme *f*
face powder / lipstick	Gesichtspuder *m* / Lippenstift *m*
permanent/cold wave	Dauer-/Kaltwelle *f*
beauty treatment	Schönheitspflege *f*
complexion	Gesichtsfarbe *f*
wig	Perücke *f*
water-closet, W.C.,	Toilette *f*, Waschraum *m*
lavatory ['lævətəri]	
hygiene ['haidʒi:n]	Hygiene *f*, Gesundheitspflege *f*
painstaking	sorgfältig, gewissenhaft; arbeitsam

Sätze und Redewendungen: *he takes a hot bath* er nimmt ein heißes Bad — *I brush my teeth* ich putze die Zähne — *haircut and shave* Haarschneiden und Rasieren — *you look dishevelled* du siehst zerzaust aus — *did you look at yourself in the glass?* hast du dich im Spiegel angesehen? — *to soap o.'s face* sein Gesicht einseifen — *he is clean-shaven* er ist glattrasiert — *he always looks well groomed* er sieht immer sehr gepflegt aus — *she had a hair-do yesterday* sie war gestern beim Frisör.

VII. Ordnung

27. Einteilung und Wichtigkeit (Bedeutung)

Grundwortschatz: absence, action, activity, character, condition, consideration, course, energy, equality, force, group, importance, intention, kind, management, mass, measure, member, party, person, regard, resignation, respect, responsibility, result, title, type — to consider, to consist (of), to divide, to form, to group, to handle, to insist, to prefer, to resign — absent, absolute, considerable, detailed, immense, important, particular, responsible, solemn, special.

distribution [distri'bju:ʃən]	Verteilung *f*
scheme [ski:m]	Plan *m*; Schema *n*; Entwurf *m*
schedule ['ʃedju:l,**	Verzeichnis *n*; Tabelle *f*; *Am* Fahr-
Am 'skedʒu:l]	plan *m*

planning	Planung *f*
foreground	Vordergrund *m*
background	Hintergrund *m*
grade	Stufe *f*, Rang *m*, Grad *m*; *Am* (Schul-)Klasse *f*; Note *f*
to subdivide into	unterteilen in
to dispose/to postpone	anordnen; verteilen / verschieben
to grade	abstufen; einteilen
to scheme [ski:m]	Ränke, Pläne schmieden
punctual ['pʌŋktjuəl]	pünktlich
minute [mai'nju:t]	sehr genau; winzig; umständlich
initial [i'niʃəl]	anfänglich
exceedingly, excessively	über alle Maßen; überaus

Sätze und Redewendungen: *to a high degree* in hohem Grade — *he attaches too much importance to it* er legt ihm zu viel Bedeutung bei — *nothing to speak of* nichts von Bedeutung — *that's a minor matter* das ist Nebensache — *to be of secondary importance* von nebensächlicher Bedeutung sein — *to keep in the background* sich im Hintergrund halten — *to lay stress on s.th.* etw betonen — *to press a point* nachdrücklich auf einem Punkt bestehen — *she doesn't know how to plan her time* sie kann ihre Zeit nicht einteilen — *the train arrived on schedule* (Am) der Zug kam fahrplanmäßig an.

28. Reihenfolge (cf. 1)

Grundwortschatz: appointment, arrangement, beginning, class, end, order, position, preference, rank, rest, system — to accompany, to appoint, to arrange, to attach, to begin, to change, to class, to count, to distribute, to finish, to follow, to order, to prefer, to steer, to stop — alike, almost, apart, aside, away, backwards, behind, below, beneath, beside, between, beyond.

order of the day, agenda [ə'dʒendə]	Tagesordnung *f*
succession [sək'seʃən]	Reihenfolge *f*; Nachfolge *f*
series (*pl* series)	Reihe *f*, Serie *f*
procession	Umzug *m*, Prozession *f*
column ['kɔləm]	Kolonne *f*; (Druck-)Spalte *f*; Säule *f*
file	Reihe *f*; Briefordner *m*
variation	Veränderung *f*, Wechsel *m*
to string together	aneinanderreihen
to stand in line	Schlange stehen

to file	*itr* hintereinander marschieren; *tr* aufreihen; *(Briefe)* einordnen; zu den Akten nehmen
to vary	verändern; abwechseln
to upset (upset, upset)	umstürzen; in Unordnung bringen
variable	veränderlich
isolated ['aisəleitid]	vereinzelt
one upon the other	übereinander
side by side	nebeneinander
logical	folgerichtig
systematic	systematisch, planmäßig
successive / successively	aufeinanderfolgend / der Reihe nach
nevertheless	nichtsdestoweniger

Sätze und Redewendungen: *in rapid succession* in rascher Folge — *to be continued* Fortsetzung folgt — *did you straighten out the matter?* haben Sie die Sache in Ordnung gebracht? — *to put in order* in Ordnung bringen — *to restore peace and order* Friede und Ordnung wiederherstellen — *you're out of order* (parl) ich rufe Sie zur Ordnung — *to arrange alphabetically* alphabetisch anordnen — *in single file* im Gänsemarsch — *he won three times in a row* er gewann dreimal hintereinander — *three days running* drei Tage hintereinander — *and so on / and so forth* und so weiter.

29. Vergleich

Grundwortschatz: comparison, difference, distance, opposition, rate, sort — to compare, to cover, to distinguish, to sort — common, contrary, different, distant, distinct, equal, independent, inferior, irregular, like, rare, such — better, best, extraordinary, least, likely, more.

contrast	Gegensatz *m*, Kontrast *m*
parallel ['pærəlel]	Parallele *f*; Gegenstück *n*
identity [ai'dentiti]	Identität *f*, Gleichheit *f*
identity card	Personalausweis *m*
similarity	Ähnlichkeit *f*, Gleichartigkeit *f*
uniformity	Einheitlichkeit *f*; Einförmigkeit *f*
to oppose (to/against)	gegenüberstellen; entgegentreten *Dat.*
to contrast (with)	einen Gegensatz bilden (zu); sich abheben gegen [lel sein
to parallel	gleichkommen; vergleichen; paral-

to uniform	uniformieren
comparable (to/with) ['kɔmpərəbl]	vergleichbar (mit)
reverse [ri'vəːs]	umgekehrt, entgegengesetzt
parallel	entsprechend; gleichlaufend; ähnlich
similar	ähnlich; gleichartig
identical [ai'dentikəl]	identisch, gleichbedeutend
uniform	gleichförmig; einheitlich
equivalent [i'kwivələnt]	gleichwertig; gleichbedeutend
constantly	beständig
in contrast to, in opposition with	im Gegensatz zu

Sätze und Redewendungen: *to bear/to stand comparison with* den Vergleich aushalten mit — *by way of comparison* vergleichsweise — *compared to* verglichen mit — *beyond/without/past compare* unvergleichlich — *to run parallel (to, with)* parallel laufen (zu) — *that's carrying things too far* das ist zu arg/geht zu weit — *be prepared for the worst* mach dich auf das Schlimmste gefaßt — *that takes just as long* das dauert ebenso lang — *we may as well stay away* wir können ebensogut wegbleiben — *he doesn't see any difference* er sieht keinen Unterschied.

30. Ursache, Wirkung, Zusammenhang (cf. 19/20; 31; 63/64)

Grundwortschatz: advance, attraction, cause, connection, control, effect, end, force, origin, reality, reason, result, source, success, yield — to act, to add, to advance, to arise, to attract, to bind, to cause, to combine, to connect, to disturb, to end, to join, to realize, to result, to succeed, to yield — actual, original, possible, real — according to, afterwards, against, although, anyhow, because, before, former, further, since.

proportion	(Größen-)Verhältnis *n*; Anteil *m*; Proportion *f*
conclusion	Schlußfolgerung *f*; Beschluß *m*
viewpoint, point of view	Gesichtspunkt *m*
aspect ['æspekt]	Ansicht *f*; Aussehen *n*; Aussicht *f*
motive	Beweggrund *m*, Motiv *n*
reflection, reflexion	Wiederspiegelung *f*; Erwägung *f*; Reflex *m*
provocation	Anlaß *m*; Herausforderung *f*

consequence [stəns]	Folge *f*; Wichtigkeit *f*; Wirkung *f*
circumstance ['sə:kəm-	Umstand *m*; *pl* Verhältnisse *n pl*
to disagree (with)	nicht übereinstimmen (mit)
to be subject (to)	abhängen (von)
to relate (to)	sich beziehen (auf)
proportionate to [prə'pɔ:ʃnit]	im richtigen Verhältnis zu
corresponding to	bezogen auf
deliberately [di'libəritli]	mit Überlegung, überlegt
inconsiderately [inkən'sidəritli]	ohne Überlegung, unüberlegt
comparatively [kəm'pærətivli]	verhältnismäßig
possibly	unter Umständen, möglicherweise

Sätze und Redewendungen: *to my mind* meiner Meinung nach — *he's of the same opinion* er ist derselben Meinung — *to be in two minds about s.th.* über etw unschlüssig sein — *if you are all of my mind* wenn Sie alle meine Auffassung teilen — *to draw conclusions from* Schlüsse ziehen aus — *in conclusion* zum Schluß — *after careful consideration* nach reiflicher Überlegung — *on second thoughts* bei näherer Überlegung — *everything hinges on your decision* alles hängt von Ihrer Entscheidung ab — *the investigation didn't show a thing* die Untersuchung ergab nichts — *to use s.o.'s name as (a) reference* sich auf jdn beziehen — *what's the occasion?* was ist der Anlaß? — *that's the reason why* deshalb — *to give reason for* Anlaß geben zu — *to have every reason for* allen Anlaß haben zu — *for no reason at all* ohne jeden Anlaß — *this may have serious consequences* das kann ernste Folgen haben — *the result was that ...* die Folge war, daß ... — *on no condition* unter keiner Bedingung — *under no circumstances* unter keinen Umständen — *in this connection* in diesem Zusammenhang — *in every respect* in jeder Beziehung — *to be out of proportion to* in keinem Verhältnis stehen zu — *we are on good terms with each other* wir stehen gut miteinander/miteinander auf gutem Fuß — *as far as I am concerned* was mich betrifft — *to take the view that ...* den Standpunkt vertreten, daß ...

31. Schicksal (cf. 19/20; 30)

Grundwortschatz: accident, adventure, birth, chance, complaint, confusion, death, decision, defeat, determination, end, event, failure, favour, fit, fortune, future, hope, life, lot, mercy, necessity, situation, will — to bind, to break, to complain, to confuse, to decide, to

defeat, to deliver, to determine, to escape, to fail, to feel, to obey
to resist, to support, to threaten — blind, careless, extraordinary
extreme, hopeless, human, necessary, sad, serious, splendid, sudden
unhappy, vain, violent.

destiny	Schicksal *n*, Geschick *n*; Verhäng-
sphere of influence	Einflußbereich *m* [nis *n*]
temptation	Versuchung *f*; Lockung *f*, Reiz *m*
intervention	Eingriff *m*, Intervention *f*
interference (with)	Eingriff *m* (in); Einmischung *f*;
[intə'fiərəns]	Störung *f*
destination	Bestimmung *f* /-sort *m*
inducement	Antrieb *m*, Anlaß *m*
to prompt	eingeben, vorsagen; antreiben
to interfere (in/with)	sich einmischen (in); vermitteln
	(zwischen)
to destine (for; to) ['destin]	bestimmen (für; zu)
to induce (to)	bewegen, veranlassen (zu)
influential [influ'enʃl]	einflußreich
tempting	verführerisch, verlockend, reizvoll
brutal / fierce	roh, brutal / wild; heftig
inhuman [in'hjumən]	unmenschlich

Sätze und Redewendungen: *under the influence of s.o.* unter
jds Einfluß — *to have a bearing on* Einfluß haben auf — *he's easily
swayed* er ist leicht beeinflußbar — *to get out of s.o.'s reach* sich
jds Zugriff entziehen — *he'll take the necessary steps* er wird das
Nötige veranlassen — *on the occasion of* aus Anlaß *Gen.* — *at
the first opportunity* bei erster Gelegenheit — *to jump at the chance*
die Gelegenheit beim Schopf ergreifen.

VIII. Staatliche Ordnung

32. Volk, Staat, Regierung

Grundwortschatz: address, admiration, agreement, citizen, committee, government, group, head, importance, impression, influence,
instruction, intention, king, kingdom, leader, liberty, message,
minister, nation, native, opinion, order, party, pass, people, population, president, program(me), public, queen, rank, recommendation, record, reform, report, representative, resignation, respect,
ruler, system, view, voice, vote — to approve, to govern, to head,
to increase, to inform, to insist, to intend, to know, to organize, to

propose, to recommend, to record, to reform, to represent, to side, to voice, to vote — absolute, civil, independent, national, native, political, public, responsible, solemn.

federal state	Bundesstaat *m*
republic	Republik *f*
monarchy ['mɔnəki]	Monarchie *f*
sovereign ['sɔvrin]	Herrscher *m*
emperor ['empərə]	Kaiser *m*
tyrant ['taiərənt]	Tyrann *m*
democracy [di'mɔkrəsi]	Demokratie *f*
the House of Lords/Commons	das Ober-/Unterhaus
right to vote / voter	Wahlrecht *n* / Wähler *m*
election campaign	Wahlkampagne *f*
majority of votes	Stimmenmehrheit *f*
ballot ['bælət]	Wahlzettel *m*, -kugel *f*
ballot-box	Wahlurne *f*
poll [poul]	Abstimmung *f*; Stimmenzahl *f*; Wählerliste *f*
legislation	Gesetzgebung *f*
act of Parliament	Parlamentsbeschluß *m*, Gesetz *n*
program(me), *Am* **platform**	(Partei-)Programm *n*
politician [pɔli'tiʃən]	Politiker *m*
session ['seʃən]	Sitzung *f*
delegate ['deligit] [**M.P.**	Delegierte(r) *m*
member of Parliament,	Abgeordnete(r) *m*
resolution	Beschluß *m*
supporter	Anhänger *m*
opponent [ə'pounənt]	Gegner *m*
cabinet	Kabinett *n*
Prime Minister	Ministerpräsident *m*, Premierminister *m*
Foreign Office	Außenministerium *n*
Foreign Secretary, Secretary of State for Foreign Affairs	Außenminister *m*
Chancellor of the Exchequer	Finanzminister *m*
Secretary of State for Home Affairs	Innenminister *m*
Lord Chancellor	Lordkanzler *m* (*Präsident des Oberhauses, Bewahrer des Großsiegels*)

ambassador [æm'bæsədə]	Botschafter *m*
treaty	Vertrag *m*
national flag	Nationalflagge *f*
decoration	Auszeichnung *f*
inhabitant	Einwohner *m* [nung *f*
revolution / rebellion	Revolution *f* / Empörung *f*, Aufleh-
conspiracy [kən'spirəsi]	Verschwörung *f*
riot ['raiət]	Aufruhr *m*, Tumult *m*, Krawall *m*
state of emergency	Notstand *m*
institution	(öffentliche) Einrichtung *f*
responsibility (for, of)	Verantwortung *f* (für)
independence	Unabhängigkeit *f*
human rights	Menschenrechte *n pl*
treason ['tri:zn]	Verrat *m*
aristocracy [æris'tɔkrəsi]	Aristokratie *f*
to negotiate [ni'gouʃieit]	verhandeln
to abdicate	abdanken
to authorize	ermächtigen, autorisieren
to contribute [kən'tribju:t]	beitragen, beisteuern; mitwirken
to abolish·	abschaffen; aufheben
to reject	zurück-, abweisen
to nationalize	verstaatlichen
to pension off	in den Ruhestand versetzen
to riot	Aufruhr erregen
to demonstrate	demonstrieren; darlegen
royal / republican	königlich / republikanisch
aristocratic [æristə'krætik]	aristokratisch
democratic	demokratisch
parliamentary	parlamentarisch
official	amtlich
radical	radikal; gründlich
overwhelming	überwältigend
riotous	aufrührerisch; lärmend
rebellious	rebellisch, widerspenstig
treacherous [tretʃərəs]	verräterisch

Sätze und Redewendungen: *for political reasons* aus politischen Gründen — *to sign/to violate a treaty* einen Vertrag unterzeichnen/ verletzen — *to attend a meeting* an einer Versammlung/Tagung teilnehmen — *the decision has not been reached yet* der Beschluß ist noch nicht gefaßt — *to pass a resolution* eine Resolution verabschieden — *to head the government* an der Spitze der Regierung stehen — *to support the government* die Regierung unterstützen — *the govern-*

ment was overthrown die Regierung wurde gestürzt — *the cabinet resigned* das Kabinett ist zurückgetreten — *to come into power* an die Macht kommen — *to dissolve Parliament* das Parlament auflösen — *a crushing defeat* eine vernichtende Niederlage — *the motion was defeated* der Antrag wurde abgelehnt — *to mount the throne* den Thron besteigen — *to ask for a vote of confidence* die Vertrauensfrage stellen — *to give instructions* Anordnungen treffen — *to hold elections* Wahlen durchführen — *the poll is declared* das Wahlergebnis wird bekanntgegeben — *to await the result of the poll* das Wahlergebnis abwarten — *to go to the polls* zur Wahl gehen — *to be successful at the poll* bei der Wahl Erfolg haben/gut abschneiden — *to head the poll* die meisten Stimmen haben — *a secret ballot was taken* es wurde geheim abgestimmt — *the bill was passed by a large majority* die Gesetzesvorlage wurde mit großer Mehrheit angenommen — *the bill was thrown out* die Gesetzesvorlage wurde abgelehnt — *to suppress/to crush/to put down riots* Unruhen niederschlagen.

33. Rechtsprechung

Grundwortschatz: account, act, action, advantage, blame, book, business, case, cause, chair, commerce, complaint, concern, conscience, court, crime, criminal, deal, debt, delay, doubt, effect, fact, faith, fine, law, matter, murder, mystery, need, offence, owner, pardon, possession, prejudice, property, rent, suit, trial, wrong — to acquire, to act, to admit, to arrest, to borrow, to complain, to delay, to doubt, to lay claim to, to let, to lie, to murder, to owe, to pardon, to possess, to punish, to swear — aware, busy, commercial, guilty, mysterious, real.

jurisdiction [dʒuərɪs'dikʃən]	Rechtsprechung *f*; Gerichtsbarkeit *f*; Gerichtsbezirk *m*
common law	(englisches) Gewohnheitsrecht *n*
privilege	Vorrecht *n*, Privileg *n*
charter	Urkunde *f*; Freibrief *m*
licence ['laisəns]	Lizenz *f*, Konzession *f*; Erlaubnis *f*
law-court	Gerichtshof *m*
jury	Geschworenengericht *n*
penal law/code ['pi:nl]	Strafrecht *n*/-gesetzbuch *n*
decree	Verfügung *f*, Verordnung *f*
legal proceedings *pl* ['li:gəl]	Gerichtsverfahren *n*
law-suit	Prozeß *m*
justice of the peace	Friedensrichter *m*
sheriff	Sheriff *m*

lawyer ['lɔ:jə]	Rechtsanwalt *m*, Jurist *m* [zung *f*
violation	(Gesetzes-)Übertretung *f*, Verlet-
accusation	Anklage *f*; Beschuldigung *f*
defendant	Beklagte(r) *m*
warrant	Haft-, Vollstreckungsbefehl *m*;
	Bürgschaft *f*; Vollmacht *f*
evidence	Beweismaterial *n*; Zeugnis *n*; Zeuge *m*
investigation	Untersuchung *f*
confession	Geständnis *n*; Bekenntnis *n*; Beichte *f*
sentence	Urteil *n*; Satz *m*; Sinnspruch *m*
penalty ['penlti] [ment	Strafe *f*; *sport* Strafpunkt *m*
imprisonment, confine-	Haft *f*
gaol, jail [dʒeil] / cell	Gefängnis *n*, Kerker *m* / Zelle *f*
penal servitude	Zuchthausstrafe *f*
condemnation	Verurteilung *f*
conviction	Überführung *f* (e-s Angeklagten);
	Überzeugung *f*
capital punishment	Todesstrafe *f*
execution	Hinrichtung *f*
torture/suspicion	Folter *f*; Qual *f* / Verdacht *m*
murderer / robber	Mörder *m* / Räuber *m*
swindler	Betrüger *m*, Schwindler *m*
pickpocket	Taschendieb *m*
burglar / burglary	Einbrecher *m* / Einbruch *m*
oath	Eid *m*, Schwur *m*; Fluch *m*
perjury ['pə:dʒəri]	Meineid *m*
bribery/caution	Bestechung *f* / Warnung *f*
corruption	Bestechlichkeit *f*; Bestechung *f*;
	Verdorbenheit *f*
denial [di'naiəl]	Leugnen *n*; abschlägige(r) Bescheid *m*
offender	Missetäter *m*; Beleidiger *m*
reputation	gute(r) Ruf *m*, Ansehen *n*
to accuse (of)	beschuldigen; anklagen (wegen)
to fine	zu einer Geldstrafe verurteilen
to execute ['eksikju:t]	hinrichten; vollziehen, ausführen
to summon	vorladen; zusammenrufen; auffor-
	dern
to interrogate [in'terogeit]	verhören
to incriminate / to exone-	belasten / entlasten
to discharge [rate	freisprechen; aus-/entladen; *(Amt)*
	versehen; *(Pflicht)* erfüllen
to testify	aussagen, bezeugen
to assert	behaupten, geltend machen

to deny	ableugnen, abstreiten
to convict/to suspect	überführen / (be)argwöhnen
to impose, to inflict	*(Strafe)* verhängen
to release / to acquit	frei-, loslassen / freisprechen
to confiscate	beschlagnahmen
to condemn [kən'dem]	verurteilen; verdammen
to investigate	untersuchen; erforschen
to plead	*itr* plädieren, vor Gericht sprechen; *tr* geltend machen; verteidigen
to slander	verleumden
to bribe	bestechen
to extort (from)	erpressen (von)
legal ['li:gl]	gesetzlich; rechtmäßig
unlawful, illegal	ungesetzlich, gesetzwidrig
innocent	unschuldig
suspicious [səs'piʃəs]	verdächtig; mißtrauisch
legitimate, rightful	rechtmäßig
evident	augenscheinlich, offenbar
unjust	ungerecht
aggravating / extenuating	erschwerend / mildernd

Sätze und Redewendungen: to *administer justice* Recht sprechen — *to be in the dock* auf der Anklagebank sitzen — *the complaint was dismissed* die Klage wurde abgewiesen — *he's accused of murder* er ist des Mordes angeklagt — *his house was searched* bei ihm wurde eine Hausdurchsuchung vorgenommen — *to bring an action against s.o.* gegen jdn einen Prozeß anstrengen — *he was called to the bar* er wurde als Rechtsanwalt zugelassen — *to commit perjury* einen Meineid leisten — *to pass a sentence* einen Urteilsspruch fällen — *sentence will be pronounced tomorrow* das Urteil wird morgen verkündet — *to protest o.'s innocence* seine Unschuld beteuern — *to make an appeal to* Berufung einlegen bei — *to commit a crime* ein Verbrechen begehen — *to put into prison* ins Gefängnis schicken — *can you furnish proof?* können Sie dafür den Beweis erbringen? — *to take legal action* den Rechtsweg beschreiten — *it's his fault* er ist schuld daran — *do you plead guilty?* bekennen Sie sich schuldig? — *to plead not guilty* seine Unschuld beteuern — *to dismiss an appeal* eine Berufung verwerfen — *to set at liberty* auf freien Fuß setzen — *to give evidence against s.o.* gegen jdn aussagen — *to act in self-defence* in Notwehr handeln — *he was sentenced to death/to three months imprisonment* er wurde zum Tode/zu drei Monaten Gefängnis verurteilt — *to take an oath on/to swear to* einen Eid leisten/schwören auf — *on oath* unter Eid.

34. Verwaltung und Polizei

Grundwortschatz: activity, admission, advice, amount, application, appointment, arrangement, association, bill, control, customs, direction, efficiency, improvement, management, notice, officer, official, order, police, post, request, staff, tax — to acquaint, to advise, to appoint, to approve, to arrange, to ask, to beg, to bind, to control, to direct, to effect, to forbid, to issue, to manage, to tax — economical, local.

community	Gemeinde *f*; Gemeinschaft *f*; Allgemeinheit *f*
municipality	Stadtverwaltung *f*, -bezirk *m*
authorities *pl*	Behörde *f*
town council	Stadtrat *m*
mayor [mɛə]	Bürgermeister *m*
Civil Service	Staatsdienst *m*
administration	Verwaltung *f*
department	Abteilung *f*; Gebiet *n*, Ressort *n*
magistrate ['mædʒistrit]	Polizei-, Friedensrichter *m*
certificate [sə'tifikit]	Bescheinigung *f*; Zeugnis *n*
birth/marriage certificate	Geburtsschein *m* / Heiratsurkunde *f*
passport	Reisepaß *m*
driving-licence, *Am* driver's license	Führerschein *m*
building-licence	Baugenehmigung *f*
registry office, *Am* Marriage License Bureau	Standesamt *n*
signature ['signitʃə]	Unterschrift *f*
fire-brigade [bri'geid]	Feuerwehr *f*
hose	Schlauch *m*
police station	Polizeiwache *f*
legal closing time	Polizeistunde *f*
inspector	(Polizei-)Inspektor *m*; Aufseher *m*
flying squad [skwɔd]	Überfallkommando *n*
plain-clothes men *pl*	Polizei *f* in Zivil
fingerprints *pl*	Fingerabdrücke *m pl*
beat	Runde *f*, Revier *n*; Bereich *m*
precaution	Vorsicht(smaßregel) *f* [lung *f*
regulation	Anordnung *f*, Vorschrift *f*; Rege-
intervention	Eingreifen *n*; Einmischung *f*
status ['steitəs]	(Personen-)Stand *m*; Stellung *f*, Rang *m*
residence	Wohnsitz *m*; Aufenthalt *m*
residence permit	Aufenthaltsgenehmigung *f*

country of origin	Herkunftsland *n*
visa ['vi:zə]	Sichtvermerk *m*
customs duties *pl*/ **inspection**	Zollgebühren *f pl*/-kontrolle *f*
custom-house	Zollamt *n*
customs official/officer	Zollbeamte(r) *m*
civil servant	Beamte(r) *m*
public notice	Bekanntmachung *f*
to register ['redʒistə]	anmelden, eintragen; *(Brief)* einschreiben lassen; *(Gepäck)* aufgeben
to circulate ['sə:kjuleit]	in Umlauf setzen
to consult	zu Rate ziehen, nachschlagen
to announce	bekanntmachen, ankündigen
to suspend	*(des Amtes)* entheben, unterbrechen; aufschieben; aufheben
to certify	bescheinigen
municipal [mju:'nisipəl]	städtisch
secure	sicher

Sätze und Redewendungen: *to prove o.'s identity* sich ausweisen — *notice is hereby given that* ... es wird hiermit bekanntgegeben, daß ... — *to keep in readiness* in Bereitschaft halten — *to enforce the law* dem Gesetz Achtung verschaffen — *a check-up on motor-cars* eine Kraftfahrzeugkontrolle — *the police are on his track* die Polizei ist ihm auf der Spur — *my name is Mr Miller* ich heiße Müller — *to file an application for* einen Antrag einreichen auf — *(in order) to be on the safe side* sicherheitshalber — *to assume alarming proportions* erschreckende Ausmaße annehmen — *all necessary measures were taken* man hat alle notwendigen Maßnahmen ergriffen — *in apple-pie order* (fam) in bester Ordnung — *to keep in order* in Ordnung halten — *no admission/admittance* Eintritt verboten! — *No smoking! By order of the police* Rauchen polizeilich verboten! — *keep moving!* weitergehen! — *to pass/to get through the Customs* durch den Zoll gehen.

35. Militär: Heer

Grundwortschatz: absence, advance, adventure, appearance, arch, arms, army, art, attempt, attention, ball, band, bank, battle, belt, blood, boat, body, camp, cap, charge, check, company, courage, coward, cut, danger, dead, death, defeat, defence, division, duty, enemy, energy, failure, field, fire, flag, flame, flight, force, front, glory, guard, gun, hill, iron, leave, life, man, officer, protection, quarters, range, resistance, sacrifice, shot, signal, soldier, staff stroke, struggle, sword, tent, theatre, training, zone — to accompany, to aim, to appear, to approach, to arrange, to attack, to attempt, to be off (on) duty, to burst, to conquer, to crush, to defend, to die, to dig, to discourage, to distinguish, to encourage, to fail, to fence, to fight, to fly, to guard, to hurt, to kill, to knock, to occupy, to overcome, to protest, to quarter, to reserve, to resist, to sacrifice, to shoot, to signal, to struggle — able, aboard, abroad, absent, killed in action, active, ahead, around, backward(s), bold, brave, considerable, hard, strong.

armed forces *pl*	Streitkräfte *f pl*
regiment	Regiment *n*
detachment	Abteilung *f*
squadron ['skwɔdrən]	Geschwader *n*
section	Abschnitt *m*; Abteilung *f*; Schnitt *m*
commander(-in-chief)	(Ober-)Befehlshaber *m*
colonel ['kə:nl]	Oberst *m*
major	Major *m*
first/second lieutenant [lef'tenənt]	Oberleutnant / Leutnant *m*
recruit [ri'kru:t]	Rekrut *m*
private	gemeine(r) Soldat *m*
corporal	Unteroffizier *m*
sergeant ['sɑ:dʒənt]	Feldwebel *m*; Wachtmeister *m*
infantry / artillery	Infanterie *f* / Artillerie *f*
engineers *pl* [endʒi'niəz]	Pioniere *m pl*
signal corps [kɔ:, *Am* kɔ:ps]	Nachrichtentruppe *f*
badge	Dienstgradabzeichen *n*
unit	Einheit *f*
uniform	Uniform *f*
steel helmet	Stahlhelm *m*
kit-bag	Tornister *m*
equipment	Ausrüstung *f*
fire-arm	Schußwaffe *f*
rifle	Gewehr *n*
machine gun	Maschinengewehr *n*
pistol	Pistole *f*
rocket	Rakete *f*
tank	Panzerkampfwagen *m*
trench	Schützengraben *m*
patrol [pə'troul]	Patrouille *f*
ammunition [æmju'niʃən]	Munition *f*
cartridge	Patrone *f*

shell	Granate *f*
bullet ['bulit]	Kugel *f*
manœuvre, *Am* **maneuver** [mə'nu:və]	Manöver *n*
barracks *pl* u. *sing*	Kaserne *f*
parade [pə'reid]	Parade *f*
parade / drill-ground	Exerzierplatz *m*
sentry	Wachtposten *m*
call-up, *Am* **draft**	Einberufung *f*
reserves *pl*	Reserve *f*
flag, colours *pl*	Fahne *f*
volunteer [vɔlən'tiə]	Freiwillige(r) *m*
garrison	Garnison *f*
to drill	ausbilden; abrichten; bohren
to salute	grüßen, salutieren
to blow up (blew, blown)	in die Luft sprengen
to equip	ausrüsten
to detail ['di:teil, di'teil]	zuteilen, zuweisen, abordnen
to launch a rocket [lɔ:ntʃ]	eine Rakete abschießen
to recruit	rekrutieren; ergänzen
to enlist	(an)werben; eintragen, einschreiben
to explode	explodieren
to fire off	abfeuern
to volunteer	freiwillig dienen
to call up, *Am* **to draft**	einberufen
defenceless	wehrlos; schutzlos
explosive	explosiv

Sätze und Redewendungen: *to serve in the army* im Heer dienen — *compulsory military service* allgemeine Wehrpflicht *f* — *barbed wire* Stacheldraht *m* — *a good shot* ein guter Schütze — *to shed blood* Blut vergießen — *to mount guard* auf Wache ziehen — *to be on/to stand guard* Wache stehen — *to relieve guard* die Wache ablösen — *to put up a fight* sich zur Wehr setzen — *to be/to come on furlough* im Urlaub sein / auf Urlaub kommen — *that's strictly forbidden* das ist ausdrücklich verboten — *out of/within range* außer/in Schußweite — *to assume (the) command* den Befehl übernehmen — *to be at the head of* an der Spitze stehen — *to hold a review* die Parade abnehmen — *to go the rounds* die Runde machen — *to serve with/to join the colours* Soldat werden, einrücken; *atomic weapons* *pl* Atombewaffnung *f* — *guided missile* ferngelenkte(s) Geschoß *n* — *to pitch/to break up, to strike a camp* ein Lager aufschlagen/abbrechen.

36. Militär: Marine, Luftwaffe (cf. 57/58)

Grundwortschatz = cf. 57/58

navy / naval port	Kriegsmarine *f* / Kriegshafen *m*
warship, man-of-war	Kriegsschiff *n*
battleship	Schlachtschiff *n*
submarine ['sʌbməri:n]	U-Boot *n*
cruiser ['kru:zə]	Kreuzer *m*
destroyer [dis'trɔiə]	Zerstörer *m*
aircraft carrier ['kæriə]	Flugzeugträger *m*
training ship	Schulschiff *n*
admiral	Admiral *m*
Royal Air Force, R.A.F.	englische Luftwaffe *f*
(aero)plane, *Am* airplane	Flugzeug *n*
aerodrome, airfield, *Am* airdrome	Flugplatz *m*
airport	Flughafen *m*
hangar ['hæŋgə]	Flugzeughalle *f*
anti-aircraft defence	Flugzeugabwehr *f*
pursuit plane [pə'sju:t]	Jagdflugzeug *n*
jet fighter	Düsenjäger *m*
air-raid	Luft-/Fliegerangriff *m*
air-raid protection, A.R.P.	Luftschutz *m*
air-raid warning/precautions *pl*/shelter	Luftwarnung *f* / Luftschutzmaßnahmen *f pl* /-raum *m*
searchlight	Scheinwerfer *m*
black-out	Verdunkelung *f*
all-clear	Entwarnung *f*
siren ['saiərin]	Sirene *f*
gas-mask [bomb	Gasmaske *f*
incendiary/explosive	Brand-/Sprengbombe *f*
atomic/hydrogen bomb ['haidridʒən]	Atom-/Wasserstoffbombe *f*
splinter	Splitter *m*
air-lift	Luftbrücke *f*
airborne troops *pl*	Luftlandetruppen *f pl*
air photo(graph)	Luftbild *n*
air-/naval battle	Luft-/Seeschlacht *f*
air-/naval base	Luftstütz-/Flottenstützpunkt *m*
parachute (troops *pl*) ['pærəʃu:t]	Fallschirm(-truppen *f pl*) *m*
parachutist ['pærəʃu:tist]	Fallschirmspringer *m*
to hoist/to lower a flag	eine Flagge hissen/einholen
to cast/to weigh anchor	Anker werfen/lichten

to go down	untergehen
to blow up	in die Luft sprengen
to dive, to submerge	untertauchen
to devastate, to ravage	verwüsten, verheeren
['rævidʒ]	
naval ['neivəl]	seemännisch; See-, Marine-
bomb-proof	bombensicher
airtight	luftdicht

Sätze und Redewendungen: *the ship has sprung a leak* das Schiff hat ein Leck bekommen — *to bring down/to shoot down a plane* ein Flugzeug abschießen — *to be airborne* aufgestiegen sein.

37. Krieg und Frieden

Grundwortschatz: agreement, anxiety, arrangement, cause, committee, condition, confusion, connection, consideration, course, coward, cruelty, delay, despair, determination, event, exception, failure, fate, fear, fright, harm, hate, issue, news, note, opportunity, peace, problem, proposal, protest, quarrel, reason, regard, regret, relief, result, risk, safety, terms, victory, war — to argue, to arrange, to bear, to confuse, to decide, to delay, to despair, to determine, to disagree, to fear, to finish, to frighten, to hate, to propose, to protest, to quarrel, to regret, to relieve, to ruin, to make war on — anxious, awful, cruel, delicate, fearful, foreign, nervous, reasonable, safe, unhappy, urgent, waste.

armament	Aufrüstung *f*
disarmament	Abrüstung *f*
campaign [kæm'pein]	Feldzug *m* [*pl*
ally / the Allied [ə'lai]	Verbündete(r) *m* / die Verbündeten *m*
alliance [ə'laiəns] [war	Bündnis *n*
theatre of operations/of invasion	Kriegsschauplatz *m*
conquest ['kɔŋkwest]	Einfall *m*
	Eroberung *f*
conquerer ['kɔŋkərə]	Eroberer *m*, Sieger *m*
assault [ə'sɔ:lt]	Sturmangriff *m*; tätliche Bedrohung *f*
aggressor, assailant	Angreifer *m*
raid	Überfall *m*
volley ['vɔli]	Salve *f*; *fig* Hagel *m*, Schwall *m*
bloodshed	Blutvergießen *n*
combat ['kɔmbət]	Kampf *m*
radar ['reidɑ:]	Radar *n*
explosion	Explosion *f*

casualties *pl* ['kæʒjuəltiz]	Verluste *m pl*
retreat	Rückzug *m*
pursuit [pə'sju:t]	Verfolgung *f*
treason ['tri:zn]	Verrat *m*
traitor (traitress)	Verräter(in *f*) *m*
surrender	Kapitulation *f*, Übergabe *f*
prisoner of war, POW	Kriegsgefangene(r) *m*
captivity	Gefangenschaft *f*
occupation troops *pl*	Besatzungstruppen *f pl*
martial law ['mɑ:ʃl]	Kriegs-/Standrecht *n*
negotiation	Verhandlung *f*
armistice	Waffenstillstand *m*
peace treaty	Friedensvertrag *m*
conclusion of peace	Friedensschluß *m*
neutrality	Neutralität *f*
warrior	Krieger *m*
warfare	Krieg(führung *f*) *m*
field hospital	Feldlazarett *n*
war criminal	Kriegsverbrecher *m*
heroic deed	Heldentat *f*
hero (*pl* heroes)	Held *m*
victor	Sieger *m*
cowardice	Feigheit *f*
refugee [refju'dʒi:]	Flüchtling *m*
to make/to wage war on	Krieg führen gegen
to ally [ə'lai]	sich verbünden
to assault	angreifen, anfallen
to raid	einen Überfall machen auf
to encircle	einkreisen; umfassen
to disarm	entwaffnen
to release (from)	los-/entlassen; befreien (von)
to surrender	sich ergeben
to plunder	plündern
to lay waste	verwüsten
to smash	zerschmettern
to withdraw (-drew, -drawn)/to retreat (from)	sich zurückziehen (von)
to outnumber	an Zahl überlegen sein/übertreffen
to pierce	durchbohren/-dringen
to vanquish ['væŋkwiʃ]	besiegen, überwinden
to betray	verraten
warlike	kriegerisch
decisive	entscheidend

desperate ['despərit]	verzweifelt
unconditional	bedingungslos
captive	gefangen
missing	vermißt
traitorous, treacherous	verräterisch
alarming, disturbing	beunruhigend
unequal	ungleich
heroic [hi'rouik]	heroisch, heldenhaft
victorious	siegreich
bloody	blutig; blutgierig
cowardly	feige

Sätze und Redewendungen: *to be on the verge of war* am Rande eines Krieges stehen — *in case of war* im Kriegsfalle, im Falle eines Krieges — *declaration of war* Kriegserklärung *f* — *outbreak of hostilities* Ausbruch *m* der Feindseligkeiten — *to be at war with* im Kriege sein mit — *to carry the war into the enemy's country* den Krieg ins Feindesland tragen — *to offer/to put up resistance* Widerstand leisten — *to meet with resistance* auf Widerstand stoßen — *the enemy's positions were taken by assault* die feindlichen Stellungen wurden im Sturm genommen — *the horrors of war* die Schrecken des Krieges — *belligerent power* kriegführende Macht *f* — *the allied forces* die alliierten Truppen — *to go to war against* in den Krieg ziehen gegen — *to go into action* in den Kampf ziehen — *conscientious objector* Kriegsdienstverweigerer *m* — *to enter into/to break off/to resume negotiations* Verhandlungen aufnehmen/abbrechen/wiederaufnehmen — *to put to flight* in die Flucht schlagen — *curfew* Sperrstunde *f* — *to take prisoner, to capture* gefangennehmen — *to set on fire* in Brand stecken — *to make peace with* Frieden schließen mit — *in times of war/of peace* in Kriegs-/Friedenszeiten — *to gain the victory (over), to win the day* den Sieg davontragen/erringen.

IX. Wirtschaft

38. Arbeit und Arbeitsbedingungen

Grundwortschatz: accident, account, advantage, agreement, application, arrangement, deed, energy, gain, job, labour, mechanic, pay, payment, profession, raise, rate, reward, salary, union, wage(s), wage-earner, work — to advance, to agree, to attend, to earn, to employ, to engage, to enter, to gain, to hire, to pay, to unite, to work — careful, careless, joint, unable, unemployed, (un)favourable, (un)healthy.

vocation, calling/career	Beruf m / Laufbahn f
Labour Office/Exchange	Arbeitsamt n
vocational adviser	Berufsberater m
vacancy ['veikənsi]	freie Stelle f; Leere f, Lücke f
applicant (for)	Bewerber m (um)
income / livelihood	Einkommen n / Lebensunterhalt m
economy	(Volks-)Wirtschaft f; Haushaltung f; Sparsamkeit f
insurance [in'ʃuərəns]	Versicherung f
labour/working condi-	Arbeitsverhältnisse n pl
working class [tions pl	Arbeiterklasse f
tariff	Tarif m
employer / employee [emplɔi'i:]	Arbeitgeber m/-nehmer m
personnel, staff [pə:sə'nel]	Personal n, Belegschaft f
working hours pl	Arbeitszeit f
unemployment	Arbeitslosigkeit f
vacation	Ferien pl; Am Urlaub m
pay envelope / wage slip	Lohntüte f / Lohnzettel m
(shorthand) typist	Stenotypistin f
to compete with [kəm'pi:t]	konkurrieren, in Wettbewerb treten mit
unemployed, out of work	arbeitslos
industrial	industriell, gewerbetreibend
industrious	fleißig; arbeit-/betriebsam
diligent / energetic	fleißig / energisch, tatkräftig
efficient	leistungsfähig, tüchtig
imperative [im'perətiv]	unbedingt notwendig
indispensable	unentbehrlich

Sätze und Redewendungen: *he's at work now* er ist gerade bei der Arbeit — *to enter upon a career* einen Beruf einschlagen — *to earn o.'s livelihood/a living out of* sein Brot verdienen mit — *standard of living* Lebensstandard m — *to work overtime* Überstunden machen — *to be out of work* arbeitslos sein — *he's on the dole* er bezieht Arbeitslosenunterstützung, er geht stempeln — *to look for work* Arbeit suchen — *to start work* die Arbeit aufnehmen, sich an die Arbeit machen — *as a reward/in return for* zum Lohn für — *manpower shortage* Mangel m an Arbeitskräften — *salaried and wage earning employees* Lohn- und Gehaltsempfänger m pl — *collective bargaining* Lohnverhandlungen f pl — *manual labour* körperliche Arbeit f — *to do business* Geschäfte machen — *to be on holiday/ Am on vacation* im Urlaub sein.

39. Handwerk (cf. 46)

Grundwortschatz: bag, baggage, basket, bed, beef, beer, belt, bench, block, board, bow, bowl, box, bread, brick, brush, bunch, butcher, button, cake, can, cap, chair, coat, cup, curl, cushion, dress, fashion, hair, hat, key, kitchen, knife, ladder, lamp, leaf, meat, model, nail, needle, order, organ, paint, painter, paper, piece, pocket, practice, price, profit, quality, quantity, rope, saddle, saw, scissors, shirt, sleeve, stroke, tailor, tie, tool, towel, trunk, tube, wall, watch, wear, weight, wheel — to beat, to bend, to bind, to break, to build, to cast, to curl, to cut, to exercise, to fold, to furnish, to kill, to make, to nail, to order, to paint, to polish, to produce, to rub, to scrape, to screw, to stamp, to strike, to throw, to turn, to twist, to wear, to weave, to weigh, to wind, to wipe, to wrap — careful, careless, modern, smooth, tight.

Weitere Verben und Adjektive cf. 38.

craft [ˈzæn]	Handwerk n, Gewerbe n; Geschicklichkeit f; Fahrzeug n
craftsman, artisan [ɑːtiˈ	(gelernter) Handwerker m
journeyman	Geselle m
apprentice	Lehrling m
apprenticeship	Lehre f, Lehrzeit f
workshop	Werkstatt f
implement	Werkzeug n
mason, bricklayer [ˈmeisn]	Maurer m
baker	Bäcker m
miller	Müller m
hair-dresser, barber	Frisör m
carpenter	Zimmermann m
joiner	Tischler, Schreiner m
upholsterer	Tapezier(er) m
glazier [ˈgleiziə]	Glaser m
plumber [ˈplʌmə]	Installateur m, Klempner m
smith / locksmith	Schmied m / Schlosser m
saddler	Sattler m
shoemaker	Schuhmacher m
watchmaker	Uhrmacher m
optician [ɔpˈtiʃən]	Optiker m
bookseller	Buchhändler m
printer	Drucker m
engineer [endʒiˈniə]	Techniker m; Maschinenbauer m
furrier [ˈfʌriə]	Kürschner m
weaver	Weber m

spinner	Spinner *m*
carrier	Fuhrmann *m*; Spediteur *m*
dressmaker	Damenschneiderin *f*
chimney-sweep	Schornsteinfeger *m*
miner	Bergmann *m*
anvil	Amboß *m*
chisel ['tʃizl]	Meißel *m*
screw-driver	Schraubenzieher *m*
drill, gimlet ['gimlit]	Bohrer *m*
plane	Hobel *m*
file	Feile *f*
spanner, wrench	Schraubenschlüssel *m*
joiner's bench	Hobelbank *f*
vice	Schraubstock *m*
hatchet	Beil *n*
a pair of pincers	eine Beißzange
to slaughter	schlachten
to grind (ground, ground)	mahlen
to solder ['sɔ:ldə]	löten
to spin (spun, spun)	spinnen; herumwirbeln
to tan	gerben
to dye	färben
to gild / to plate	vergolden / versilbern
to glaze	verglasen, glasieren
to plane	hobeln
to bore	bohren
to melt, to found	schmelzen
to sharpen	schärfen; *(Bleistift)* spitzen
to weld	schweißen
to rivet (to)	nieten; heften (an)
to utilize	benutzen, sich zunutze machen [sen
to adjust	ein-, verstellen; berichtigen; anpas-
to procure s.o. s.th.	jdm etw beschaffen, besorgen [fen
to transport	befördern, transportieren; fortschaf-
by means of	(ver)mittels
crafty	geschickt; listig
inventive	erfinderisch

40. Industrie (cf. 38/39)

Grundwortschatz: advertisement, affair, association, bargain, bicycle, bill, book, branch, bridge, business, car, carriage, chief, clothes, control, cost, deal, factory, field, firm, head, industry, inquiry, make, management, manager, market, mass, mine, model, order, plant, plate, price, production, profit, quality, quantity, representative, return, sale, seat, staff, test, toy, trade, training, treatment, trial, type, want, wear, work(s), yield — to advertise, to buy, to control, to cost, to effect, to establish, to manage, to order, to produce, to provide, to sell, to send, to supply, to test, to wear, to work, to yield — busy, economical, expensive, ugly, waste.

Weitere Verben und Adjektive cf. 38/39.

key-/heavy/basic/motor industry	Schlüssel-/Schwer-/Grundstoff-/Automobilindustrie *f*
enterprise	Unternehmung *f*, Unternehmen *n*
cotton/paper/rolling/saw mill	Baumwollspinnerei *f* / Papierfabrik *f* / Walzwerk *n* / Sägemühle *f*
spinning/weaving mill	Spinnerei *f* / Weberei *f*
iron-/glass works *pl u. sing*	(Eisen-)Hütte *f* / Glashütte *f*
coal-mine, colliery ['kɔljəri]	Kohlenbergwerk *n*
coal-pit	Kohlengrube *f*
shaft	Schacht *m*
foundry	Gießerei *f*
blast-furnace	Hochofen *m*
quarry ['kwɔri]	Steinbruch *m*
laboratory [lə'bɔrətəri, 'læbə-]	Laboratorium *n*
inventor	Erfinder *m*
apparatus [æpə'reitəs]	Apparat *m*; Gerät *n*
crane	Kran *m*
conveyor belt, assembly line	Fließband *n*
lathe [leið]	Drehbank *f*
process	Verfahren *n*
finished products/ goods *pl*	Fertigwaren *f pl*
trade-mark	Fabrikmarke *f*
shutdown	Stillegung *f*
lock-out	Aussperrung *f*
shift	Schicht *f*
manufacturer	Fabrikant *m*
industrial	industriell; gewerbetreibend
enterprising	unternehmend; wagemutig
brand-new	fabrikneu

41. Rohstoffe und Materialien

Grundwortschatz: ball, band, bar, chain, chalk, cloth, gold, iron, leather, material, means, parcel, sack, salt, sand, seed, sheet, shell, skin, snow, soap, soil, sort, steam, steel, stock, stone, store, straw, string, stripe, stuff, sugar, thread, water, wire, wood — to solve, to sort, to supply, to unload, to win — bad, broad, hard, soft, solid, sour, stiff, strong, tender, thin, tight, weak.

mineral	Mineral n
copper	Kupfer n
lead [led]	Blei n
brass [brɑːs]	Messing n
platinum ['plætinəm]	Platin n
sheet-iron	Eisenblech n
quicksilver	Quecksilber n
sulphur ['sʌlfə]	Schwefel m
peat	Torf m
tar	Teer m
sand-stone	Sandstein m
gravel ['grævl]	Kies m
pebble	Kieselstein m
clay	Ton m, Lehm m
limestone	Kalkstein m
rock-salt	Steinsalz n
granite ['grænit]	Granit m
marble / slate	Marmor m / Schiefer m
plaster of Paris	(gebrannter) Gips m
rubber / resin	Gummi m / Harz n
uranium [juə'reiniəm]	Uran n
raw silk / silk dress	Rohseide f / Seidenkleid n
crystal	Kristall n
copper coin	Kupfermünze f
iron bar	Eisenstange f
leather coat	Ledermantel m
fluid	flüssig
steely	stählern

Weitere Adjektive cf. Grundwortschatz.

Sätze und Redewendungen: *strike while the iron is hot* man muß das Eisen schmieden, solange es warm ist — *to work underground* unter Tage arbeiten — *lead has a lower melting-point than iron* Blei hat einen niedrigeren Schmelzpunkt als Eisen.

42. Hausbau: Bau und Planung

Grundwortschatz: admission, arrangement, bottom, building, circle, condition, cottage, destruction, difficulty, effort, farm, front, ground, home, hotel, house, inn, iron, metal, middle, place, plan, position, rent, scale, shelter, simplicity, size, slope, soil, space, spot, square, stage, station, tent, theatre, tower, view — to add, to arrange, to attach, to build, to destroy, to develop, to handle, to plan, to rent — difficult, expensive, flat, irregular, simple, square — above, around, aside, behind, beneath, beside, under.

structure	Bau(art f) m; Struktur f
site	Bauplatz m; Lage f
construction	Bau m, Errichtung f; Bauwerk n
foundation	Fundament n; Grundlage f
blue print	Blaupause f; fig Plan m
beam	Balken m; (Licht-)Strahl m
pole	Stange f; Pfahl m
concrete ['kɔnkri:t]	Beton m
timber, Am lumber	Bauholz n
dwelling-house	Wohnhaus n
block of flats, Am apartment house	Mietshaus n
to erect, to raise	errichten
to construct	errichten, bauen
to enlarge	erweitern
stately / neat	stattlich / nett, sauber, ordentlich
magnificent [mæg'nifisnt], splendid	prächtig, großartig
insanitary [in'sænitəri]	ungesund
cosy, snug	gemütlich

Sätze und Redewendungen: *to lay the foundation-stone* den Grundstein legen — *to submit an estimate* einen Kostenvoranschlag einreichen — *prefabricated house* Fertighaus n — *the housing problem* das Wohnungsproblem — *to need putting into repair* ausbesserungsbedürftig sein — *to be in good/bad repair* in gutem/schlechtem baulichem Zustand sein — *a six-storied house* ein sechsstöckiges Haus.

43. Hausbau: Gebäude (cf. 54)

Grundwortschatz: brick, court, cross, flight of stairs, floor, frame, garden, gate, glass, grass, hall, key, passage, screw, stairs, steel, step, stone, story, tool, wall, well, wood — to cover, to fasten, to move, to occupy, to open, to rent, to scrape, to stay, to step — broad, empty, high, thick.

dwelling/lodgings *pl*	Wohnung *f* / Mietswohnung *f*
ground-/*Am* **first floor**	Erdgeschoß *n*
threshold ['θreʃould]	Schwelle *f*
front-door	Haustür *f*
basement	Kellergeschoß *n*
nursery	Kinderzimmer *n*
pantry	Speisekammer *f*
sitting-/living-room	Wohnzimmer *n*
water-closet, lavatory	Klosett *n*
ceiling	Decke *f*
pane	Fensterscheibe *f*
shutter	Fenster-, Rolladen *m*
lift, *Am* **elevator**	Aufzug *m*
pillar	Pfeiler *m*, Säule *f*
to unlock	aufschließen
to lodge	(als Mieter) wohnen; beherbergen
to reside	wohnen, ansässig sein
to dwell (dwelt, dwelt)	wohnen
spacious ['speiʃəs]	geräumig
furnished	möbliert
tidy ['taidi]	sauber, ordentlich
resident/living at	wohnhaft in
steep	steil

Sätze und Redewendungen: *to ring the bell* klingeln — *to wipe o.'s shoes* die Schuhe abstreifen — *to go upstairs* die Treppe hinaufgehen — *where is your permanent residence?* wo ist Ihr ständiger Wohnsitz? — *to look for a flat*/*Am an apartment* eine Wohnung suchen — *the stairs are steep* die Treppe ist steil — *the window looks out on a garden*/*faces the street*/*faces south* das Fenster geht auf den Garten/auf die Straße hinaus/nach Süden — *close the window* mach das Fenster zu.

44. Möbel, Ausstattung

Grundwortschatz: bar, bath, bed, bell, chair, clock, curtain, furniture, key, kitchen, picture, piece, sheet, table — to arrange, to bathe, to beat, to fasten — ancient, beautiful, hard, high, low, modern, nice, old, poor, rich, round, simple, solid, thick.

household	Haushalt *m*
wardrobe / cupboard	Kleider-/Geschirrschrank *m*
['kʌbəd]	
sideboard	Anrichte *f*
desk, writing table	Schreibtisch *m*
easy chair	Sessel *m*
sofa / couch	Sofa *n* / Liege *f*, Couch *f*
chest of drawers	Kommode *f*
carpet, *Am* **rug**	Teppich *m*
looking-glass, mirror	Spiegel *m*
piano / grand piano	Klavier *n* / Flügel *m*
stool	Schemel *m*
radio/television set	Radio-/Fernsehgerät *n*
waste-paper basket	Papierkorb *m*
refrigerator [ri'fridʒəreitə]	Kühlschrank *m*
vacuum cleaner	Staubsauger *m*
['vækjuəm]	
dustbin, *Am* **ashcan**	Kehrichteimer *m*
sewing-machine ['souiŋ]	Nähmaschine *f*
coffee-mill	Kaffeemühle *f*
typewriter	Schreibmaschine *f*
upholstery	Polstermöbel *pl*
to tone with	abtönen auf, zusammenpassen mit
to tidy, *Am* **to straighten up**	aufräumen
elegant	elegant

Sätze und Redewendungen: *draw the curtains* zieh die Vorhänge zu — *to beat the carpet* den Teppich klopfen — *pattern on a carpet* Teppichmuster *n*.

45. Heizung und Beleuchtung

Grundwortschatz: coal, electricity, fire, gas, heat, lamp, light, match, range, screen, smoke, wood — to burn, to flash, to hang, to heat, to light, to shine, to smoke — clear, cold, dark, electric(al), hot, light, warm.

fire-place	Kamin *m*, Feuerstelle *f*
firing	Feuerung *f*, Heizung *f*
central heating	Zentralheizung *f*
stove [stouv] / **stove-pipe**	Ofen *m*; Treibhaus *n* / Ofenrohr *n*
fuel	Brennstoff *m*
(electric) bulb	Glühbirne *f*
spark	Funke *m*

match-box	Streich-, Zündholzschachtel *f*
candle	Kerze *f*
lighter	Feuerzeug *n*
electric torch, flashlight	Taschenlampe *f*
socket, outlet	Steckdose *f*
to kindle ['kindl]	anzünden
to extinguish	auslöschen
brightly lit	hell erleuchtet

Sätze und Redewendungen: *to light a cigar* eine Zigarre anzünden — *to strike/to light a match* ein Streichholz anzünden — *put the plug in the socket* steck den Stecker in die Steckdose — *who takes care of the furnace?* wer sieht nach der Feuerung? — *have you put on some water?* hast du Wasser aufgesetzt? — *to turn on/to switch on/ off the light* das Licht an-/ausdrehen — *the switch is next to the door* der Schalter ist neben der Tür.

46. Haushaltsgegenstände

Grundwortschatz: bag, balance, ball, barrel, basin, belt, bench, board, bottle, bowl, box, brush, can, cap, clock, cover, curtain, cushion, glass, hammer, knife, ladder, object, paint, pan, pen, pencil, pin, pipe, plate, string, thread, towel — to attach, to bend, to brush, to cast, to clean, to cut, to damage, to empty, to fasten, to paint, to polish, to repair, to scrape, to take off, to tie — economic(al), necessary, new, sharp, solid, useful.

tray	Tablett *n*
shovel ['ʃʌvl]	Schaufel *f*
broom(stick)	Besen(stiel) *m*
china ['tʃainə]	Porzellan *n*
jug	Krug *m*, Kanne *f*
pail, bucket	Eimer *m*
sieve [si:v]	Sieb *n*
hook	Haken *m*
corkscrew	Korkenzieher *m*
ash-tray	Aschenbecher *m*
ironing-board	Bügelbrett *n*
wax [wæks]	Wachs *n*; Siegellack *m*
glue	Leim *m*
to hook	fest-, zuhaken
to sieve	sieben
to wax	wachsen, bohnern

to grind (ground, ground)	mahlen
to tie on	befestigen, anknüpfen
blunt	stumpf
sticky	klebrig

Sätze und Redewendungen: *this glue does not stick* dieser Leim klebt nicht — *give the room a good sweep* fegen Sie das Zimmer gründlich aus — *a new broom sweeps clean* neue Besen kehren gut — *wipe out the bath* wisch das Bad aus — *to dust the furniture* die Möbel abstauben — *a ball of string* ein Knäuel Bindfaden — *to lean a ladder against a wall* eine Leiter an/gegen eine Mauer stellen.

47. Großhandel (cf. 48/49)

Grundwortschatz: account, activity, address, advantage, affair, amount, arrangement, article, association, average, balance, bill, book, business, call, carriage, coal, commerce, company, complaint, cost, cotton, damage, deal, debt, demand, disadvantage, expense, form, gain, inquiry, message, order, origin, plant, profit, progress, representative, request, requirement, result, return, risk, ruin, sale, total, trade, yield — to address, to advance, to amount, to balance, to buy, to call, to carry, to cost, to cover, to damage, to deliver, to estimate, to gain, to inquire, to order, to organize, to profit, to provide, to require, to reserve, to rise, to risk, to ruin, to satisfy, to sell, to send, to supply, to total, to trade, to yield — available, on the average, busy, commercial, expensive, extraordinary, extreme, original.

wholesale/foreign trade	Groß-/Außenhandel *m*
Chamber of Commerce,	Handelskammer *f*
Am **Board of Trade**	
joint-stock company	Aktiengesellschaft *f*
importation/exportation	Ein-/Ausfuhr *f*
purchase ['pɔːtʃəs]	Kauf *m*
customer	Kunde *m*
competitor [kəm'petitə]	Konkurrent *m*
ware-, storehouse	Lagerhaus *n*
sample, specimen	Muster *n*, Probe *f*
merchandise	Ware *f*
pattern	Muster *n*, Modell *n*
liability [laiə'biliti]	Haftung *f*; Verantwortung *f*
invoice	Rechnung *f*
gross/net weight [grous]	Brutto-/Nettogewicht *n*
catalogue ['kætələg]	Katalog *m*, Verzeichnis *n*

receipt ['ri'si:t]	Quittung *f*; Empfang *m*
trade-mark	Schutzmarke *f*
delivery	Lieferung *f*; Zustellung *f*
dispatch	Abfertigung *f*; Absendung *f*
conveyance	Transport *m*, Beförderung *f*
cargo (*pl* **cargoes**)	Schiffsladung *f*
partner	Teilhaber *m*

to execute ['eksikju:t]	ausführen, vollziehen; hinrichten
to import [im'pɔ:t]	einführen
to dispatch	absenden; schnell erledigen
to convey	befördern; übersenden; vermitteln
to compete with	konkurrieren mit

profitable	gewinnbringend
slack	flau; schlaff, lose
confidential	vertraulich

Sätze und Redewendungen: *to find an outlet for* einen Absatzmarkt finden für — *to make inquiries* Erkundigung einziehen — *delivery on approval* Ansichtssendung *f* — *imports and exports* Ein- und Ausfuhrwaren *f pl* — *by return of post* postwendend, umgehend — *increased demand for* steigende Nachfrage nach — *to deal in grain* mit Getreide handeln — *to be off the market* nicht im Handel sein — *our trade has fallen off* unser Handel ist zurückgegangen — *to meet the demands/to satisfy the needs of* den Bedarf decken von — *there is a great need for* es besteht ein großer Bedarf/ein großes Bedürfnis nach — *to meet o.'s liabilities* seinen Zahlungsverpflichtungen nachkommen.

48. Bank (cf. 47)

Grundwortschatz: account, balance, change, check, confidence, debt, deed, expense, gold, list, metal, money, owner, possession, property, protest, savings, silver, statement, stock, terms, value, worth — to balance, to change, to draw, to exchange, to gather, to list, to owe, to own, to possess, to protest, to save, to solve, to spare — available, false, more, much, own, valuable.

exchange	Börse *f*
cheque, *Am* **check**	Scheck *m*
cheque-book	Scheckbuch *n*
currency	Währung *f*; Umlauf *m*; Verbreitung *f*
savings-bank	Sparkasse *f*

cash, ready money	Bargeld n
bank-note, *Am* bill [est	Banknote f
rate of exchange/of inter-	Wechselkurs m / Zinsfuß m
bill (of exchange)	Wechsel m
credit	Kredit m; gute(r) Ruf m, Ansehen n
funds *pl*	Geldmittel n pl
debtor [′detə]	Schuldner m
security	Sicherheit f; Bürgschaft f [weisung f
investment / transfer	Geldanlage f / Übertragung f, Über-
to deposit	hinterlegen; einzahlen; niederlegen
to secure from	schützen vor; sicherstellen
to invest	investieren, anlegen
to credit s.o.	jdm Glauben schenken
to reckon	aus- / berechnen; zählen
to transfer	übertragen
ample	reichlich; weit, groß
secure / fireproof	sicher / feuersicher

Weitere Verben und Adjektive cf. 47; 49.

Sätze und Redewendungen: *to have money in the bank* Geld auf der Bank haben — *to pay by cheque* mit einem Scheck zahlen — *to strike the balance* die Bilanz aufstellen — *delay of payment* Zahlungsaufschub m — *securities pl* Wertpapiere n pl — *to withdraw money from the bank* Geld von der Bank abheben — *to spend a lot of money* viel Geld ausgeben — *can you lend me £ 100?* können Sie mir 100 Pfund leihen? — *to put to s.o.'s credit* jdm gutschreiben — *to reckon up the bill* die Rechnung zusammenzählen.

49. Kleinhandel (cf. 47/48)

Grundwortschatz: article, bag, balance, bill, bowl, box, butcher, button, can, clothes, coat, coffee, container, cost, cream, demand, detail, display, expense, gain, profit, recommendation, rest, return, sale, shop, show, stock, store, stuff, total, trunk — to balance, to buy, to cost, to cut, to demand, to display, to drive, to fold, to furnish, to gain, to please, to point, to polish, to profit, to recommend, to return, to get rid of, to rise, to satisfy, to sell, to send, to shop, to store, to supply, to total — expensive, pleasant, strange.

retail trade [′ri:teil]	Kleinhandel m
store(s), *Am* department	Warenhaus n / Supermarkt m
store / supermarket *Am*	
baker's/grocer's shop	Bäckerei f / Lebensmittelladen m

butcher's shop	Metzgerei *f*, Fleischerei *f*
benefit	Nutzen *m*, Vorteil *m*
proprietor [prə'praiətə]	Eigentümer *m*, Besitzer *m*
shop-, show-window	Schaufenster *n*
closing-time	Ladenschluß *m*
counter	Ladentisch *m*; Schalter *m*
shop-assistant(-girl)	Verkäufer(in *f*) *m*
clearance sale	Räumungsverkauf *m*
turn-over	Umsatz *m*
consumption / consumer	Verbrauch *m* / Verbraucher *m*
purchaser ['pə:tʃəsə]	Käufer *m*
depression	Flaute *f*; Vertiefung *f*; Tief *n*
item ['aitəm]	(Rechnungs-)Posten *m*; einzelne(r)
surplus ['sə:pləs]	Überschuß *m* [Punkt *m*
label ['leibl]	(Paket-)Zettel *m*; Schildchen *n*
publicity	Werbung *f*, Reklame *f*
enclosure [in'klouʒə]	Beilage *f*; Umzäunung *f*
enclosed	beiliegend
surplus	überschüssig

Weitere Adjektive cf. 47.

Sätze und Redewendungen: *at the price of* zum Preis von — *to fetch a price* einen Preis erzielen — *prices are going up/falling* die Preise steigen/fallen — *to sell at a good price* preisgünstig verkaufen — *to be of benefit* nützlich/nutzbringend sein — *to sell by auction* versteigern — *free of charge, gratis* unentgeltlich — *to go bankrupt* bankrott machen — *to settle an account* eine Rechnung bezahlen/begleichen — *I have to do an errand* ich muß eine Besorgung machen — *lowest possible*/fam *rock-bottom price* äußerste(r) Preis *m* — *can you give me change for a one-pound note?* können Sie mir auf eine Pfundnote herausgeben? — *I have no small change* ich habe kein Kleingeld.

Aktionsreihe: *what can I do for you?* womit kann ich Ihnen dienen? *may I help you?* kann ich Ihnen behilflich sein? *are you being served/attended to?* werden Sie bedient? — *I should like to have a look at those shoes* ich möchte diese Schuhe ansehen — *what size do you take?* welche Größe haben Sie? — *have you any special preference?* haben Sie einen besonderen Wunsch? — *she has shoes shown to her* man zeigt ihr Schuhe — *she tries them on* sie probiert sie an — *she makes her choice* sie trifft ihre Wahl — *they become/suit you* sie stehen Ihnen — *is there anything else?* noch etwas? — *that will be all* das ist alles — *shall I wrap them up?* soll ich sie einpacken? — *she pays the bill* sie bezahlt die Rechnung.

50. Restaurant, Café, Hotel

a) Allgemein

Grundwortschatz: account, arrival, bag, baggage, bar, bill, business, call, chair, change, coin, demand, dinner, hotel, hunger, inn, journey, kitchen, lunch, payment, plenty, price, profit, provisions, rest, sale, soap, sort, stay, store, sum, supper, supply, telephone, television, tip, waste, wire — to acquire, to arrive, to ask, to call, to demand, to eat, to feed, to fetch, to fold, to iron, to pay, to press, to profit, to rest, to sell, to sleep, to stay, to store, to supply, to swallow, to telephone, to treat, to wait — asleep, awake, busy, cheap, expensive, hungry, polite.

restaurant ['restərənt]	Gasthaus n, Restaurant n
public house, fam **pub**	Wirtshaus n
cafeteria [kæfi'tiəriə]	Selbstbedienungsrestaurant n
fare	Speise f, Kost f; Fahrgeld n
bill of fare, menu ['menju:]	Speisekarte f
feast	Fest(mahl) n
banquet ['bæŋkwit]	Bankett n, Festessen n
dessert [di'zə:t]	Nachtisch m
board and lodging	Unterkunft f und Verpflegung f
boarding-house	Fremdenheim n, Pension f
waiter	Kellner m
innkeeper	Gastwirt m
host(ess) [houst(is)]	Gastgeber(in f) m
tablecloth	Tischtuch n
youth hostel ['ju:θ'hɔstəl]	Jugendherberge f
to slumber/to relax	schlummern / sich entspannen
to lie awake	wach liegen
to starve to death	verhungern
to refresh	erfrischen, erquicken
to feast	festlich bewirten; schmausen
to chew	kauen
to digest [di'dʒest, dai'dʒ-]	verdauen
sleepy	schläfrig
sleepless	schlaflos
weary (with) ['wiəri]	müde (von); ermüdet
scanty	knapp, spärlich, dürftig
meagre	mager
refreshing	erfrischend
luxurious [lʌg'zjuəriəs]	üppig; verschwenderisch
substantial [səb'stænʃəl]	nahrhaft, reichlich; wesentlich

Sätze und Redewendungen: *the table is laid/set* der Tisch ist gedeckt — *dinner is ready!* bitte zu Tisch! — *the food is very good* das Essen ist sehr gut — *waiter, the bill/Am check, please* Ober, bitte zahlen! — *please clear the table* bitte, räumen Sie den Tisch ab — *to stay overnight, to spend the night* übernachten — *is everything included in the price?* ist alles im Preis inbegriffen?

b) Essen

Grundwortschatz: basket, bean, beef, bone, bread, butcher, butter, cake, can, cheese, cherry, chicken, cook, cream, dinner, dish, duck, fork, game, ham, heart, honey, jam, knife, meat, orange, pear, plate, roll, salt, shoulder, soup, stomach, sugar, taste, tin, tooth — to bring, to cook, to cut, to melt, to prefer, to prepare, to taste — cold, fat, fresh, hot, lean, raw, sour, tender, warm.

appetite (for)	Appetit *m* (auf)
veal / pork / mutton	Kalb-/Schweine-/Hammelfleisch *n*
roast meat/chop	Braten *m*/Kotelett *n*
sauce / gravy	Soße *f* / Bratentunke *f*
salad	Salat *m*
poultry ['poultri]	Geflügel *n*
spice / pepper	Gewürz(e) *n pl* / Pfeffer *m*
sandwich ['sænwidʒ]	belegte(s) Brot *n*
toast	geröstete Brotschnitte *f*; Toast *m*
scrambled eggs / fried egg	Rühr-/Spiegelei *n*
sausage ['sɔsidʒ]	Wurst *f*
slice	Scheibe *f*, Schnitte *f*
pastry ['peistri]	Gebäck *n*
whipped cream	Schlagsahne *f*
preserves *pl* [pri'zə:vz]	Eingemachte(s) *n*
porridge	Haferbrei *m*
cereals *pl* ['siəriəlz]	Getreideflocken *f pl*
mashed potatoes *pl*	Kartoffelbrei *m*
chocolate ['tʃɔkəlit]	Schokolade *f*
peach / plum	Pfirsich *m* / Pflaume *f*
strawberry / gooseberry / raspberry ['rɑ:zbəri]	Erd-/Stachel-/Himbeere *f*
pea / cabbage	Erbse *f* / Kohl *m*
cucumber / cauliflower ['kju:kəmbə]	Gurke *f* / Blumenkohl *m*
lettuce / spinach ['letis, spinidʒ]	Kopfsalat *m* / Spinat *m*
tomato / onion ['ʌnjən]	Tomate *f* / Zwiebel *f*

radish	Rettich *m*
lemon / grape	Zitrone *f* / Weintraube *f*
herring ['heriŋ]	Hering *m*
to toast	rösten; trinken auf
to rot	(ver)faulen
to pepper	pfeffern
to squeeze	auspressen
to fry	braten, schmoren, backen
to peel	schälen
to flavour, to season	würzen
rotten	verfault, faulig; verkommen
juicy ['dʒu:si]	saftig
well done	durchgebraten
tasty / tasteless	schmackhaft / geschmacklos

Sätze und Redewendungen: *it tastes of vinegar* es schmeckt nach Essig — *to taste sour/bitter/sweet* sauer/bitter/süß schmecken — *the cook tasted the soup* der Koch schmeckte die Suppe ab — *just taste this meat* probieren Sie mal dieses Fleisch — *spread some butter on the bread* streichen Sie Butter auf das Brot — *to prepare a meal* eine Mahlzeit zubereiten — *to work on an empty stomach* mit leerem Magen arbeiten — *to feel empty* einen leeren Magen/nichts gegessen haben — *he has an upset stomach* er hat einen verdorbenen Magen — *are you full?* sind Sie satt? *to eat o.'s fill* sich satt essen.

c) Trinken

Grundwortschatz: bar, barrel, beer, bottle, coffee, drink, milk, sugar, tea, thirst, water, wine — to drink, to empty, to fill, to prefer, to warm — bitter, cold, cool, dry, excellent, fresh, hot, light, strong, thick, thirsty, warm.

spirits *pl* / alcohol ['ælkəhɔl]	geistige Getränke *n pl* / Alkohol *m*
ale	englische(s) Bier *n*
brandy / whisky / punch	Branntwein *m* / Whisky *m* / Punsch *m*
orange- / lemon-juice	Orangen-/Zitronensaft *m*
soft drink	alkoholfreie(s) Getränk *n*
chocolate	Schokolade *f*
cork	Kork *m*, Pfropfen *m*
drunkenness	Trunkenheit *f*
to get drunk	sich betrinken
exquisite [eks'kwizit]	vorzüglich, auserlesen
delicious	köstlich

Sätze und Redewendungen: *to quench/to satisfy o.'s thirst* seinen Durst löschen — *to drink (to) s.o.'s health* auf jds Gesundheit trinken — *he's a heavy drinker* er trinkt viel — *alcoholic beverages* alkoholische Getränke *n pl.*

51. Reichtum, Armut

Grundwortschatz: failure, harm, hunger, lack, load, loss, lot, means, problem, simplicity, sorrow, waste, wealth, wreck — to acquire, to disappoint, to earn, to frighten, to hesitate, to hurt, to lose, to overcome, to receive, to recover, to reduce — awful, bad, cruel, dull, economic(al), enough, fortunate, happy, hard, healthy, helpful, honest, hopeless, humble, hungry, idle, little, low, lucky, merry, moderate, modest, painful, poor, rich, scarce, simple, slight, small, terrible, unable, unhappy, wealthy.

riches *pl*	Reichtum *m*, Reichtümer *m pl*
landed property / land- **owner**	Grundbesitz *m* / Grundbesitzer *m*
income / pension	Einkommen *n* / Pension *f*
abundance / poverty	Fülle *f*, Überfluß *m* / Armut *f*
distress	Not *f*, Bedrängnis *f*, Elend *n*
to prosper	gedeihen; Glück haben
to augment / to heap up	vermehren, vergrößern / aufhäufen
prosperous	gedeihlich, glücklich
abundant (in) / thrifty	reich (an); reichlich / sparsam
well-to-do	wohlhabend

Sätze und Redewendungen: *to have money to burn / to be rolling in money* Geld wie Heu haben / im Gelde schwimmen — *to make both ends meet* sich nach der Decke strecken — *to live from hand to mouth* von der Hand in den Mund leben — *use it sparingly* gehen Sie sparsam damit um — *she left a considerable fortune* sie hat ein beträchtliches Vermögen hinterlassen — *to live in utter misery* im größten Elend leben — *to give s.o. a present* jdm ein Geschenk machen — *to relieve the distress* die Not lindern — *at a pinch, if it comes to a pinch* im Notfall, notfalls — *beggars can't be choosers* in der Not frißt der Teufel Fliegen.

52. Landwirtschaft: Ackerbau (cf. 54)

Grundwortschatz: desert, farm, farmer, field, flour, grain, growth, harvest, machine, management, manager, market, meadow, nature, origin, plant, plough, potato, profit, rain, season, seed, shower, spring, straw, weather, weight, wheat, wind, winter, yard — to boil, to cultivate, to gather, to grow, to harvest, to manage, to pick, to plough, to produce, to profit, to sow — fat, natural, original, wet.

farming, agriculture	Landwirtschaft *f*
countryman / farmer	Landwirt *m* / Bauer *m*
countrywoman	Bäuerin *f*
farmhouse	Bauernhaus *n*
estate	(Land-)Gut *n*; Besitztum *n*
plantation / cultivation	Pflanzung *f*; Anlage *f* / Anbau *m*
pasture	Weide(land *n*) *f*
hay / clover ['klouvə]	Heu *n* / Klee *m*
barley / rye / oats *pl*	Gerste *f* / Roggen *m* / Hafer *m*
combine ['kɔmbain]	Mähdrescher *m*
rake	Rechen *m*
barn	Scheune *f*; *Am* Stall *m*
fertilizer	Kunstdünger *m*
to ripen	reifen
to reap	(ab-)ernten; *(Korn)* ernten
to drain	entwässern, trockenlegen
rural ['ruərəl]	ländlich
barren / fertile ['fə:tail]	unfruchtbar / fruchtbar
mature	reif

Sätze und Redewendungen: *to move to the country* aufs Land ziehen — *to live in the country* auf dem Land wohnen — *to mow a field* ein Feld mähen — *to thresh corn* Getreide dreschen — *make hay while the sun shines* man muß das Eisen schmieden, solange es heiß ist.

53. Landwirtschaft: Viehzucht, Tiere

Grundwortschatz: animal, beast, beef, beetle, bird, bit, blood, body, calf, cat, cattle, cock, cow, dog, fat, feather, fish, flight, flock, fly, foot, goose, head, hen, horse, insect, milk, mouse, neck, nose, ox, pig, saddle, sheep, skin, tail, throat, weight, wing, wool, worm — to attach, to drink, to eat, to feed, to fish, to fly, to live, to load, to raise, to sing — fat, gentle, live, raw, strong, tall.

shed / stable, *Am* **barn**	Schuppen *m* / Stall *m*
dog-kennel	Hundehütte *f*
cattle-breeding	Viehzucht *f*

herd	Herde *f*
bull [bul]	Stier *m*, Bulle *m*
pet	Lieblingstier *n*
pig-sty	Schweinestall *m*
fowl	Geflügel *n*
dove, pigeon [dʌv]	Taube *f*
turkey	Truthahn *m*
rabbit	Kaninchen *n*
rat	Ratte *f*
bee-keeping	Bienenzucht *f*
paw	Pfote *n*
hoof / horseshoe	Huf *m*, Klaue *f* / Hufeisen *n*
shepherd ['ʃepəd]	Schäfer *m*
to graze	grasen
to breed (bred, bred)	züchten; aufziehen
to pet, to pat	streicheln, tätscheln
to hiss	zischen
to whine	winseln
to glide	(dahin)gleiten
fierce	wild, grimmig; heftig
savage	wild; roh; grausam

Sätze und Redewendungen: *twenty head of cattle* 20 Stück Rindvieh — *to feed the chickens* die Hühner füttern — *the horses have to be watered* die Pferde müssen getränkt werden — *this dog doesn't bite* dieser Hund ist nicht bissig — *to crawl on all fours* auf allen vieren kriechen — *to take the bull by the horns* den Stier bei den Hörnern packen — *the bird is beating its wings* der Vogel flattert mit den Flügeln — *barking dogs seldom bite* Hunde, die bellen, beißen nicht.

54. Gartenbau (cf. 52)

Grundwortschatz: berry, bloom, blossom, bunch, bush, fence, flower, forest, fruit, garden, grass, leaf, piece, plant, pump, tree, trunk, wood — to burn, to burst, to cut, to fall, to produce — to bloom, to blossom, blue, bitter, brown, fresh, green, red, tender, wet, white, wild, yellow, young.

gardener / gardening	Gärtner *m* / Gartenbau *m*
hedge / lane	Hecke *f* / Heckenweg *m*
flower-bed	Blumenbeet *n*
gravel-path ['grævəl]	Kiesweg *m*
orchard ['ɔ:tʃəd]	Obstgarten *m*
shrub [tree	Strauch *m*, Staude *f* [baum *m*
apple-/cherry-/pear-/plum-	Apfel-/Kirsch-/Birn-/Pflaumen-

vine	Weinstock *m*, Rebe *f*
lawn	Rasen *m*
birch / poplar / beech / fir	Birke *f* / Pappel *f* / Buche *f* / Tanne *f*
chestnut / lime-tree	Kastanienbaum *m* / Linde *f*
lilac ['laîlək]	Flieder *m*
bough / bark / foliage [bau]	Ast *m* / Rinde *f* / Laub *n*
hothouse, greenhouse	Gewächshaus *n*
watering-can, -pot	Gießkanne *f*
hose [houz]	Schlauch *m*
spade	Spaten *m*
bouquet / wreath ['bukei]	Strauß *m* / Kranz *m*
flower-shop	Blumengeschäft *n*
to pluck	pflücken
to wreathe [riːð]	umwinden
neglected	vernachlässigt
acid	sauer

Sätze und Redewendungen: *to be well-cared for* gut gepflegt
sein — *a bunch of flowers* ein Blumenstrauß — *roses smell lovely*
Rosen duften gut — *to dig potatoes* Kartoffeln roden, ernten —
bad weeds grow tall Unkraut vergeht nicht.

X. Verkehr, Reisen

55. Post

Grundwortschatz: address, amount, answer, box, call, card,
figure, letter, line, mail, message, news, parcel, post, press, stamp,
telephone, wire — to address, to answer, to bring, to call, to collect,
to exchange, to forward, to give back, to mail, to receive, to telephone, to wire — abroad, foreign, rare.

letter-, pillar-box, *Am* mailbox	Briefkasten *m*
postage	Porto *n*
post-office	Postamt *n*
postman, *Am* letter carrier	Briefträger *m*
(picture) postcard	(Ansichts-)Postkarte *f*
special delivery (letter)	Eilbrief *m*
registered letter	eingeschriebene(r) Brief *m*
postmark	Poststempel *m*
printed matter	Drucksache *f*
stationery, note-paper ['steiʃnəri]	Briefpapier *n*

envelope ['enviloup]	Briefumschlag m
sender/addressee [ædre'si:]	Absender m / Empfänger m
money/postal order	Postanweisung f
postal cheque (Am check) account	Postscheckkonto n
post-office box (P.O.B.)	Postschließfach n
telephone directory	Fernsprechbuch n
local/trunk call	Orts-/Ferngespräch n
(telephone) operator	Telephonistin f
telegraph ['teligrɑ:f]	Telegraph m
telegram/wire form	Telegrammformular n
wireless/radio message	Funkspruch m
to cable/telegraph, wire	kabeln / telegraphieren
to register	einschreiben lassen
to dictate	diktieren
postal	postalisch; Post-
telegraphic [teli'græfik]	telegraphisch
postage free / subject to	portofrei / gebührenpflichtig
registered [postage	eingeschrieben
central	zentral

Sätze und Redewendungen: to open the mail die Post öffnen — send it by post schicken Sie es mit der Post — take the letter to the post bringen Sie den Brief auf die Post — to stick on a (postage-) stamp eine Briefmarke aufkleben — a sheet of note-paper einen Bogen Briefpapier — to collect the letters/Am mail den Briefkasten leeren — cash/Am collect on delivery (C.O.D.) gegen Nachnahme — to be called for postlagernd — inform me by letter unterrichte mich brieflich — please forward bitte nachsenden! — to take off/to put back the receiver den Hörer abnehmen/auflegen — the line is out of order die Leitung ist gestört — the number is engaged/Am busy die Nummer ist belegt — to put through a call eine Verbindung herstellen — hold the line, please bleiben Sie am Apparat! — Mr Smith speaking hier ist Schmied — to talk on the phone telephonieren — wrong connection falsch verbunden.

Aktionsreihe: I sign the letter, fold it and put it into the envelope ich unterschreibe den Brief, falte ihn und stecke ihn in den Briefumschlag — I have it already addressed ich habe ihn schon mit der Anschrift versehen — I stick on the stamp ich klebe die Marke darauf — I put the letter in the red letter-box ich werfe den Brief in den roten Briefkasten — the postman empties the box der Postbeamte leert den Briefkasten.

56. Eisenbahn

Grundwortschatz: accident, acquaintance, arrival, baggage, bench, comfort, companion, company, container, guide, luggage, net, passenger, payment, rail, rate, return, ticket, seat, signal, smoke, station, stay, steam, stop, switch, ticket, track, traffic, train, travel, trunk, — to accompany, to arrive, to catch, to guide, to interrupt, to lie, to occupy, to pay, to ride, to signal, to sit, to stay, to steam, to stop, to travel, to trip, to welcome, to whistle — backward(s), comfortable, heavy, long, regular, second.

booking-, *Am* **ticket office**	Fahrkartenschalter *m*
timetable / fare	Fahrplan *m* / Fahrgeld *n*
departure	Abfahrt *f*
platform	Bahnsteig *m*
passenger/express train	Personen-/Schnellzug *m*
goods/*Am* **freight train**	Güterzug *m*
sleeping-/dining-car	Schlaf-/Speisewagen *m*
(luggage) van, *Am* **baggage car**	Packwagen *m*
engine, locomotive	Lokomotive *f*
truck	offene(r) Güterwagen *m*
junction	Knotenpunkt *m*
compartment	Abteil *n*
relief train	Entlastungszug *m*
supplementary ticket	Zuschlag *m*
rails, *Am* **track**	Gleis *n*
tunnel	Tunnel *n*
signalman, *Am* **guard**	Bahnwärter *m*
guard, *Am* **conductor**	Zugführer *m*
porter	Gepäckträger *m*
barrier	Schranke *f*, Sperre *f*
ticket-collector, *Am* **gateman**	Bahnsteigschaffner *m*
emergency brake [i'mə:dʒənsi]	Notbremse *f*
collision [kə'liʒən]	Zusammenstoß *m*
break of journey, *Am* **stopover**	Unterbrechung *f*
cloakroom	Kleider-, Gepäckabgabe *f*; W.C. *n*
(left-)luggage office, *Am* **check-room**	Gepäckaufbewahrung(sstelle) *f*
luggage rack	Gepäcknetz *n*

luggage ticket, *Am* **baggage check**	Gepäckschein *m*
suit-case	Handkoffer *m*
underground, *fam* **tube,** *Am* **subway**	U-Bahn *f*

to clip, to punch	lochen
to get in, to pull in	einfahren
to take leave	Abschied nehmen
to stop over at	unterbrechen in
to convert	um-, verwandeln
to collide	zusammenstoßen

reduced	ermäßigt
crowded	überfüllt
reserved, occupied, taken	besetzt

Sätze und Redewendungen: *to take/to buy a ticket* eine Fahrkarte lösen — *to meet s.o. at the station* jdn (vom Bahnhof) abholen — *to arrive by train* mit dem Zug ankommen — *the train pulled out* der Zug fuhr ab — *the train is ten minutes late* der Zug hat zehn Minuten Verspätung — *how long do we stop here?* wie lange haben wir hier Aufenthalt? — *where are you bound for?* wohin fahren Sie? — *I missed/caught the connection* ich habe den Anschluß verpaßt/erreicht — *to shunt a train on to a siding* einen Zug auf ein Abstellgleis schieben — *to put on/to apply the brakes* bremsen — *to wave o.'s hand* mit der Hand winken — *by goods/Am freight train* als Frachtgut — *by express/fast train* als Eilgut — *he sat opposite me* er saß mir gegenüber — *terminus, Am terminal* Endstation *f* — *season-/Am commutation ticket* Zeitkarte *f*.

57. Schiff (cf. 36; 56)

Grundwortschatz: arrival, baggage, bank, boat, captain, coast, country, crossing, current, customs, fish, harbour, luggage, flood, island, journey, lake, land, length, load, motion, movement, pass, passage, passenger, payment, race, record, river, room, sail, sailor, salt, sand, sea, shell, ship, shore, stairs, steam, storm, stream, sun, surface, vessel, voyage, water, wave, weather, wind, wreck, zone — to arrive, to fish, to float, to lean, to pay, to sail, to save, to shock, to stir, to swim — aboard, abroad, across, beyond, deep, rough, round, smooth, wet.

navigation	Schiffahrt *f*
steamer [man	Dampfer *m*
merchant ship, merchant-	Handelsschiff *n*

fishing boat/trawler	Fischerboot n/Fischdampfer m
sailing-boat/-ship, -vessel	Segelboot n/-schiff n
life-boat/belt	Rettungsboot n/-gürtel m
cabin	Kajüte f
anchor ['æŋkə]	Anker m
deck	Deck n, Verdeck n
mast [mɑːst] / **bow** [bau]	Mast m / Bug m
lighthouse	Leuchtturm m
shipwreck	Schiffbruch m
docks pl	Hafenanlagen f pl
oar [ɔː]	Ruder n
leak [liːk]	Leck n
pilot	Lotse m
crew	Mannschaft f
steward	Kellner m
ferry(-boat)	Fähre f
seaway	Seeweg m
tempest	Sturm m
seasickness	Seekrankheit f
to ride at anchor	vor Anker liegen
to put to sea	in See stechen
to dock / to reach port	anlegen, landen / einlaufen
to embark (for)	sich einschiffen (nach)
to ferry across	übersetzen über
navigable ['nævigəbl]	schiffbar
tempestuous[tem'pestjuəs]	stürmisch
wavy	wellig
sea-going/seasick	seetüchtig/-krank

Sätze und Redewendungen: *to go to the seaside/seashore* an die See reisen — *on the high seas* auf hoher See — *Brighton is on the sea* B. liegt am Meer — *the freedom of the seas* die Freiheit der Meere — *half-seas over* (fam) betrunken — *the seas were mountains high* die Wellen waren so hoch wie Berge — *to get o.'s sea-legs* seefest werden — *to call at New York* N.Y. anlaufen.

58. Flugzeug (cf. 36; 56)

Grundwortschatz: accident, arrival, baggage, balance, belt, captain, cloud, crash, crossing, customs, direction, earth, east, engine, entrance, flight, guest, haste, heaven, height, hurry, level, luggage, machine, map, motor, north, observation, oil, pass, passenger, payment, seat, sky, soil, south, space, stairs, start, stripe, sun, trip,

weather, west, window, wing, world — to advance, to approach,
to arise, to arrive, to cover, to crash, to enter, to fall, to fly, to
hurry, to number, to observe, to oil, to pay, to reach, to recognize,
to shake, to sink, to start — aboard, abroad, ahead, awful, beneath,
beyond, expensive, far, foreign, high, quick, smooth, solid.

air-traffic	Luftverkehr *m*
aviator, airman ['eivieitə]	Flieger *m*
pilot ['pailət]	Flugzeugführer *m*, Pilot *m*
wireless/*Am* **radio operator**	Bordfunker *m*
aircraft engine	Flugzeugmotor *m*
range (of flight)	Aktionsradius *m*
airliner / jet plane	Verkehrs- *n*/Düsenflugzeug *n*
glider	Segelflugzeug *n*
helicopter ['helikɔptə]	Hubschrauber *m*
runway	Startbahn *f*
landing-field, -strip	Landeplatz *m*
landing-gear [giə]	Fahrgestell *n*
fuselage ['fju:zilidʒ]	Rumpf *m*
propeller	Luftschraube *f*, Propeller *m*
cockpit	Pilotenkabine *f*, Kanzel *f*
gliding/non-stop flight	Segel-/Ohnehaltflug *m*
supersonic speed	Überschallgeschwindigkeit *f*
(forced) landing	(Not-)Landung *f*
take-off	Start *m*
visibility	Sicht(weite) *f*
to pilot	steuern
to hover	schweben
to refuel	auftanken
smashed	zerschmettert
visible	sichtbar

Sätze und Redewendungen: *by air* auf dem Luftwege — *to be
air-sick* luftkrank sein — *the pilot of the sailplane glided down to the
landing-field* der Pilot des Segelflugzeugs schwebte auf den Lande-
platz ein — *to take wing* ab-, losfliegen.

59. Auto, Fahrrad usw. (cf. 60)

Grundwortschatz: accident, bend, bicycle, body, bus, call, car,
carriage, crash, curve, customs, damage, danger, engine, finish,
gas, line, mile, motor, oil, petrol, price, road, slope, speed, stop, trip,
way, wheel, wind, window — to approach, to bend, to block, to call,

to catch, to crash, to damage, to drive, to oil, to open, to repair, to run, to rush, to slip, to start, to stop, to turn — beside, dangerous, fast, old, open, slow, violent.

means of communication/ transportation	Verkehrsmittel n
vehicle	Fahrzeug n
(motor-)car, Am automobile / motor-bus	Auto n / Autobus m
lorry, Am truck	Lastwagen m
(motor-)scooter	(Motor-)Roller m
motor-cycle	Motorrad n
cyclist ['saiklist]	Radfahrer m
driver / motorist	Fahrer m / Autofahrer m
tank	Brennstoffbehälter m; mil Tank m
bottom/second/third gear	1./2./3. Gang m
reverse gear	Rückwärtsgang m
horn / mudguard	Hupe f / Kotflügel m
bonnet	Motorhaube f; Damenhut m
front/rear wheel	Vorder-/Hinterrad n
tyre, Am tire	Reifen m
headlight [shield	Scheinwerfer m
windscreen, Am wind-	Windschutzscheibe f
road/traffic sign	Verkehrszeichen n
traffic signal/light	Verkehrsampel f
highway / motorway	Land-/Autostraße f
speed-limit	zugelassene Höchstgeschwindigkeit f
spare parts pl	Ersatzteile n pl
taxi(-cab)	Taxi n
traffic accident	Verkehrsunfall m
turn	Kurve f
parking-place, car park, Am parking lot	Parkplatz m
repair-shop [tion	Reparaturwerkstätte f
filling/Am gas/service sta-	Tankstelle f
detour ['deituə]	Umleitung f
street refuge, Am safety zone	Verkehrsinsel f
traffic police	Verkehrspolizei f
traffic regulation, Highway Code	Straßenverkehrsordnung f
first-aid station	Unfallstation f
to pump up, to inflate	aufpumpen
to dim the headlights	abblenden

to honk	hupen
to overhaul [ouvə'hɔ:l]	gründlich nachsehen, überholen
to tow off [tou]	abschleppen
to overtake (-took, -taken)	über-, einholen
to skid	schleudern
to overturn, to upset	umstürzen
tubeless	schlauchlos
abrupt [ə'brʌpt]	plötzlich, jäh; unvermittelt
prudent	um-, vorsichtig
tragic(al)	tragisch

Sätze und Redewendungen: *to change into second* den 2. Gang einschalten — *no parking* Parken verboten! — *she was at the wheel* sie saß am Steuer — *to tow a broken-down car to the nearest garage* einen defekten Wagen zur nächsten Garage schleppen — *reckless driving* rücksichtslose(s) Fahren *n* — *heavy traffic* starke(r) Verkehr *m* — *hit-and-run driving* Fahrerflucht *f* — *to run o.'s car into a wall* mit seinem Wagen auf eine Mauer fahren — *no thoroughfare* Durchfahrt verboten! — *no passing* Überholen verboten! — *road under repair* Straßenarbeiten! — *road junction/map* Wegkreuzung *f*/ -karte *f*.

60. Stadtverkehr und Sehenswürdigkeiten (cf. 59)

Grundwortschatz: beggar, box, bridge, capital, castle, church, cinema, circle, city, clock, club, collection, cross, crossing, crowd, display, district, flag, flat, garden, hall, market, park, plan, pool, population, public, quarter, sight, sport, spot, square, street, theatre, town, traffic, tram, walk, wall — to admire, to build, to collect, to crush, to flash, to happen, to play, to walk — beautiful, broad, clean, flat, opposite, plain, splendid.

pedestrian [pi'destriən]	Fußgänger *m*
thoroughfare	Durchgangs-, Hauptverkehrsstraße *f*
rush hour	Hauptverkehrszeit *f*
one-way street / by-street	Einbahnstraße *f* / Nebenstraße *f*
avenue ['ævinju:]	breite Straße *f*; Allee *f*
pavement, *Am* sidewalk	Gehweg *m*
suburb ['sʌbə:b]	Vorstadt *f*
surroundings *pl*, environs *pl*	Umgebung *f*
market-place / stall [stɔ:l]	Marktplatz *m* / Marktstand *m*, Bude *f*
circus ['sə:kəs]	runde(r) Platz *m*
skyscraper	Wolkenkratzer *m*

museum [mjuˈziəm]	Museum *n*
monument / statue [ˈstæ-	Denkmal *n* / Standbild *n*
chapel [tjuː]	Kapelle *f*
fountain	Springbrunnen *m*
lantern	Laterne *f*
tram, *Am* **streetcar**	Straßenbahn *f*
power-station/gasworks *pl*	Elektrizitäts-/Gaswerk *n*
slaughter-house [ˈslɔːtə]	Schlachthaus *n*
interior	Innere(s) *n*; Binnenland *n*
access [ˈækses]	Zugang *m*
mayor [mɛə]	Bürgermeister *m*
to pave	pflastern
to erect	errichten
to get lost	sich verirren
to wander away/about	umherirren/-wandern
animated	belebt, lebhaft
renowned	berühmt
in memory of	zur Erinnerung an

Sätze und Redewendungen: *to go by/to take a bus* mit einem Autobus fahren — *turn down this road* biegen Sie in diese Straße ein — *to be run over by a car* von einem Auto überfahren werden — *stick/Am post no bills* Ankleben verboten! — *keep off the grass* Betreten des Rasens verboten! — *you went through the red light* Sie haben das rote Licht überfahren.

XI. Sport

61. Sport (cf. 12)

Grundwortschatz: accident, activity, address, admiration, application, ashes, association, club, companion, courage, cup, cut, danger, defeat, defence, fun, game, glory, group, jump, kick, leather, mile, net, play, player, race, result, ride, saddle, speed, sport, struggle — to accompany, to admire, to astonish, to break off, to cheer, to compare, to cut, to defeat, to defend, to discourage, to disappoint, to encourage, to fight, to jump, to kick, to play, to ride — active, alone, cheerful, coarse, dangerous, funny, glorious, just.

sportsman/sportswoman	Sportler(in *f*) *m*
professional	Berufsspieler *m*
trainer, coach	Sportlehrer *m*, Trainer *m*

amateur [ˈæmətəː, -tjuə]	Amateur *m*
opponent [əˈpounent]	Gegner *m*
sports club	Sportverein *m*
(world) champion	(Welt-)Meister *m*
winner on points	Punktsieger *m*
playground/sports ground	Spiel-/Sportplatz *m*
football field	Fußballplatz *m*
golf course, -links *pl u. sing*	Golfplatz *m*
tennis-court	Tennisplatz *m*
race-course	Rennbahn *f*
contest [ˈkɔntest]	Wettkampf *m*; Streit *m*
stadium	Stadion *n*
grandstand	Tribüne *f*
spectator	Zuschauer *m*
applause [əˈplɔːz]/cheers *pl*	Beifall *m* / Hochrufe *m pl*
physical training	Leibesübungen *f pl*
sports-meeting/event	Sportveranstaltung *f*
horse-/boat-race	Pferde-/Bootsrennen *n*
boxing-/wrestling-match	Box-/Ringkampf *m*
high/long jump	Hoch-/Weitsprung *m*
putting the shot [race	Kugelstoßen *n*
sprinting/long-distance	Kurzstrecken-/Langstreckenlauf *m*
skating / skiing [skiiŋ]	Schlittschuhlaufen *n* / Skifahren *n*
throwing the javelin	Speerwerfen *n*
[ˈdʒævlin]	
weight-lifting	Gewichtheben *n*
athletics *pl* [æθˈletiks]	Leichtathletik *f*
tennis(-ball)	Tennis(ball *m*) *n*
(football) team	(Fußball-)Mannschaft *f*
goalkeeper / forward	Torwart *m* / Stürmer *m*
umpire, referee [*Fussball*]	Unparteiische(r) *m*, Schiedsrichter *m*
[refəˈriː]	
steeplechase	Hindernisrennen *n*
race-meeting/-horse	(Pferde-)Rennen *n* / Rennpferd *n*
hurdle-/motor-race	Hürden-/Autorennen *n*
ski	Ski *m*
gymnastics *pl*	Turnen *n*
gymnasium	Turnhalle *f*
[dʒimˈneizjəm]	
the 110-yards dash/sprint	der 110-Yard-Lauf
final	Endspiel *n*
tape	Zielband *n*
winner	Sieger *m*
score	Punktzahl *f*, Ergebnis *n*

obstacle [ˈɔbstəkl]	Hindernis *n*
hook	Haken *m*
light-/heavy weight	Leicht-/Schwergewicht *n*
camping	Camping *n*, Zeltwandern *n*
caravan [kærəˈvæn], **Am** trailer	Wohnwagen *m*
canvas [ˈkænvəs]	Segel-/Zelttuch *n*
pole	Stange *f*, Pfahl *m*
to applaud	Beifall klatschen
to wrestle [ˈresl]	ringen
to serve	aufschlagen *(Tennis)*
to repel, to repulse [riˈpel]	zurückschlagen *(Gegner)*
to jump up	aufspringen *(Ball)*
to challenge	herausfordern
to kick off	anstoßen *(Fußball)*
to pace	im Schritt reiten
sportsmanlike	sportlich
victorious	siegreich
bodily, physical	körperlich
supple, flexible	biegsam, geschmeidig
unequal	ungleich; nicht gewachsen

Sätze und Redewendungen: *to throw the hammer/discus/javelin* den Hammer/Diskus/Speer werfen — *to pitch/to strike a tent* ein Zelt auf-/abschlagen — *to go in for/to engage in sport* Sport treiben — *fond of/devoted to sport* sportbegeistert — *to set up/to hold/to beat a record* einen Rekord aufstellen/innehaben/schlagen — *to run a race* an einem Rennen teilnehmen — *he's racing (against, with) his friend* er macht mit seinem Freund einen Wettlauf — *to race with s.o. for a prize* mit jdm um einen Preis laufen — *to keep a racing stable* einen Rennstall unterhalten — *what's the score?* wie steht das Spiel? — *who scored that goal?* wer hat das Tor geschossen? — *he scored three points* er hat drei Punkte erzielt — *the score at half-time was 2—1* bei Halbzeit stand das Spiel 2 : 1 — *the centre-forward had a shot at the goal* der Mittelstürmer schoß auf das Tor — *to play fair* fair spielen.

Aktionsreihe: *kick-off at 2.30 p. m.* Spielbeginn um 14.30 Uhr — *the referee blew his whistle* der Schiedsrichter hat angepfiffen — *a fast and rough game* ein schnelles und hartes Spiel — *to kick/to score a goal* ein Tor schießen — *to have/to gain/to lose the lead* die Führung haben/gewinnen/verlieren — *to pass the ball* den Ball passen — *to be in an offside position* abseits stehen — *to blow the final whistle* das Spiel abpfeifen — *the game ended in a draw* das

Spiel ging unentschieden aus — *to take a fence* über eine Barriere setzen — *the horses trail far back in the race* die Pferde liegen im Rennen weit zurück.

62. Angeln, Jagen

Grundwortschatz: animal, bear, bird, blast, blood, blow, boat, body, container, crack, crash, creature, death, fat, feather, field, fire, fish, flash, flight, fly, foot, forest, fox, fur, grass, gun, hole, horse, lake, leaf, mouth, movement, nest, net, noise, ocean, river, roar, rod, ship, shore, shot, skin, throat, vessel, water, wave, wind, wolf, wood — to bite, to boil, to bone, to burst, to catch, to contain, to crack, to crash, to feed, to fetch, to find, to fire, to fish, to flash, to float, to fly, to follow, to gather, to handle, to hunt, to kill, to listen, to move, to roar, to shoot — black, brown, cold, cool, dark, dead, fast, fat, hollow, lame, loud, sharp, short, white, wild.

fishing	Fischfang *m*, Fischen *n*
fisherman / angler	Fischer *m* / Angler *m*
bait	Köder *m*
fishing/hunting licence	Angel-/Jagdschein *m*
fresh-/salt-water fish	Süßwasser-/Seefisch *m*
hunting / hunter	Jagd *f* / Jäger(in *f*) *m*
bullet ['bulit]	Kugel *f*
rifle	Büchse *f*
pheasant ['feznt]	Fasan *m*
grouse [graus]	Moorhuhn *n*
quail [kweil]	Wachtel *f*
rabbit	Kaninchen *n*
big game	Großwild *n*
pursuit	Verfolgung *f*
to angle	angeln
to go fishing	zum Fischen gehen
to fly off/away	davonfliegen

Sätze und Redewendungen: *to make a good catch* einen guten Fang tun — *to take out a fishing licence* einen Angelschein erwerben — *the fisherman throws his baited line into the water and waits for a fish to bite* der Fischer wirft seine mit einem Köder versehene Angelschnur in das Wasser und wartet darauf, daß ein Fisch anbeißt — *when the fish is hooked, he hauls it in* wenn der Fisch am Angelhaken hängt, zieht er ihn an Land — *to trick o.'s game* das Wild überlisten — *to track it down* es aufspüren — *to come within gunshot* in Schußweite kommen — *a fox with the hounds in hot pursuit* ein Fuchs, dem die Hunde dicht auf den Fersen sind.

XII. Wissenschaft und Schule

63. Geistige und wissenschaftliche Tätigkeit (cf. 30)

Grundwortschatz: ability, advance, advice, education, effect, examination, example, experience, experiment, explanation, expression, extent, failure, final, idea, improvement, instruction, invention, issue, knowledge, language, library, mind, nonsense, observation, page, plan, poem, poet, press, print, reference, report, review, science, source, speech, study, system, test, thought, tongue, trial, university, word — to acquaint, to acquire, to advance, to advise, to educate, to examine, to explain, to express, to fail, to improve, to invent, to observe, to print, to refer, to repeat, to review, to speak, to think, to translate, to word, to write — able, excellent, fair, impossible, responsible, thorough.

scholar / scientist ['skɔlə]	Gelehrte(r) *m* / Wissenschaftler *m*
scholarship, learning	Gelehrsamkeit *f*
culture / civilization	Kultur *f* / Zivilisation *f*
discoverer	Entdecker *m*
exploration	Untersuchung *f*, Erforschung *f*
explorer / research	Forscher *m* / Forschung *f*
investigation	Untersuchung *f*
technical term	Fachausdruck *m*
treatise ['tri:tiz]	Abhandlung *f*
expert ['ekspə:t]	Fachmann *m*
theory ['θiəri]	Theorie *f*
method	Methode *f*, Verfahren *n*
procedure, proceeding [prə'si:dʒə]	Verfahren *n*
imagination	Phantasie *f*, Einbildungskraft *f*
illusion	Täuschung *f*, Illusion *f*
conviction / certainty	Überzeugung *f* / Gewißheit *f*
precision	Genauigkeit *f*
ignorance ['ignərəns]	Unwissenheit *f*
stupidity	Dummheit *f*
utility	Nutzen *m*, Nützlichkeit *f*
wit(s)	Verstand *m*; Witz *m*
notion ['nouʃən]	Begriff *m*, Vorstellung *f*
to investigate	erforschen, untersuchen
to confirm	bestätigen, bekräftigen
to specify	einzeln angeben/aufführen
to utilize ['ju:tilaiz]	nutzbar machen, benutzen

to proceed (to)	schreiten/übergehen (zu)
to ignore	nicht wissen/nicht kennen (wollen)
learned ['lə:nid]	gelehrt
cultural / technical ['teknikəl]	kulturell / technisch
expert (at/in)	fachkundig (in)
imaginable	denkbar
precise [pri'sais]	genau; gewissenhaft, pedantisch
planless	planlos
attentive (to)	aufmerksam (auf)
spiritual	geistig; geistlich
witty	witzig, geistreich
ignorant (of)	unwissend; unkundig
feeble-minded	schwachsinnig
obvious ['ɔbviəs]	offensichtlich, augenfällig
distinctly, plainly	klar, deutlich *adv*

Sätze und Redewendungen: *to do research work* in der Forschung tätig sein — *to make thorough investigations* gründliche Untersuchungen anstellen — *he has no appreciation of art* er hat kein Verständnis für Kunst — *to make o.s. understood* sich verständlich machen — *he has a very keen mind* er hat einen sehr scharfen Verstand — *what gives you that idea?* wie kommen Sie auf diesen Gedanken? — *he has no conception of what we are doing* er hat keine Vorstellung von dem, was wir tun — *it just occurs to me that …* es fällt mir gerade ein, daß … — *he hasn't formed an opinion about that yet* er hat sich noch kein Urteil darüber gebildet — *in proof/support of it* zum Beweis dafür — *after careful consideration* nach reiflicher Überlegung — *to this end* zu diesem Zweck — *assuming this to be true* angenommen, es stimmt — *to know from experience* aus Erfahrung wissen — *your plan is excellent in theory* Ihr Plan ist ausgezeichnet in der Theorie — *to exercise an influence on* einen Einfluß ausüben auf.

64. Philosophie (cf. 30; 63)

Grundwortschatz: absence, act, agreement, anxiety, appearance, being, belief, book, centre, character, class, concern, confidence, connection, conscience, consideration, control, despair, determination, doubt, dream, end, evil, existence, faith, fancy, fate, fear, field, future, idea, life, lot, objection, opinion, order, peace, person, purpose, soul, spirit, thought, truth, view, wisdom — to agree, to allow, to appear, to approve, to argue, to be, to bear, to believe, to bind, to check, to class, to comfort, to conceive, to consider, to convince, to determine, to die, to disagree, to distinguish, to doubt, to dream, to examine, to exist, to feel, to imagine, to think, to understand — absent, absolute, alike, almost, alone, anxious, clear, distinct, dull, extreme, ideal, independent, inferior, like.

philosophy [fi'lɔsəfi]	Philosophie *f*
morals *pl*	Sittlichkeit *f*, Moral *f*
morality	Sittlichkeit *f*, Sittenlehre *f*
demonstration	Beweis *m*; Kundgebung *f*
contemplation	Nachdenken *n*, Nachsinnen *n*
to demonstrate	beweisen; veranschaulichen, dartun
to deny	ableugnen, in Abrede stellen
to contemplate ['---]	betrachten; ins Auge fassen
to depart (from)	abweichen (von)
well-founded / unfounded	begründet / unbegründet
intellectual	geistig

Sätze und Redewendungen: *why don't you use your common sense?* warum gebrauchen Sie Ihren gesunden Menschenverstand nicht? — *you needn't justify yourself* Sie brauchen sich nicht zu rechtfertigen — *to deviate from the truth* von der Wahrheit abweichen — *the end justifies the means* der Zweck heiligt die Mittel — *on no condition* unter keiner Bedingung — *he didn't reach any conclusion* er kam zu keinem Ergebnis — *what conclusions am I to draw from that?* was für Schlüsse soll ich daraus ziehen? — *what was the real reason?* was war die wirkliche Ursache? — *that happens sometimes* das kommt manchmal vor.

65. Geschichte (cf. Kap. VIII; 63)

Grundwortschatz: age, army, attack, battle, beginning, border, century, civilization, copy, course, cross, crown, cruelty, current, curse, date, destruction, development, event, example, fall, flag, government, harm, heir, history, influence, king, kingdom, liberty, limit, list, loss, mass, measure, memory, minister, misery, nation, national, native, neighbour, opposition, origin, party, past, people, powder, power, presence, president, prisoner, progress, quarrel, queen, record, reform, representative, resignation, resistance, ruin, safety, scene, settlement, society, soldier, state, time, title, war, weapon, world, year — to attack, to become, to begin, to copy, to crown, to curse, to date, to destroy, to develop, to fall, to forget, to govern, to happen, to lose, to mention, to obey, to record, to

reform, to resist, to ruin — ago, ancient, before, daily, ever, false
famous, foreign, glorious, gradually, grand, great, hard, likely
native, next, noble, political, powerful, present, remarkable
remember, remind, several, social, solemn.

universal history	Weltgeschichte *f*
historian	Historiker *m*
primitive/modern times *pl*	Ur-/Neuzeit *f*
Stone Age / Middle Ages *pl*	Steinzeit *f* / Mittelalter *n*
antiquity	Altertum *n*, Antike *f*
chronicle ['krɔnikl]	Chronik *f*
evolution	Entwicklung *f*
greatness	Größe *f*, Erhabenheit *f*
(down)fall	Sturz *m*, Untergang *m*
civil war	Bürgerkrieg *m*
nobility / nobleman	Adel *m* / Adlige(r) *m*
prince / princess	Prinz *m* / Prinzessin *f*
duke / duchess ['dʌtʃis]	Herzog *m* / Herzogin *f*
earl [ə:l] / **viscount** ['vai]	Graf *m* / Vicomte *m*
emperor/empress	Kaiser(in *f*) *m*
monarch / monarchy [nəki]	Monarch *m* / Monarchie *f*
majesty	Majestät *f*
suite [swi:t]	Gefolge *n*
treaty	Vertrag *m*
ceremony ['seriməni]	Feierlichkeit *f*, Zeremonie *f*
to evolve	sich entwickeln
to compel	zwingen, nötigen
medi(a)eval [medi'i:vəl]	mittelalterlich
historic(al)	geschichtlich, historisch
peaceful	friedlich
formal / ceremonial	förmlich / zeremoniell
royal	königlich
immortal	unsterblich
primitive	ursprünglich, primitiv
antique [æn'ti:k]	antik; altertümlich
Roman / Greek	römisch / griechisch
international	international
as a remembrance / in	zur Erinnerung an
memory of	

Sätze und Redewendungen: *if I remember rightly* wenn ich mich
recht erinnere — *to the best of my remembrance* soweit ich mich
erinnern kann — *to succeed to the crown* auf den Thron folgen —

they crowned him king man krönte ihn zum König — *many countries have signed the treaty* viele Staaten haben den Vertrag unterzeichnet.

66. Literatur (cf. 23; 63)

Grundwortschatz: answer, article, book, conversation, copy, critic, description, detail, example, fun, joke, letter, library, meaning, note, notice, page, paper, passage, poem, poet, print, prize, puzzle, report, review, theatre, title, work — to answer, to conceive, to copy, to cover, to discuss, to joke, to print, to prize, to read, to translate — charming, fond, funny, merry, ordinary, simple.

literature ['litərit∫ə]	Literatur *f*
essay [tents	(kurze) Abhandlung *f*
contents *pl* / table of con-	Inhalt *m* / Inhaltsverzeichnis *n*
drama / tragedy / comedy	Drama *n* / Tragödie *f* / Komödie *f*
poem / poetry	Gedicht *n* / Dichtkunst *f*
verse / rhyme	Vers *m*, Strophe *f* / Reim *m*
prose	Prosa *f*
novel / fiction ['fik∫ən]	Roman *m* / Romanliteratur *f*
short story	Kurzgeschichte *f*; Novelle *f*
author, writer	Schriftsteller *m*
detective story	Kriminalroman *m*
proverb ['--]	Sprichwort *n*
style	Stil *m*, Ausdrucksweise *f*
text	Text *m*; Bibelstelle *f*
phrase	Ausdruck *m*; Redensart *f*
abbreviation	Abkürzung *f*
comment ['koment]	Erläuterung *f*, Anmerkung *f*
dictionary ['dik∫ənri]	Wörterbuch *n*
publication	Veröffentlichung *f*
quotation	Zitat *n*
reader	Leser *m*
criticism	Kritik *f*
preface, foreword ['prefis]	Vorwort *n*
lecture	Vortrag *m* [fassung *f*
extract / survey / summary	Auszug *m* / Überblick *m* / Zusammen-
fluency	Flüssigkeit *f*, Geläufigkeit *f*
simplicity	Einfachheit *f*, Schlichtheit *f*
commonplace	Gemeinplatz *m*
order form	Bestellschein *m*
column ['koləm]	Druckspalte *f*; Säule *f*

edition / editor	Ausgabe *f* / Herausgeber *m*
volume / chapter / paragraph	Band *m* / Kapitel *n* / Abschnitt *m*
copyright	Verlagsrecht *n*
dedication	Widmung *f*

to criticize, to review	kritisieren
to comment (on)	sich kritisch äußern (über)
to edit	herausgeben
to consult	nachschlagen; um Rat fragen
to publish	veröffentlichen; bekanntmachen
to dedicate	widmen
to quote	anführen, zitieren
to instruct	unterrichten, unterweisen

literary	literarisch
poetic(al)	dichterisch
comic	komisch
melodious [mi'loudjəs]	wohlklingend
thrilling / stirring	aufregend / aufrüttelnd
fascinating	spannend
touching	rührend
affected	gekünstelt
expressive / fluent	ausdrucksvoll / flüssig
copious	wortreich; reichlich
elaborate [i'læbərit]	sorgfältig ausgearbeitet
obscure	dunkel
tedious ['ti:diəs]	langweilig
commonplace	abgedroschen, alltäglich
out of print	vergriffen

Sätze und Redewendungen: *to be continued* Fortsetzung folgt — *the book has just come out* das Buch ist soeben erschienen — *how did you find that out?* wie haben Sie das erfahren? — *his report caused a sensation* sein Bericht erregte Aufsehen — *I have it from a good source* ich habe es aus guter Quelle — *the rumour spread like wildfire* das Gerücht verbreitete sich wie ein Lauffeuer.

67. Grammatik (cf. 23; 68)

Grundwortschatz: article, detail, difference, difficulty, explanation, expression, future, point, reference, slip, speech, talk, tongue, word — to agree, to depend, to describe, to determine, to explain, to express, to polish up, to refer, to speak, to spell, to talk, to tell — different, direct, distinct, special.

grammar	Grammatik *f*
construction	Konstruktion *f*, Bau *m*
vocabulary [vəˈkæbjuləri]	Wörterverzeichnis *n*; Wortschatz *m*
omission	Auslassung *f*
ending	Endung *f*; Ende *n*, Schluß *m*
vowel [ˈvauəl]	Vokal *m*, Selbstlaut *m*
consonant	Konsonant *m*, Mitlaut *m*
plural / singular	Mehrzahl *f* / Einzahl *f*
verb	Zeitwort *n*
stress	Akzent *m*
colon / comma / semi- **colon** [ˈkoulən]	Doppelpunkt *m* / Komma *n* / Strichpunkt *m*
exclamation/question **mark**	Ausrufe-/Fragezeichen *n*
inverted commas	Anführungszeichen *n pl*
dash	Gedankenstrich *m*
apostrophe [əˈpɔstrəfi]	Auslassungszeichen *n*
parenthesis (*pl* -es) **bracket** [pəˈrenθisis]	Klammer *f*
principal clause	Hauptsatz *m*
(in)direct speech	(in)direkte Rede *f*
to construct	konstruieren, bauen
to omit	auslassen; übergehen
to skip	überspringen
to complicate	erschweren
composed/consisting of	zusammengesetzt aus
impersonal	unpersönlich
affirmative [əˈfə:mətiv]	bejahend, positiv
negative	verneinend, negativ

Sätze und Redewendungen: *put this sentence in parentheses* setzen Sie diesen Satz in Klammern — *geese is the plural of goose* Gänse ist die Mehrzahl von Gans — *as a rule* in der Regel — *the exception proves the rule* die Ausnahme bestätigt die Regel — *this chapter may be omitted* dieses Kapitel kann ausgelassen werden.

68. Erziehung, Schule, Unterricht
(cf. 1; 23; 63—67; 69—71)

Grundwortschatz: activity, address, attention, blame, boy, brain, chalk, child, consideration, control, cruelty, curiosity, degree, delay, duty, education, effect, effort, figures, girl, head, history, holidays,

home, improvement, information, ink, instruction, knowledge,
lesson, library, line, list, mark, member, memory, mind, mistake,
order, pen, pencil, pupil, reply, reward, ruler, school, study, task,
test, training, university, youth — to aim, to blame, to consider,
to control, to count, to cry, to delay, to educate, to forbid, to forget,
to forgive, to hear, to improve, to inquire, to know, to listen, to
match, to mention, to obey, to read, to refuse, to repeat, to rub out,
to spell, to study, to teach — active, ahead, busy, content, cruel,
foolish, glad, happy, by heart, kind, lazy, regular, remarkable.

elementary/secondary school	Grund-/höhere Schule *f*
boarding/private school	Heim-/Privatschule *f*
public school	(vornehme) Internatsschule *f* / *Am* öffentliche Schule *f*
curriculum [kə'rikjuləm]	Lehrplan *m*
headmaster, *Am* **principal**	(Schul-)Direktor *m*
form, *Am* **grade**	Klasse *f*
master/mistress	Lehrer(in *f*) *m*
teaching staff, *Am* **faculty**	Lehrkörper *m*
classroom test	Klassenarbeit *f*
entrance examination	Aufnahmeprüfung *f*
textbook	Lehrbuch *n*
(exercise-)book	Heft *n*
blotting-paper	Löschpapier *n*
schoolroom	Schulzimmer *n*
sponge [spʌndʒ]	Schwamm *m*
desk	Pult *n*
fountain/ballpoint-pen	Füllfederhalter *m*/Kugelschreiber *m*
timetable	Stundenplan *m*
break, *Am* **recess**	Pause *f*
optional, *Am* **elective**	Wahlfach *n*
homework	Hausaufgabe *f*
physical training	Leibesübungen *f pl*
spelling	Rechtschreibung *f*
pronunciation	Aussprache *f*
dictation	Diktat *n*
reading	Lesen *n*
geography [dʒi'ɔgrəfi]	Erdkunde *f*
mathematics *pl mit sing*	Mathematik *f*
geometry	Geometrie *f*
arithmetic [ə'riθmetik]	Rechnen *n*
chemistry / physics *pl mit sing*	Chemie *f* / Physik *f*

biology / civics pl mit sing	Biologie f / Staatsbürgerkunde f
composition, essay, paper	Aufsatz m
correction	Verbesserung f
report	Zeugnis n
proficiency [prə'fiʃənsi]	Leistungen f pl
reproof, rebuke	Tadel m
detention	Arrest m
student	Student m
lecturer / professor	Dozent m / Professor m
syllabus ['siləbəs]	Vorlesungsverzeichnis n
scholarship	Stipendium n
application for admission	Anmeldung f
speech-day	Schlußfeier f
school-grounds pl, Am campus	Schulgelände n

to prompt	einsagen
to toil	sich abmühen, schwer arbeiten
to erase	ausradieren
to admonish	ermahnen
to keep in	nachsitzen lassen
to be kept in	nachsitzen
to get o.'s remove, Am to be promoted	versetzt werden
to supervise	beaufsichtigen
to underline	unterstreichen
to recite	aufsagen, vortragen
oral / written	mündlich / schriftlich
attentive (to)	aufmerksam (auf)
diligent, industrious	fleißig
insufficient, unsatisfactory	ungenügend

Sätze und Redewendungen: *to pass/to fail an examination* eine Prüfung bestehen / in einer Prüfung durchfallen — *to go to/to attend a school* eine Schule besuchen — *to play truant* schwänzen — *to crib* abschreiben — *to give/to attend lectures* Vorlesungen halten/ besuchen — *to do gymnastics* turnen — *in school/class* im Unterricht — *to have lessons with* Unterricht haben bei — *to give lessons* Unterricht erteilen — *tuition is free* der Unterricht ist frei — *to write/to do a dictation* ein Diktat schreiben — *satchel, schoolbag* Schulmappe f — *I'll take in your books now* ich werde jetzt eure Hefte einsammeln — *collect the exercise-books* sammle die Hefte ein — *to hand in* abgeben — *to be quick at learning* schnell lernen —

I'll read the poem to you ich lese euch das Gedicht vor — *to stress
a word correctly* ein Wort richtig betonen — *where did we break off?*
wo sind wir stehengeblieben? — *I've got it now* ich habe es jetzt
verstanden — *I see* ich bin im Bilde — *whose turn is it?* wer ist an
der Reihe? — *it's my turn* ich bin dran — *make/take a note of that*
schreibt euch das auf.

to study at a university an einer Universität studieren — *what are
you going to study?* was wollen Sie studieren? — *to make a study of
the country's foreign trade* den Außenhandel des Landes zum Gegen-
stand seiner Studien machen — *to continue o.'s studies* mit seinen
Studien fortfahren.

XIII. Künstlerisches Schaffen

69. Allgemeines

Grundwortschatz: ability, admiration, condition, example, fashion,
feeling, form, frame, freedom, front, group, half, invention, meaning, model, nature, object, opinion, order, particular, piece, place,
plan, practice, preference, prejudice, problem, quality, quantity,
reality, respect, shape, shine, size, standard, taste, tendency —
to admire, to conceive, to invent, to practise, to prefer, to shine —
able, free, fresh, inferior, natural, plain, precious, real, unable.

artist	Künstler(in *f*) *m*
work of art	Kunstwerk *n*
masterpiece	Meisterwerk *n*
exhibition	Ausstellung *f*
talent (for) / reputation	Talent *n* (für) / gute(r) Ruf *m*
art-gallery	Kunstgalerie *f*
to displease/to disgust s.o.	jdm mißfallen
to decay	verfallen
to flourish ['flʌriʃ]	blühen, gedeihen
artistic / artificial	künstlerisch / künstlich
gifted	begabt
eminent	hervorragend
notable, noteworthy	bemerkenswert

Sätze und Redewendungen: *tastes differ* die Geschmäcker sind
verschieden — *he is a man of taste* er hat Geschmack — *he knows a
great deal about art* er versteht viel von Kunst — *beyond all criticism*
unter aller Kritik — *above criticism* über jeden Tadel erhaben.

70. Malerei, Bildhauerei, Baukunst (cf. 68)

Grundwortschatz: art, balance, base, beauty, body, charm, coal, collection, colour, confusion, fancy, figure, flesh, fold, glory, gold, hair, hammer, hat, intention, outline, paint, shade, sky, work — to cast, to collect, to combine, to disagree, to enjoy, to fasten, to fill, to handle, to intend, to interrupt, to paint — ancient, beautiful, charming, coarse, famous, favourable, fine, flat, former, glorious, great, handsome, left, lovely, mysterious, opposite, original, pale, pretty, rough, ugly.

painting	Malerei *f*
sculpture [ˈskʌlptʃə]/**sculptor**	Bildhauerei *f* / Bildhauer *m*
architecture [ˈɑ:kitektʃə]	Baukunst *f*
portrait, image [ˈpɔ:trit]	Bildnis *n*
sketch / drawing / etching	Skizze *f* / Zeichnung *f* / Radierung *f*
plastic art / carving	Plastik *f* / Schnitzerei *f*
landscape	Landschaft *f*
foreground / background	Vorder-/Hintergrund *m*
semicircle	Halbkreis *m*
vault [vɔ:lt] / **arch**	Gewölbe *n* / Bogen *m*
coloured pencil	Buntstift *m*
to sculpture / to imitate	aushauen, meißeln / nachahmen
to alter, to modify	abändern
to stand out against	sich abheben gegen
circular	kreisförmig
graceful	zierlich, anmutig
arched, vaulted	gewölbt

Sätze und Redewendungen: *to draw from life/memory* nach der Natur/nach dem Gedächtnis zeichnen — *to draw a circle* einen Kreis beschreiben — *to sit for o.'s portrait* sich malen lassen — *to paint in oils/water-colours* in Öl/mit Wasserfarben malen — *after the manner of* nach Art von — *to take shape, to materialize* Gestalt annehmen — *to draw a straight line* eine Gerade ziehen — *she draws well* sie kann gut zeichnen.

71. Musik, Gesang (cf. 23; 68)

Grundwortschatz: act, air, band, beginning, concert, music, noise, organ, player, pleasure, program(me), record, song, tune, voice —

to accompany, to begin, to compose, to enjoy, to flash, to follow, to listen, to play, to present — alone, false, low, moderate, popular, sad, sweet, tender.

musician [mju:'ziʃən]	Musiker *m*
composer	Komponist *m*
orchestra ['ɔ:kistrə]	Orchester *n*
bandmaster / conductor	Kapellmeister *m* / Dirigent *m*
singer	Sänger(in *f*) *m*
musical instrument	Musikinstrument *n*
string/brass instruments *pl*	Saiten-/Blechinstrumente *n pl*
violin / violinist [vaiə'lin]	Geige *f*, Violine *f* / Geigenspieler *m*
trumpet / horn	Trompete *f* / Horn *n*
gramophone/record-player, *Am* **phonograph**	Grammophon *n* / Plattenspieler *m*
chorus / choir ['kɔrəs, 'kwaiə]	Chor *m* / (Kirchen-) Chor *m*
melody	Melodie *f*
jazz	Jazz *m*
overture ['ouvətjuə]	Ouvertüre *f*
music festival	Musikfest *n*
music stand	Notenständer *m*
music(al) box	Musikautomat *m*
to set to music	vertonen
to conduct	dirigieren; führen, leiten
to tune	stimmen
to play at sight	vom Blatt spielen
musical	musikalisch

Sätze und Redewendungen: *she's not at all musical* sie ist gar nicht musikalisch — *to make music* musizieren — *do you play the piano?* spielen Sie Klavier? — *to play a piece of music* ein Musikstück vortragen — *he accompanied her on/at the piano* er hat sie auf dem Klavier begleitet — *to give the keynote* den Ton angeben — *to dance in step* im Takt tanzen — *to beat/to keep time* den Takt schlagen/halten — *part-song* mehrstimmige(r) Gesang *m* — *to play a duet* vierhändig spielen.

72. Theater, Kino, Photographie (cf. 66)

Grundwortschatz: curtain, dance, entrance, fair, film, furniture, management, manager, moment, motion, performance, person, photograph, picture, play, player, production, program(me), scene,

screen, servant, stage, success, theatre, ticket — to enter, to furnish,
to manage, to move, to perform, to play, to produce, to represent,
to reserve, to sell, to stage — merry, sad, solemn, splendid.

actor/actress	Schauspieler(in *f*) *m*
cast	Besetzung *f*
part	Rolle *f*
open-air theatre	Freilichttheater *n*
(dress) rehearsal	(General-)Probe *f*
[ri'hə:səl]	
stage properties *pl*	Bühnenrequisiten *pl*
decoration	Dekoration *f*; Schmuck *m*
stage-manager	Regisseur *m*
production	Inszenierung *f*
dancer	Tänzer(in) *m*
audience / playgoer	Publikum *n* / Theaterbesucher *m*
box / stall / pit	Loge *f* / Sperrsitz *m* / Parterre *n*
dress/upper circle	1./2. Rang *m*
box-office	Theaterkasse *f*
cloakroom	Garderobe *f*
emergency exit	Notausgang *m*
[i'mə:dʒənsi]	
sound/colour film	Ton-/Farbfilm *m*
feature/documentary film	Haupt-/Kulturfilm *m*
picture-goer	Kinobesucher *m*
newsreel	Wochenschau *f*
script, scenario	Drehbuch *n*
[si'nɑ:riou]	
film producer	Filmregisseur *m*
film star	Filmstar *m*
colour photography	Farbphotographie *f*
photographer [fə'tɔgrəfə]	Photograph *m*
to decorate	schmücken, verzieren
to put on the stage	auf die Bühne bringen
to screen	verfilmen
decorative ['dekərətiv]	schmückend
photographic [foutə'græfik]	photographisch

Sätze und Redewendungen: *the curtain rises/drops* der Vorhang
geht auf/fällt — *he has only a small part in the play* er hat nur eine
kleine Rolle im Spiel — *to act the role of* auftreten als — *to call before
the curtain* herausrufen — *to go to the pictures/films/Am movies* ins
Kino gehen — *the scene is laid in* die Szene spielt in — *to shoot a film*

einen Film drehen — *to produce a film* einen Film herstellen — *to take pictures* Aufnahmen machen — *how many copies shall I print for you from this negative?* wie viele Abzüge soll ich für Sie von diesem Negativ machen?

73. Rundfunk, Fernsehen

Grundwortschatz: broadcast, button, call, company, connection, future, lamp, look, original, picture, radio, record, scene, set, sight, television — to broadcast, to call, to interrupt, to introduce, to listen in, to look, to receive, to signal, to turn — loud, low.

broadcast	Rundfunksendung *f*, -übertragung *f*
wireless	Rundfunk *m*
wireless/television set	Rundfunk-/Fernsehapparat *m*
receiver	Empfänger *m*
loudspeaker	Lautsprecher *m*
valve, *Am* **tube**	Röhre *f*
transmitter	Sender *m*
broadcasting station/ program(me)	Rundfunkstation *f*/-programm *n*
network	Sendenetz *n*
wave-length	Wellenlänge *f*
microphone ['maikrəfoun]	Mikrophon *n*
studio ['stju:diou]	Senderaum *m*
radio advertising	Rundfunkreklame *f*
television screen, telescreen	Bildschirm *m*
speaker	Sprecher *m*
to transmit	senden, übertragen
to jam	stören *(Sender)*
to televise ['televaiz]	im Fernsehen übertragen

Sätze und Redewendungen: *to transmit by television* im Fernsehen übertragen — *did you see the boat-race on television?* haben Sie das Bootrennen im Fernsehen gesehen? — *I heard that this morning on*/*Am over the radio* ich habe das heute morgen im Radio gehört — *to talk over the radio* im Rundfunk sprechen — *to buy a new radio* ein neues Rundfunkgerät kaufen — *to broadcast the news* Nachrichten senden — *the Prime Minister will broadcast this evening* der Premierminister spricht heute abend im Rundfunk — *the British Broadcasting Corporation (BBC)*.

Englisches Register zum Aufbauwortschatz

Die Ziffern hinter den Wörtern geben die Seiten an. Wörter, die
in den Sätzen und Redewendungen vorkommen, sind durch *kursiv*
gedruckte Seitenangaben gekennzeichnet.

Deutsches Register zum Aufbauwortschatz

M

Macht *163*
Magen *136, 189*
mager 130, 187
Mähdrescher 191
mähen *191*
mahlen 176, 183
Mahlzeit *189*
mahnen 149
Majestät 208
Major 168
mal *117, 157*
Mal *118*
malen *215*
Malerei 215
Malnehmen 117
Mandeln 130
Mangel *174*
Manieren *148*
männlich 130
Mannschaft 197, 202
Manöver 169
Mantel 152
Marine 171
Mark 130
Marke *194*
Marktplatz 200
Marktstand 200
Marmor 178
Maschinenbauer 175
Maschinengewehr 168
Masern 134
Maßanzug 151
Mäßigung 139
Maßnahme *167*
Mast 197
Mathematik 212
Matratze 154
Mauer *183*
Maurer 175
Meer *197*
Meerbusen 125
Meerenge 125
Meeresspiegel *126*
Mehrheit *163*
mehrstimmige(r)
 Gesang *216*
Mehrzahl 211, *211*

Meile *119*
Meineid 164, *165*
Meinung *159*
Meißel 176
meißeln 215
Meister 202
Meisterwerk 214
melden *150*
Melodie 216
Menschenrechte 162
Messe *144*
Messing 178
Methode 205
Metzgerei 186
Miene *130*
Mietshaus 179
Mietswohnung 180
Mikrophon 218
Milchstraße 122
mildernd 165
Milz 130
Mineral 178
Ministerpräsident
 161
minus *117*
Minute *122*
Mischung 119
mißbilligen 138
mißbrauchen 138,
 139
Missetäter 164
mißfallen 214
Mißfallen 138
Mißtrauen 141
mißtrauisch 142,
 165
Mitgift 146
Mitlaut 211
Mitleid 139, *142*
mitnehmen *140*
Mitte *121*
mitteilen 149
Mittel *207*
Mittelalter 208
mittelalterlich 208
Mittelmeer 127
mittels 176
Mittelstürmer *203*
Mitternacht 154
mitwirken 162

Möbel *183*
möbliert 180
Mode *153*
Modell 183
modern 153
modisch 153
möglicherweise 159
Monarch 208
Monarchie 161, 208
Mönch 143
Mond *123*
Mondsichel 122
Moorhuhn 204
Moral 207
Mord *165*
Mörder 164
morgen *120*
Morgen *118*
Morgendämmerung
 121
Morgenrock 152
Moskau 127
Motiv 158
Motorhaube 199
Motorrad 199
Motorroller 199
müde *154*, 187
Müller 175
Multiplikation 117
multiplizieren 117
Mumie 133
Mund *190*
münden *126*
mündig werden 147
mündlich 213
Munition 168
murmeln 149
Murmeltier *154*
murren 138, 149
Museum 201
Musik *132*
musikalisch 216,
 216
Musikautomat 216
Musiker 216
Musikfest 216
Musikinstrument
 216
Musikstück *216*
musizieren *216*

Muster 152, 183
mutig 137
mütterlich 147

N

Nabel 130
nachahmen 139, 215
Nachbarschaft 128
nachdenken 144
Nachdenken 207
nachdenklich 137
Nachfolge 156
Nachfrage *184*
Nachkomme 146
nachkommen *184*
nachmittags 121
Nachnahme *194*
Nachname 146
Nachrichten *218*
Nachrichtentruppe 168
nachschlagen 167, 210
nachsenden *194*
Nachsinnen 207
nachsitzen 213
nachstellen 121
Nächstenliebe 139
Nacht *122*
Nachtdienst 135
Nachtisch 187
nachtragen *139*
nachts *122*
Nachttisch 154
Nachwelt 120
nackt 153
Nagelfeile 155
Nagellack 155
Nagelschere 155
Nähe *129*
Nähmaschine 181
nahrhaft 187
Name(n) *150*
Nase *132*
Nasenspitze 129
naß werden *124*
Nationalflagge 162
Natur *215*

natürliche Anlage 136
nebelig 124
nebeneinander 157
Nebenfluß 125
Nebensache *156*
nebensächlich *156*
Nebenstraße 200
negativ 211
Negativ *218*
Neid 138
neidisch 138
neigen 150
Nervensystem 130
nett 179
Nettogewicht 183
neues Jahr *121*
Neumond 122
Neutralität 172
Neuzeit 208
nicht: ~ gewachsen 203
~ kennen 206
~ leiden können 141
~ übereinstimmen 159
~ wissen 206
nichtsdestoweniger 157
nicken *131*
niederknien 144
Niederlage *163*
Niederlande 126
niederlegen 185
niederschlagen *163*
Niere 130
niesen 130
nieten 176
noch etwas? *186*
Nord *123*
Nordirland 126
Nordpol 125
Nordsee 127
Norwegen 126
Not *145*, 190, *190*
Notausgang 217
Notbremse 195
Note 156
Notenständer 216

Notfall *190*
notfalls *190*
Nötige *160*
nötigen 208
Notlage 145
Notlandung 198
Notstand 162
Notwehr *165*
Novelle 209
Nu *120*
Nummer *194*
nutzbar 205
nutzbringend *186*
Nutzen 186, 205
nützlich *186*
Nützlichkeit 205

O

Oase 125
oben *129*
Ober *188*
Oberarm 129
Oberbefehlshaber 168
obere(r) Teil 128
Oberhaus 161
Oberkiefer 129
Oberleutnant 168
Oberlippe 129
Oberschenkel 129
Oberst 168
Obstgarten 192
Ofen 181
Ofenrohr 181
offen *137*
offenbar 165
offenbaren 144
offene(r) Güterwagen 195
offensichtlich 206
öffentliche: ~ Einrichtung 162
~ Schule 212
öffnen *194*
Ohnehaltflug 198
Ohr *118*, *132/133*, *141*
Ohrring 152

Grundwortschatz Englisch
Vocabulary Exercises

Von L. C. Morgan und R. E. Ogren
Klettbuch 51952

Aufbauwortschatz Englisch
Vocabulary Exercises

Von Ch. und L. Kaplan
Klettbuch 51954

Die Übungen dieser Bücher führen zur
aktiven wie passiven Beherrschung der
4500 Wörter und Wendungen des englischen *Grund- und Aufbauwortschatzes*
(Klettbuch 51951).
*Grundwortschatz Englisch – Vocabulary
Exercises* behandelt die 2000 Wörter des
englischen Grundwortschatzes in alphabetischer Reihenfolge. *Aufbauwortschatz
Englisch – Vocabulary Exercises* behandelt
die 2500 Wörter des englischen Aufbauwortschatzes nach Sachgruppen geordnet.
Beide Bücher enthalten am Ende jedes
Kapitels einen Lösungsschlüssel und eine
Auswertungstabelle zur Selbstkontrolle.

EASY READERS

Englisch-Amerikanische Literatur in der Original-
sprache lesen: eine anstrengende Pflichtübung?
Nein, ein Vergnügen. Easy Readers machen es möglich. Sie sind überdies so angelegt, daß der aktive
wie passive Wortschatz erweitert und die Ausdrucksfähigkeit im Englischen gesteigert wird.
Was steckt dahinter? Easy Readers bieten die Werke
bekannter Autoren in verkürzter und vereinfachter
Form dar, ohne daß der Originalstil darunter leidet.
Weniger bekannte Wörter sind in einfachem Englisch
definiert oder durch Illustrationen erklärt.
Anhand von Kontrollfragen am Ende jedes Kapitels
kann man prüfen, ob man den Inhalt richtig erfaßt
hat und fähig ist, ihn mit eigenen Worten wiederzugeben.

Easy Readers sind in vier Gruppen (A, B, C und D)
nach Schwierigkeitsgraden gegliedert.

Gruppe B (Wortschatz 1100–1200)

D. Defoe, **Captain Singleton.** Klettbuch 53522
M. Twain, **Tom Sawyer.** Klettbuch 53523
R. Wright, **Black Boy.** Klettbuch 53524
A. C. Doyle, **Black Peter – The Red-Headed League.**
Klettbuch 53525
W. Saroyan, **The Human Comedy.** Klettbuch 53526
R. Dahl, **The way up to heaven and other stories.**
Klettbuch 53527

Easy Readers sind im Buchhandel erhältlich.